# HÉRÉSIES

DU MÊME AUTEUR

*Entretiens avec Georges Dumézil*, Gallimard, coll. «Folio essais», 1987.

*De près et de loin*, entretiens avec Claude Lévi-Strauss, Odile Jacob, 1988; nouv. éd., Seuil, coll. «Points Odile Jacob», 1990, réed. «Poche Odile Jacob», 2001.

*Michel Foucault (1926-1984)*, Flammarion, 1989; nouv. éd., Flammarion, coll. «Champs», 1991.

*Ce que l'image nous dit*, entretiens avec Ernst Gombrich, Adam Biro, 1991; nouv. éd. Diderot, coll. «Latitudes», 1998.

*Faut-il brûler Dumézil? Mythologie, science et politique*, Flammarion, 1992.

*Michel Foucault et ses contemporains*, Fayard, 1994.

*Les Études gays et lesbiennes* (dir.), Actes du colloque des 23 et 27 juin 1997, Éditions du Centre Georges-Pompidou, 1998.

*Réflexions sur la question gay*, Fayard, 1999.

*Papiers d'identité*, Fayard, 2000.

*L'Infréquentable Michel Foucault. Renouveaux de la pensée critique* (dir.), Actes du colloque du Centre Georges-Pompidou, 21-22 juin 2000, EPEL, 2001.

*Une morale du minoritaire*, Fayard, 2001.

*Dictionnaire des cultures gays et lesbiennes* (dir.), Larousse, 2003.

Didier Eribon

# Hérésies

*Essais sur la théorie de la sexualité*

fayard

À la mémoire de Pierre Bourdieu

*C'est en vain que l'Eglise a établi ces mots
d'anathème, hérésies, etc. : on s'en sert contre elle.*

PASCAL

# Avant-propos

Un jour que nous parlions ensemble, Georges Dumézil évoqua un projet qui lui tenait à cœur, et qui ressemblait plutôt à l'une de ces idées qu'on ne réalise jamais mais sur lesquelles on se contente de rêver pendant des années. Il me confia en effet qu'il aurait aimé réunir en volume une série de fragments d'ouvrages commencés et jamais terminés. Sachant qu'il ne reprendrait jamais ces chantiers ouverts puis délaissés, il songeait à les publier dans leur état inachevé, parfois embryonnaire, pour donner à voir ce qui constitue l'arrière-plan des projets aboutis, des livres qu'on mène à leur terme : tous ces travaux qu'on abandonne et qu'on finit par ranger dans des tiroirs, comme des strates enfouies de la recherche, nécessaires à celle-ci, assurément, mais demeurant cachées aux yeux des lecteurs. Dumézil ajouta qu'il avait déjà trouvé le titre de ce recueil (et je le soupçonnai d'être attaché à cette idée de livre avant tout parce qu'il en aimait le titre) : « Les femmes de Barbe-Bleue ».

J'ai souvent repensé à cette conversation. Et, sans chercher un instant à me comparer à un savant de cette envergure, j'ai maintes fois éprouvé un sentiment analogue : écrire un livre, c'est renoncer à tous les autres qu'on aurait pu, qu'on aurait aimé écrire. Il arrive qu'il soit difficile de choisir entre plusieurs projets. Et quand on s'obstine à les mener de front, il y a de fortes chances pour que cela ne débouche sur rien. Barthes parle de « loquèle » à propos des idées qui se bousculent dans l'esprit et qui se neutralisent mutuellement : «Une loquèle intérieure me saisit, un bombardement de phrases; c'est-à-dire que je me sens à la fois très intelligent et très vain. C'est tout le contraire de l'écriture, parcimonieuse dans la dépense même [1].» Il en est de même pour les livres : quand plusieurs idées de livres se font concurrence, aucun ne réussit à prendre forme. Alors, il ne reste plus qu'à s'arrêter pour décider lequel on veut écrire. On garde une certaine mélancolie de ces projets abandonnés. On ne parvient pas à en faire son deuil et l'on se dit qu'on les reprendra plus tard. Il faut hélas se rendre à l'évidence : d'autres projets se font jour, et les anciens s'éloignent de plus en plus. Mais ils continuent de hanter le travail que l'on entreprend, de la même manière que, selon une belle formule de Bergson, les choix que l'on n'a pas faits continue de hanter nos existences.

S'il n'a pas publié son livre des regrets, Dumézil a tout de même offert à ses lecteurs un ensemble d'«esquisses de mythologie» dans lesquelles il abordait un problème, proposait quelques éléments de solution, indiquait des pistes de recherches, en laissant à d'autres le soin de développer son travail (ou de le démentir), sachant – car il était à l'époque très âgé – qu'il n'aurait plus la force, ou plus le temps, de se lancer dans des entreprises de longue haleine [2]. Sans éprouver les mêmes sentiments de nécessité et d'urgence, j'ai eu envie de réunir non pas les débuts de livres que je n'ai pas continué d'écrire (mes «femmes de Barbe-Bleue») mais un certain nombre d'articles et de

---

1 Roland Barthes, *Roland Barthes par Roland Barthes*, in *Œuvres complètes*, Paris, Seuil, 2002, t. 4, p. 695.

2. Il s'agit de *Apollon sonore, L'Oubli de l'homme et l'honneur des dieux, La Courtisane et les seigneurs colorés*, et *Le Roman des jumeaux* (ce dernier a été publié après sa mort), Paris, Gallimard,1982-1995.

conférences rédigées ou prononcées au cours des dernières années (mes «esquisses»), et qui, certes, auraient tous mérités d'être retravaillés, développés, approfondis, mais qui risquaient d'attendre éternellement de pouvoir l'être un jour. Il en est des conférences et des articles comme des projets de livres : on pense toujours que l'on va terminer un travail entamé, mettre en forme un texte que l'on a écrit à la hâte (pour une conférence, par exemple), augmenter un article qui ne devait pas dépasser un nombre déterminé de signes et que l'on aimerait compléter. Mais le temps manque, et l'on ne peut pas tout faire. Alors, on risque de les laisser de côté à tout jamais. Pourtant, s'il est bien évident que ce ne sont pas des textes aboutis, ils contiennent souvent des réflexions et des hypothèses qui avaient été d'autant plus librement formulées que le cadre de la conférence ou du colloque permet de s'aventurer sur des chemins que l'on hésiterait à emprunter s'il s'agissait d'un livre, ou bien ils affrontent des questions plus directement politiques (et de manière plus directement polémique) qu'il n'est possible de le faire dans un ouvrage théorique. S'ils sont étroitement liés aux livres que j'ai écrits pendant cette période (*Réflexions sur la question gay*, *Une morale du minoritaire*), ils abordent nombre de thèmes qui n'y figurent pas ou n'y sont qu'évoqués. Ainsi réunis, ils forment, je crois, un ensemble qui vient s'articuler aux livres eux-mêmes, et leur apportent des prolongements et des éclairages nouveaux.

Il y est question de ce que Dumézil appelle, dans un livre de 1948, les «hérésies sexuelles», et du rapport entre ces «hérésies» – et, plus largement, entre la dissidence sociale et politique – et l'écriture littéraire ou théorique. La littérature, la pensée théorique ont souvent été des champs de bataille où des dissidents de l'ordre sexuel se sont efforcés de faire exister une parole et de donner droit de cité dans l'espace public à des réalités sexuelles et culturelles ostracisées ou stigmatisées. Non pas que j'imagine que d'autres formes d'expression et de présence n'aient pas existé : comme le montre George Chauncey à propos de New York, le monde gay s'est développé dans la culture populaire, et ce monde, loin d'être toujours dissimulé, pouvait être très visible et bien inséré dans la géographie sociale de la ville, et manifester son droit à l'existence de multiples façons[3]. Mais écrivains, historiens, théoriciens se sont efforcés de donner une expression, dans leurs œuvres, à cette sexualité, et cette prise de parole dans les livres a souvent conforté les pratiques populaires en leur donnant une légitimité, en offrant à ceux qui les vivaient un espace de représentations où ils pouvaient – plus ou moins – se retrouver et se reconnaître. Comme l'écrit Pierre Bourdieu, «les dominés ont partie liée avec le discours et la conscience, voire la science, puisqu'ils ne peuvent se constituer en groupe séparé, se mobiliser et mobiliser la force qu'ils détiennent à l'état potentiel, qu'à condition de mettre en question les catégories de perception de l'ordre social qui, étant produit de cet ordre, leur impose la reconnaissance de cet ordre, donc la soumission[4]». Le discours littéraire, le discours théorique sont les lieux par excellence où

---

3. George Chauncey, *Gay New York. Gender, Urban Culture and the Making of a Gay Male World*, New York, Basic Books, 1994, tr. fr., Paris, Fayard, 2003.

4. Pierre Bourdieu, «Décrire et prescrire», in *Ce que parler veut dire. L'économie des échanges linguistiques*, Paris, Fayard, 1982, p. 154. Bourdieu poursuit : «Au contraire, les dominants, faute de pouvoir restaurer le *silence de la doxa*, s'efforcent de produire par un discours purement réactionnel le substitut de tout ce que menace l'existence même du discours hérétique. Ne trouvant rien à redire au monde social tel qu'il est, ils s'efforcent d'imposer universellement, par un discours tout empreint de la simplicité et de la transparence du bon sens, le sentiment d'évidence et de nécessité que ce monde leur impose» (*ibid.*, p. 155).

s'opère la mise en question des catégories dominantes (dans un jeu parfois complexe avec elles, où cette mise en question peut coexister avec la reconnaissance des valeurs du monde dominant). Mais littérature et théorie sont également l'un des lieux où les défenseurs de l'ordre établi engagent de leur côté le combat, invoquant par exemple la « science » contre la « folie » des déviants, que ce soit (hier, mais parfois encore aujourd'hui) pour tenter de les guérir ou bien (aujourd'hui comme hier) pour s'opposer à leurs revendications et tenter d'annuler les effets de leur prise de parole.

Cependant, les essais ici rassemblés n'explorent pas seulement la manière dont un certain nombre d'auteurs ont cherché à donner la parole aux sexualités dissidentes : ils s'intéressent aussi à la manière dont la sexualité peut travailler les discours littéraires ou théoriques, en marquer les projets et les réalisations à un niveau beaucoup plus souterrain et plus fondamental, et qui se situerait à l'étage des pulsions motivant l'écriture plutôt qu'à celui de la démarche politique ou intellectuelle consciente. C'est cette marque, cette empreinte du sexuel – et notamment de la déviance sexuelle – sur le théorique (que la « théorie » soit celle qui s'élabore dans des textes littéraires, comme chez Gide ou dans des textes théoriques proprement dit, comme chez Foucault) que j'ai tenté de restituer à travers un certain nombre d'analyses qui s'appuient sur une relecture serrée des œuvres. Il me semble en effet qu'il faut suivre Barthes quand il suggère que « dans ce qu'il écrit, chacun défend sa sexualité ».

# Ouverture

# Le crime de Loki [1]

Dans un livre de 1948, Georges Dumézil nous offre le portrait d'un personnage de la mythologie du monde scandinave ancien, le dieu Loki.

Loki est un dieu dont le rapport aux autres dieux est pour le moins ambivalent. Il est «compté avec les Ases», mais il ne fait pas totalement partie de leur communauté. Les autres dieux (Odin, Thor) recourent à ses services quand ils ont besoin de lui. Mais ils se méfient de lui et le tiennent pour un inférieur que tantôt ils font «pirouetter», tantôt ils menacent, suivant le moment et l'occasion. Ce drôle de dieu «a un grand art de s'échapper, de "filer"» et il a «des rapports particuliers avec le monde d'en bas, avec le dessous de la terre». De surcroît, il est «foncièrement amoral, il n'a aucun sentiment de sa dignité. Il n'a pas de tenue et ne comprend pas la dignité des autres. Il se met dans des postures ou des situations ridicules. Pour se tirer d'un mauvais pas, il trahit les siens [...]. Il est mauvaise langue, injurieux, il apporte tumulte et querelle. Il dénonce. Il est menteur [...]. Il est pervers et ne résiste

---

1. Extrait d'une communication présentée au colloque «L'image et l'action», organisé par Régis Michel au musée du Louvre, le 24 novembre 2001, dans le cadre de l'exposition «La peinture comme crime».

pas à l'idée de méchantes farces. Il est mauvais joueur, déloyal dans les concours[2]».

Loki ne respecte aucune règle et transgresse toutes les lois. Et pour jouer ses mauvais tours, il se déguise en femme, et même se transforme en femme, au point de donner naissance à des enfants, ce qui lui vaut d'être considéré comme coupable d'*ergi*, un mot que Dumézil traduit par «efféminé», mais dont il nous laisse entendre que la traduction exacte nécessiterait un terme plus cru et plus explicite : disons qu'il faudrait traduire par «enculé».

Voici comment Dumézil résume, vers la fin du livre, son portrait de Loki :

«Il présente de maintes façons, comme dit J. de Vries, *a bisexual character*, dont on mesurera la portée pour peu qu'on sache combien la mythologie scandinave, dans son ensemble, est pudique, sinon vertueuse : il se métamorphose en femme, il enfante, on lui jette aux visages qu'il est *argr*, *ragr*, c'est-à-dire coupable d'*ergi*, d'accrocs à sa vocation virile et même, il se mue en jument pour se faire saillir par le cheval d'un géant ; à quoi il ne faut pas négliger de joindre un cas d'exhibitionnisme sous les yeux de Skadi. De nos jours, la fiche de police de Loki serait chargée et les psychiatres expliqueraient peut-être par cette vie secrète sa fondamentale amoralité, son goût du mensonge (qu'ils appelleraient mythomanie) et son glissement final vers le crime [3].»

Ainsi, ce dieu qui provoque le désordre, ce dieu dont la mythologie ancienne nous dit qu'il ne respecte rien, à tel

---

2. Georges Dumézil, *Loki* (1948), Paris, Flammarion, 1986, p. 128-129.
3. *Ibid.*, p. 218.

point qu'il finira par provoquer la destruction de l'univers, est un dieu qui transgresse l'ordre sexuel, bafoue les règles de la bonne conduite en même temps que les définitions conventionnelles du genre, qui se joue de la différence des sexes et des rôles sexuels.

Fidèle aux principes de sa méthode comparative, Dumézil rapproche Loki, dieu de la mythologie scandinave, d'un personnage, appelé Syrdon, qui figure dans les légendes d'une région du Caucase, l'Ossétie. Les dieux, nous dit Dumézil, n'incarnent pas seulement des fonctions (et de manière significative, Loki n'est pas, contrairement aux autres dieux, le représentant d'une des trois « fonctions » – souveraineté, guerre, fécondité –, qui selon Dumézil structurent l'« idéologie » des peuples indo-européens, raison pour laquelle il ne reçoit pas de culte : il est en dehors des rouages dont la complémentarité assure l'harmonie de l'ensemble, du Tout, du monde). Ils illustrent aussi des « situations » (et Loki, assurément, illustre une « situation » si « fréquente » qu'on peut la dire « nécessaire »). Mais, de surcroît, il y a « toujours dans un dieu autre chose que la fonction ou la situation » : en effet, chaque dieu « comporte un *caractère* [...] que le dieu qui l'incarne a charge de représenter[4] ». Loki – comme Syrdon – est la personnification d'un type de caractère, d'un type de psychologie, qui prend son sens en liaison et en opposition avec un autre type de caractère. Dans toute société, nous dit Dumézil (et c'est un thème qui revient fréquemment dans son œuvre), il y a les forces qui assurent le maintien de l'ordre, la conservation, et celles qui provoquent le désordre, l'instabilité, et aussi la nouveauté, le changement. Ces deux types sociaux (les forces de l'ordre et du désordre, de la conservation et de l'innovation) sont

---

4. *Ibid.*, p. 214.

symbolisés dans la mythologie scandinave comme dans le folklore caucasien par des dieux ou des personnages qui représentent, différentiellement, des caractères psychologiques opposés. Et bien sûr, Loki et Syron sont du côté du désordre, de l'audace, de l'aventure. Voici comment Dumézil poursuit sa description de Loki et de Syrdon, en les opposant à la sagesse lente et calme de ceux qui sont chargés de garantir la pérennité de l'ordre de l'univers :

«Instables, bénéficiaires et victimes d'une curiosité surexcitée, tout à la jouissance du moment – spectacle, ou bon tour, ou découverte –, jamais à court d'expédients mais peu capables ou peu soucieux de prévoir les conséquences d'un geste, Loki et, dans quelque mesure, Syrdon reproduisent la marche de certains esprits, rapide et même trépidante, tournée vers l'image et l'acte plus que vers la réflexion, joueuse et étourdie, brillante dans l'immédiat et ruineuse à longue échéance ; bref, cette variété d'intelligence dont les rouages chargés de la conservation sociale – les Souverains, les Forts, les Riches – doivent à la fois rechercher les services aussi souvent que l'imprévu les assaille et redouter constamment les caprices et les malices[5]. »

Qui sont ces esprits vifs, ces représentants de l'«intelligence rapide», d'où jaillissent «caprices» et «malices», opposée à ceux de l'«intelligence lente», c'est-à-dire réfléchie? Ils sont à l'évidence du côté des déviants, des marginaux, des hérétiques. Je cite :

«Les esprits vifs sont volontiers des explorateurs, non seulement dans les domaines ouverts, là où ils peuvent

---

5. *Ibid.*, p. 218.

espérer se faire gloire des résultats qu'ils obtiendront, mais dans les domaines secrets que le *consensus* des vivants, l'instinct de chacun, des scrupules héréditaires, considèrent comme défendus, à commencer par la sexualité et les sciences occultes [6]. »

Voici d'abord pour la sexualité :

« Il y a des liens subtils et forts entre la chasse amoureuse, la voluptuaire même, et certaines hardiesses intellectuelles. L'homme qui inquiéta le plus saint Bernard avait commencé par débaucher Héloïse et c'est une question légitime, bien qu'insoluble et inconvenante, de savoir si les hérésies sexuelles tant reprochées aux ouvriers du "miracle athénien" et de la Renaissance italienne, de Platon à Michel Ange, n'étaient pas comme un sous-produit inévitable de la fermentation de leurs esprits [7]. »

Et voici pour les sciences occultes :

« Quant aux sciences occultes, dans les dernières générations, les progrès accélérés des sciences patentes en ont exorcisé quelque peu le prestige ; encore ne l'ont-ils fait qu'en distribuant une autre forme d'ivresse ; jusqu'à des temps récents, des pythagoriciens à Kepler et au-delà, le nombre est imposant des savants – pour ne pas parler des poètes et des politiques – qui ont cru gagner des lumières sur l'inconnaissable. Le docteur Faust est légion [8]. »

---

6. *Ibid.*, p. 216-217.
7. *Ibid.*, p. 217.
8. *Ibid.*

Ainsi donc, Loki, c'est l'efféminé, c'est l'enculé, c'est le travesti, ou la transexuelle, mais c'est aussi l'alchimiste, et peut-être même le sorcier ou la sorcière :

« Qu'on regarde Syrdon et Loki. Leurs rapports avec l'autre monde, leurs auxiliaires merveilleux dans leurs courses rapides – le cheval à trois jambes qui va comme le vent, le plumage de faucon et les bottes magiques –, leurs dons de métamorphose, d'apparition et de disparition soudaines, de prévision, de vue à distance, etc., sont ceux-là mêmes qu'on attribuait volontiers dans notre Moyen Age, aux sorciers et aux sorcières [...]. Cette maison souterraine, labyrinthique, que les Ossètes attribuent à Syrdon, cet étrange repaire, cet observatoire quadruple qui, parmi les rochers, sert de refuge à Loki, où il invente le filet qu'ignoraient encore les dieux et les hommes et qui sera sa perte, ne rappellent-ils pas les isoloirs où, à l'abri de la société soupçonneuse, tant d'alchimistes et de magiciens ont poursuivi et manqué de grands problèmes[9] ? »

On peut affirmer sans exagérer qu'à l'homme des Lumières, Dumézil oppose ici l'homme de la Renaissance, et nous donne son autoportrait en alchimiste (avec toutes les connotations qu'il attache à cette manière de vivre la curiosité intellectuelle), et peut-être en sorcier. Dumézil s'est toujours intéressé très fortement aux sciences occultes, de la radiesthésie de ses années de jeunesse jusqu'à Nostradamus, dont il s'efforce de décrypter un quatrain dans un de ses tout derniers livres (en fait, le livre se présente comme une sorte de discussion entre quatre personnes, un savant, un intellectuel âgé de cinquante ans,

---

9. *Ibid.*, p. 217-218.

entouré de trois jeunes gens, selon une figure classique de la relationnalité gay. La scène est censée se passer en 1925). Michel Foucault voyait dans ce livre sur Nostradamus une sorte de jeu scientifique, à travers lequel Dumézil se serait amusé à faire fonctionner des méthodes d'analyse linguistiques et historiques sur des objets paradoxaux, pour se moquer lui-même de la vanité et de la fragilité des sciences qu'il pratiquait et de la science en général[10]. Mais Dumézil, j'en suis persuadé, croyait aux prophéties de Nostradamus. Ou, plus exactement, comme il le disait, il se refusait à refuser d'y croire[11].

On voit en tout cas que Dumézil trace un lien très net, et très étroit, entre d'un côté l'esprit d'aventure et d'audace intellectuelle et, de l'autre, l'intérêt pour les sciences occultes, mais également entre ces deux registres et le goût du sexe, du plaisir sexuel (Abélard) et surtout du plaisir « hérétique ».

Toutes ces dimensions, ces manières de vivre, de penser et d'agir – sorcellerie, magie, sciences occultes, sexualités hérétiques – se retrouvent donc du côté du « caractère » ou du type d'intelligence qu'il qualifie de « rapide », celle qui est tournée vers la nouveauté, l'invention, en même temps que vers le secret et l'obscur, mais aussi, pour certains de ses représentants, vers l'éphémère et la jouissance de l'instant. A travers son analyse du dieu Loki, et du type qu'il personnifie, Dumézil semble ancrer dans une sorte de permanence transhistorique la figure et la psychologie de l'hérétique, et notamment de l'hérétique dans le domaine de la sexualité.

---

10. C'est ce qu'il m'avait dit lorsque nous avions parlé de ce livre, au moment de sa parution, au début de l'année 1984.

11. Je renvoie à mes commentaires dans *Faut-il brûler Dumézil ? Mythologie, science et politique*, Paris, Flammarion, 1992, p. 171-172.

Le lien tracé ici par Dumézil entre l'homosexualité, ou plus largement les « hérésies sexuelles », et les sciences occultes, le goût pour l'obscur et le secret, a été évoqué par d'autres auteurs : je pense par exemple au personnage de Zénon, dans *L'œuvre au noir* de Marguerite Yourcenar, alchimiste vantant l'amour des garçons (et l'intérêt de Yourcenar pour une telle figure n'a rien de surprenant quand on sait qu'elle a cherché à explorer tout au long de son œuvre la possibilité d'élaborer une pensée sur l'expérience homosexuelle masculine et la subjectivité gay – que ce soit à travers ses romans historiques comme les *Mémoires d'Hadrien*, ses tentatives littéraires pour réfléchir sur la vie gay dans *Alexis ou le Traité du vain combat*, ou encore dans ses essais sur Cavafy ou Mishima). Mais on pourrait évoquer également, dans un tout autre registre, les *Notes sur la magie et le vol* de Marcel Jouhandeau, rédigées dans les années 1920, et dont l'auteur nous dit, en guise d'avant-propos lorsqu'il les publie en 1952 : « En 1927-28, j'étais fort préoccupé de magie et d'occultisme. Je sais un gré infini à mon mariage d'en avoir détourné mon attention[12]. » D'autres textes de Jouhandeau, écrits dans les années 1920, évoquent ce lien entre l'homosexualité et la passion pour la surnaturel : *Azaël, Astaroth*.

Mentionnons encore François Augiéras, qui, dans *Domme ou l'essai d'occupation*, nous raconte comment il s'est installé dans une grotte, en Dordogne, à l'intérieur de laquelle il a essayé de retrouver le contact avec les forces de la nature, avec les principes telluriques de l'énergie première, se constituant lui-même comme un médium capable de lire le message annonciateur d'une nouvelle

---

12. Marcel Jouhandeau, *Notes sur la magie et le vol*, Paris, Les pas perdus, 1952, p. 13. Jouhandeau voulait également, par son mariage, se guérir de son homosexualité. Peut-être réussit-il à se détacher de l'occultisme, mais il ne parvint pas à se guérir de son autre vice, loin s'en faut.

humanité, ce qui lui valut d'ailleurs d'être envoyé chez les psychiatres.

Mais au fond, si j'osais risquer un tel parallèle, n'est-ce pas le même goût pour le dessous des choses, la face cachée du monde, qu'on trouve, chez Proust, tout au long de la *Recherche* et comme un fil directeur de son entreprise littéraire ? Avec l'idée de la franc-maçonnerie gay, d'une société secrète souterraine, clandestine, dont seul un regard averti saurait reconnaître les membres et percevoir les signes ? La « double vie » ou le « placard » ne sont pas seulement des modes d'existence à l'intérieur desquels des individus s'efforcent de dissimuler ce qu'ils sont aux yeux des autres, c'est aussi, collectivement, un monde secret, un monde caché, dont l'existence affleure parfois à la surface de l'autre monde, soit par volonté délibérée de ceux qui en participent, soit par l'effet de la surveillance sociale exercée par le monde normal à l'encontre de ses déviants. Ce monde « secret » excite la curiosité des normaux, mais il leur apparaît toujours également comme une menace qu'il faut contenir. On peut jouer avec lui, s'en amuser, mais il faut le contrôler, et, si nécessité s'en fait sentir, le réprimer. Proust, par l'intermédiaire de son narrateur, nous offre, selon la magnifique expression d'Eve Kosofsky Sedgwick, le « spectacle du placard », c'est-à-dire non seulement le « spectacle » de ce que le narrateur perçoit de ce qui se passe à l'intérieur de cet espace dont le secret n'est jamais aussi total que ceux qui l'occupent ne voudraient le croire, mais aussi, et c'est tout aussi important, de la manière dont les dominants réaffirment inlassablement leur pouvoir en manipulant à leur guise ce qu'ils savent et en donnant le sens qui leur convient à ce qui est dit ou n'est pas dit (cf. les scènes où les membres du clan Verdurin multiplient les allusions sur la sexualité de Charlus en présence de celui-ci et se récrient dès lors que c'est lui qui devient trop audacieux), bref en maîtrisant la connaissance et la signification des signes afin de maintenir leur privilège «épistémologique» et social et de le rétablir quand il est contesté.

Georg Simmel, qui souligne le lien entre «secret» et «sociétés secrètes» et homosexualité, insiste fortement sur ce point : les Etats, les Pouvoirs ont horreur de ces formes de sociabilité qui échappent à leur contrôle[13]. Dumézil s'est d'ailleurs beaucoup intéressé aux sociétés secrètes de jeunes hommes dans le monde archaïque : par exemple dans son livre intitulé *Le Problème des centaures*, en 1929, ou dans *Mythes et dieux des Germains*, en 1939 (et le lien de ces sociétés avec les pratiques homosexuelles y est plus que suggéré).

Je pourrais encore ajouter, si j'osais m'aventurer plus avant, la volonté de Foucault d'aller chercher dans la nuit de l'asile et de la prison, les «étrangers», les «exclus» de la société que sont les fous et les détenus qui, avec les homosexuels, constitueront les personnages centraux du grand tryptique intellectuel qu'il nous aura légué et dont nous ne cessons aujourd'hui de retrouver toute la puissance et toute la portée théorique, dès lors que nous voulons réfléchir sur la figure du paria et du minoritaire. N'est-ce pas, d'ailleurs, ce que disait à peu près Dumézil, dans le petit texte qu'il écrivit à la mort de Foucault[14]? Et Foucault lui-même ne le soulignait-il pas, lorsqu'il décrivait, dans l'*Histoire de la folie* (dont le titre original était *Folie et déraison*), ce qu'il appelait le Grand Renfermement, c'est-à-dire la relégation, au XVIIᵉ siècle, derrière les murs de l'Hôpital général, d'une population bariolée où cohabi-

---

13. Georg Simmel, *Secret et sociétés secrètes*, Strasbourg, Circé, 1991. (Il s'agit du chapitre V de son ouvrage intitulé *Sociologie*, paru en 1908.)
14. Voir plus loin, p. 68.

taient avec les « insensés » tous ceux qui incarnaient la Déraison : « Vénériens, débauchés, dissipateurs, homosexuels, blasphémateurs, alchimistes, libertins[15]. » Foucault rattache toutes ces catégories d'internés à une « même forme d'existence » : chez eux tous, « il y avait seulement une certaine manière, à eux bien personnelle et variée chez chaque individu, de modeler une expérience commune : celle qui consiste à éprouver la déraison[16] ».

La liste donnée par Foucault n'est pas très éloignée de celle dressée par Dumézil pour désigner les figures qu'il place sous l'égide de Loki. Et l'on pourrait se demander si l'œuvre de Foucault ne pourrait pas être décrite comme une Critique de la déraison pratique, c'est-à-dire une analyse des conditions de possibilité d'une pensée et d'une éthique qui échapperaient à la rationalité dominante et oppressive, à une rationalité qui a partie liée avec l'ordre et avec la perpétuation à l'identique de cet ordre.

Dumézil, dans *Loki*, nous offre également une théorie de la constitution de la subjectivité déviante, façonnée par l'inscription d'un stigmate, produit par l'ordre social, dans le corps même de l'individu anormal, dans sa personnalité, mais aussi, parfois, refaçonnée par le geste de réappropriation de ce stigmate, l'affirmation de soi-même et la glorification de ce qu'on est. Obligé de mentir, le déviant devient menteur, dissimulateur. Considéré comme facteur de dissolution du monde, il s'y emploie ; perçu comme un traître, il se veut tel : « Devant ce prodigieux ressort de subversion qu'est une pensée inquiète, l'ordre établi n'a-t-il pas des réactions de défense, d'hostilité – qui amènent par contrecoup l'esprit à consacrer une partie plus ou moins grande, et souvent de plus en plus

---

15. Michel Foucault, *Histoire de la folie à l'âge classique* (1961), Paris, Gallimard, 1972, p. 116.

16. *Ibid.*, p. 122.

grande, de ses dons à ruser, à tromper, à intriguer, et aussi quand la sensibilité s'en mêle et s'aigrit, à persifler, à nuire, à haïr[17]. »

N'est-ce pas le Thomas Wainewright du *Pen, Pencil and Poison* d'Oscar Wilde que nous dépeint ici Dumézil ici dans son analyse de Loki ? Ou l'«abject» du traité de Jouhandeau, *De l'abjection* ? Le «voleur» du *Journal du voleur* de Jean Genet ? Dumézil n'aimait guère Genet. Alors que Genet, de son côté, admirait Dumézil (il le cite dans *Un captif amoureux*). Un jour que Foucault, qui fut lié avec les deux (pendant trente ans avec Dumézil, pendant quelques années avec Genet), proposait à Dumézil de venir lui rendre visite accompagné de Genet, Dumézil refusa tout net : il n'aimait pas l'homme, il n'aimait pas l'œuvre. Mais malgré cela, son *Loki*, ce pourrait être Jean Genet, non ? ou certains personnages de ses livres ? Et dans cette grammaire lokienne, si j'ose employer cette expression, où s'articulent le travestissement, le mensonge, le vol, l'inversion sexuelle, la transgression des rôles sexuels et des apparences du genre, mais aussi le goût de l'éphémère, le plaisir de l'instant, le privilège donné à l'image et à l'action sur la décision lente et réfléchie de la rationalité, de la Raison avec un grand R, s'exprime peut-être quelque chose des grandes structures du partage qui se reproduit à travers l'histoire entre les représentants de l'Ordre (les Forts et les Puissants dont parle Dumézil) et les minoritaires voués à la honte et à la révolte. Dumézil y insiste d'ailleurs : Loki est considéré comme la honte des dieux et des hommes.

L'éclairage que nous donne le texte de Dumézil sur Loki nous permet peut-être de comprendre pourquoi tant d'intellectuels gays ont eu partie liée avec l'audace, avec

---

17. Georges Dumézil, *Loki, op. cit.*, p. 216.

l'aventure, avec l'irrationnel. Pourquoi, par exemple, on trouve chez le jeune Jean Genet un éloge de ce qu'il considérait comme la subversion freudienne, où l'«amoralisme» se conjugue avec l'irrationalisme, ou en tout cas avec la mise en question de la Raison identifiée à l'ordre majoritaire, à la morale dominante[18]. Et l'on pourrait retracer, tout au long du XXᵉ siècle, cette tradition qu'on pourrait désigner comme l'«irrationalisme gay», qui irait, par exemple, de Gide à Foucault, au travers de leur commune fascination pour Nietzsche, lu, perçu comme un libérateur de la pensée, comme celui qui permet de penser autrement, et surtout de penser sur des objets et sur des questions que la Raison ne veut pas connaître – cette Raison dont les représentants sont prompts à dénoncer les lieux et les repaires où les Loki et les Syrdon prolifèrent et conspirent contre l'ordre social.

Le combat est permanent et implacable. Et les autres dieux, après avoir en vain essayé de s'emparer de Loki pour le neutraliser et l'empêcher de nuire, vont parvenir à le ligoter, en utilisant un filet magique qu'il a lui-même fabriqué, et grâce auquel ils vont le retenir jusqu'à la fin du monde (car ce qui est une arme subversive à un moment donné peut devenir, à un autre moment, l'instrument même de la normalisation, de la retombée, comme dirait Sartre, dans le «pratico-inerte», contre lequel il faut pouvoir recréer du «groupe en fusion» et de la mobilisation). Mais Loki parvient à se libérer : il rejoint alors les autres parias, tous les monstres qui ont été enchaînés comme lui, et lance avec eux la grande bataille que cette coalition des exclus va mener contre les tenants

---

18. Cf. Didier Eribon, *Une morale du minoritaire. Variations sur un thème de Jean Genet*, Paris, Fayard, 2001, p. 213.

de l'ordre immémorial, provoquant ainsi la destruction de l'univers et du monde des dieux.

La politique de Loki est un crime toujours recommencé contre l'ordre établi.

I

# 1

# L'infréquentable Michel Foucault

## *Grandeur de l'intellectuel critique*[1]

Comment pourrais-je commencer cette conférence et ouvrir ce colloque consacré à Michel Foucault sans rendre hommage à Pierre Bourdieu, autre figure majeure de la pensée critique contemporaine, dont la mort, il y a quelques semaines à Paris, représente non seulement un drame pour tous ceux qui l'aimaient, pour tous ceux qui suivaient son travail avec enthousiasme, mais aussi une terrible catastrophe pour la vie intellectuelle et politique d'un pays où la bêtise et le conformisme réactionnaires pourront désormais triompher sans vergogne, enfin débarrassés de celui dont la seule présence et les seuls écrits avaient valeur de dénonciation de cette Académie des médiocres, pour reprendre l'expression qu'il aimait à employer, dont le pouvoir sur la vie des idées en France est de plus en plus étendu et de plus en plus meurtrier

---

1. Ce texte a été prononcé comme conférence inaugurale du colloque «Michel Foucault el infrecuentable. Poder, sexualidad, modernidad», qui s'est tenu du 17 au 19 avril 2002 à l'université du Costa Rica à San Jose, puis le 22 avril à l'université Rafael Andevar à Guatemala City. Il reprenait, en les développant, certains éléments de mon introduction au volume *L'Infréquentable Michel Foucault. Renouveaux de la pensée critique*, Actes du colloque du Centre Georges-Pompidou, 21-22 juin 2000, Didier Eribon (dir.), Paris, EPEL, 2001.

pour tout ce qui relève de l'innovation théorique ou culturelle aussi bien que pour tout ce qui s'efforce de résister à la violence de l'ordre social.

Pierre Bourdieu incarnait la figure de l'intellectuel engagé, du savant qui se bat pour préserver l'autonomie de la science, notamment contre les sollicitations ou les empiétements des pouvoirs de toutes sortes (politiques, économiques, journalistiques...), mais qui, en même temps, ne voulait pas être le détenteur d'un savoir désincarné, détaché de toute préoccupation politique. Bourdieu s'est engagé pour soutenir les combats que mènent tous ceux qui sont victimes de la violence sociale et de la domination. Mais ce n'est pas seulement en allant à des manifestations, en publiant des textes d'intervention ou en signant des manifestes qu'il a participé à la lutte politique contre les forces de l'oppression. C'est aussi par ses livres. Grands livres de théorie, magnifiques livres savants, qui comptent parmi les plus importants du XXᵉ siècle, mais dont la rigueur même est tout entière tendue vers l'objectif d'un démontage des mécanismes du pouvoir, de la manière dont ils fonctionnent et se perpétuent.

Si j'évoque ainsi la mémoire de Pierre Bourdieu, et si je rappelle ce qu'a été son rôle, son importance, c'est parce qu'il a incarné, comme Foucault, avec Foucault et après Foucault, cette figure de l'intellectuel engagé qui se donne pour tâche de ne pas accepter le monde tel qu'il est, et de s'efforcer inlassablement de faire bouger l'ordre des choses. Ce qu'il appelle, dans son débat télévisé avec Günter Grass, « la tradition d'ouvrir sa gueule ». Cette figure de l'intellectuel a été violemment combattue au cours des vingt dernières années en France, notamment par les *think tanks* néo-conservateurs, très bien organisés et très bien financés, qui ont cherché à présenter la pensée critique comme une pensée « archaïque », pour mieux vanter la «modernité» du néo-libéralisme. Les intellectuels critiques ont été attaqués, insultés, diffamés. Et de nombreux pamphlets, aussi indigents que médiatisés, nous ont répété qu'il fallait se débarrasser de cette «pensée 68», c'est-à-dire la pensée critique, qui ne pouvait, nous disait-on, que mener à la «barbarie». On nous a assuré, d'ailleurs, depuis près de vingt ans, que ces œuvres étaient déjà mortes, disparues, ou n'existaient plus qu'à l'état de vestiges d'un passé révolu, etc.[2].

Pourtant, les œuvres ainsi vouées à la disparition ont survécu à ces assauts politiques, et les noms de Derrida, Bourdieu, Foucault, Deleuze et de quelques autres sont encore et toujours au cœur de notre actualité théorique et intellectuelle. Et l'on pourrait même dire que les attaques lancées par les néo-conservateurs ont largement contribué à constituer ces noms, et les gestes théoriques qu'ils symbolisent, comme des points d'ancrage d'une résistance à l'imposition d'une pensée – ou plutôt d'une sous-pensée – dominante réactionnaire.

---

2. Le meilleur exemple de ces petits pamphlets est le livre de Luc Ferry et Alain Renaut, *La Pensée 68. Essai sur l'anti-humanisme contemporain*, Paris, Gallimard, 1985. J'ai montré dans *Michel Foucault et ses contemporains* (Paris, Fayard, 1994, p. 69-102) à quel point ce livre n'était qu'un tissu d'absurdités historiques et théoriques. Mais ce n'est pas sa qualité qui a assuré son succès : ce sont les forces sociales qui le soutenaient, car il fut un élément dans une stratégie politique organisée dont il faudra un jour faire l'histoire. La guerre contre l'héritage de mai 1968 et des années 1970 est sans doute l'un des enjeux les plus importants autour duquel s'est organisée la vie politique et intellectuelle en France depuis près de vingt-cinq ans, selon le schéma classique, décrit par Max Weber, de la restauration de l'ordre et de l'orthodoxie après la déchirure qu'a représentée l'irruption de la parole hérétique. Il se trouve, en l'occurrence, que les effets à long terme de l'irruption hérétique ont été si puissants qu'ils ne cessent de se démultiplier, malgré toutes les tentatives pour les annuler, comme le montre notamment l'extraordinaire productivité du mouvement gay et lesbien et de tout ce qui a essaimé autour de lui, que ce soit dans le domaine politique ou théorique.

C'est donc la tradition de l'intellectuel critique telle que Pierre Bourdieu l'a si magnifiquement incarnée qu'il nous faut défendre aujourd'hui. Il faut l'affirmer, la perpétuer, la faire vivre, contre tous ceux qui rêvent de l'anéantir. Il nous faut la faire vivre pour combattre cette révolution conservatrice qui déferle actuellement, et qui a été préparée par le basculement général de la vie intellectuelle de la gauche vers la droite, sous l'effet de ce travail que je viens d'évoquer, mis en œuvre par des intellectuels de droite qui, ayant souvent un passé de gauche, pouvaient faire croire qu'ils étaient encore à gauche quand ils importaient tous les thèmes de la droite, et parfois de l'ultra-droite, américaine, et pouvaient d'autant plus le faire croire que le champ intellectuel opérait dans son ensemble un glissement vers la droite et était donc prêt à les suivre dans ce mouvement vers le conservatisme[3]. Il nous faut la faire vivre également pour défendre la possibilité même d'une activité théorique libre et novatrice, menacée par le triomphe des *fast thinkers*, dont la pensée est formatée pour l'instant télévisuel, et dont les livres interchangeables sont des non-livres, qui ne produisent rien, ne créent rien, si ce n'est des occasions pour leurs

---

3. Je pense notamment à François Furet important les écrits d'Allan Bloom présenté comme un brave démocrate effrayé par les «excès» de la gauche radicale américaine alors qu'il était un idéologue réactionnaire applaudi par tout ce que les Etats-Unis comptent d'ultra-conservateurs. La guerre contre le «politiquement correct» relève de la même offensive de la droite américaine, importée en France par les mêmes gens (avant d'écrire son *Illiberal Education*, avec l'aide d'une bourse accordée par une fondation d'ultra-droite, livre traduit dans la collection «Le Messager européen» chez Gallimard sous le titre *L'Éducation contre les libertés*, et célébré en France par les journaux de gauche comme de droite, de *Libération* au *Figaro-Magazine*, l'essayiste d'extrême-droite Dinesh D'Souza avait publié une biographie exaltée du prédicateur fondamentaliste chrétien Jerry Falwell, dans laquelle il le félicitait d'avoir fait rentrer des millions de fondamentalistes dans le champ de la politique, avant d'écrire un autre livre, tout aussi exalté, sur la «révolution reaganienne»).

auteurs de passer dans toutes les émissions possibles et imaginables de la télévision, mais qui ne peuvent exister comme « philosophes », « intellectuels », etc. qu'en détruisant ce qui est éminent, en s'appuyant pour cela sur toutes les instances de consécration externes au champ intellectuel, comme n'a cessé de le démontrer Pierre Bourdieu dans sa mise en question des fonctions du journalisme – et il était bien placé pour le savoir, lui qui aura sans doute été, à la fois l'un des plus grands penseurs de la seconde moitié du XXe siècle, et l'un des plus insultés dans les journaux, les émissions de radio ou de télévision en France, et même après sa mort, et notamment par les sous-intellectuels dont il avait si justement analysé le rôle dans *Sur la télévision*.

Il est d'ailleurs frappant de voir que tous ceux qui ont compté dans le domaine de la pensée au cours des trente ou quarante dernières années n'ont cessé de s'inquiéter des transformations profondes des conditions de la vie intellectuelle en France, et notamment de la domination de plus en plus grande des faiseurs et des imposteurs. Dès 1977, Gilles Deleuze s'inquiétait de ce phénomène culturel émergent, où les livres ne sont plus que des prétextes à articles dans les journaux ou à bavardages télévisés [4]. D'où la prolifération d'essais où prospèrent les « gros concepts » et les « dualismes sommaires » et dans lesquels, ajoutait-il, « plus le contenu de pensée est faible, plus le sujet d'énonciation se donne de l'importance par rapport aux énoncés vides ("moi en tant que lucide et courageux je vous dis...") ». Ce qui ruine l'activité de penser, car « avec ces deux procédés, ils cassent le travail ».

---

4. Gilles Deleuze, « A propos des Nouveaux Philosophes et d'un problème plus général », supplément au n° 24, mai 1977, de la revue *Minuit*.

Dans ce texte de 1977, Deleuze affirme que «tout a commencé avec la télé, et les numéros de dressage que les interviewers ont fait subir aux intellectuels consentants». Il dénonce cette «domestication» et cette «journalisation» des intellectuels. Mais, tout comme Bourdieu après lui, il n'entend pas enfermer la réflexion dans l'alternative «ou bien marketing, ou bien vieille manière». Au contraire, il exhorte les intellectuels (avec un utopisme évidemment voué à l'échec, dont il était, comme Bourdieu, sans doute bien conscient) à élever la barre des exigences (et le moins qu'on puisse dire est qu'il n'aura guère été entendu!). Il souhaitait «proposer une charte des intellectuels, dans leur situation actuelle par rapport aux médias [...] : refuser, faire valoir des exigences, devenir producteurs, au lieu d'être des auteurs qui n'ont plus que l'insolence des domestiques ou les éclats d'un clown de service». Si l'on ajoute que Deleuze dénonçait déjà à quel point ces faux penseurs qui vendent leurs produits comme des lessives avaient pour point commun «la haine de 68», on comprend sans peine que ses propos n'ont rien perdu, hélas, de leur actualité, et l'on peut même dire que ce qu'il décrivait n'a fait qu'empirer.

L'emprise du journalisme et de la télévision est si grande aujourd'hui qu'on peut désormais mettre sur le même plan – dans les journaux en tout cas, mais de plus en plus souvent aussi dans le monde intellectuel et même dans l'université française – l'auteur d'une œuvre considérable, commentée dans le monde entier, comme celle de Bourdieu, et les petits essais d'un «philosophe» pour émissions de radio et télévision qui se pose avec beaucoup de sérieux, en cent cinquante pages composées en gros caractères, la grave question de savoir si le XXe siècle a été utile.

Pour Pierre Bourdieu, le combat contre la restauration conservatrice, qui caractérise le moment politique et culturel dans lequel nous sommes depuis une quinzaine d'années, ne saurait donc se séparer d'une bataille contre ce qu'il appelait « l'emprise du journalisme », qui assure l'emprise des intellectuels de pacotille ou de parodie, ceux-là mêmes qui anéantissent le travail de la pensée et la création culturelle en installant partout, ce qui est une garantie de succès, des produits adaptés aux exigences de l'audimat, aux dépens de la nouveauté, de l'originalité et de la qualité, et qui, pour ce faire, se prosternent devant tous les pouvoirs et s'appuient sur tous les pouvoirs (et notamment le pouvoir médiatique, utilisé comme arme contre les penseurs et créateurs), tout en singeant la posture de l'intellectuel qui se bat contre la défaite de la pensée que chaque parole qu'ils prononcent, chaque ligne qu'ils écrivent et chacune de leurs innombrables apparitions sur le petit écran contribuent à assurer.

C'est contre ces gens-là que se maintient la culture autonome (pour reprendre la terminologie de Bourdieu) et contre l'hétéronomie qu'ils installent, de la même manière que c'est contre leurs équivalents dans le passé que la culture autonome s'est toujours créée et maintenue. C'est contre eux que se produit la pensée novatrice, contre eux que s'invente et se réinvente la pensée critique.

C'est pour toutes ces raisons que, au cours d'un colloque d'hommage à Michel Foucault qui s'est tenu au Centre Pompidou en juin 2000, Pierre Bourdieu, en rappelant que Foucault avait incarné « une tentative exemplaire pour tenir ensemble l'autonomie du chercheur et l'engagement dans l'action politique », pouvait nous inviter à tout faire pour préserver « cette combinaison de l'autonomie et de l'engagement théorico-politique qui définit en propre l'intellectuel ». Dans la situation politique qui est la nôtre, en France et à l'échelle internationale, il est hautement nécessaire, disait-il, de faire vivre ce double geste, cette double exigence. Et il pouvait conclure : «Nous avons besoin de Foucault.»

Besoin de sa pensée, et du modèle de l'intellectuel qu'il nous a légué[5].

\*

Il y a aujourd'hui, peut-être plus que jamais – et le colloque qui se tient cette semaine à San Jose, et la foule qui se presse dans cet amphithéâtre sont là pour le confirmer –, une actualité de Michel Foucault.

Cette actualité prend de multiples formes. Elle est d'abord une actualité dans le champ de la réflexion théorique, où son œuvre, ses livres, les problèmes qu'il a posés ne cessent de féconder ce qui se pense, se dit et s'écrit un peu partout dans le monde, et même en France, malgré la tentative d'éradication, d'effacement dont il a fait l'objet depuis une vingtaine d'années, c'est-à-dire presque aussitôt après sa mort.

Une actualité aussi dans le champ politique. Comment évoquer les mouvements sociaux, culturels, sexuels qui ont agité la société française depuis vingt ou trente ans, et qui se font entendre aujourd'hui avec une grande force, sans rappeler à quel point la référence à Foucault leur a souvent été, et leur est toujours, profondément liée : la lutte menée par les associations dans tous les domaines de la vie sociale (logement, écologie, santé, lutte contre le sida, etc.), les mouvements en faveur des immigrés, des prisonniers, des sans-papiers, des chômeurs, l'affirmation gay et lesbienne, l'émergence d'un mouvement des transgenres, la critique du savoir des «experts», la critique des partis politiques et de la politique traditionnelle…

---

5. Pierre Bourdieu, «La philosophie, la science, l'engagement», in Didier Eribon (dir.), *L'Infréquentable Michel Foucault.*, *op. cit.*, p. 189-194.

Plus fondamentalement encore, c'est sans doute à l'articulation de la réflexion théorique et des mouvements qui se produisent aux marges de la politique traditionnelle (et s'inventent en grande partie contre celle-ci) que le travail avec l'œuvre de Foucault, avec les instruments de pensée qu'il nous a légués, a trouvé son lieu d'effectuation le plus décisif.

Car la pensée de Foucault s'est aujourd'hui disséminée aussi bien dans la réalité théorique que dans les domaines de la pratique politique. Elle est depuis longtemps entrée en résonance, comme aurait dit Deleuze, avec ce qui se produit dans la société. Ses concepts, ses analyses, ses pistes de recherche se situent, et toujours pour reprendre les termes de Deleuze, sur un «plan d'immanence» avec les nouvelles interrogations intellectuelles et avec les nouveaux mouvements politiques, culturels et sexuels (ces deux registres étant souvent liés entre eux).

En fait, tout au long de son travail, Foucault n'a cessé d'interroger la rationalité gouvernante, c'est-à-dire les rouages de l'assujettissement des individus, de la fabrication des sujets assujettis. Mais aussi de définir l'assujettissement comme sécrétant, dans son processus même, la possibilité d'un écart, d'un refus. Le pouvoir est partout, nous dit Foucault. Mais il ajoute aussitôt, en une formule coupante, que, «partout où il y a pouvoir, il y a résistance». Le pouvoir est toujours relationnel, il n'existe que dans un rapport, et ce rapport est un rapport entre deux forces, celle de l'assujettissement et celle qui résiste à celui-ci. C'est le «grondement de la bataille» dont il parle à la fin de *Surveiller et punir*. Par conséquent, face au Pouvoir, face aux pouvoirs, il est toujours possible de maintenir – sauf dans les situations extrêmes bien sûr – une attitude «rétive», selon le mot qu'il emploie dans un entretien de 1981. Ce mot pourrait à lui seul définir Foucault, sa pensée, son éthique. Foucault, ce serait donc la rétivité, un geste et une parole animés par l'attitude rétive. Ou, si l'on préfère, par l'attitude critique[6].

Dans sa conférence de 1978 devant la Société française de philosophie, intitulée «Qu'est-ce que la critique?», il analyse comment la question «qu'est-ce que gouverner?» s'est généralisée dans le corps social, dans le discours politique, philosophique ou juridique, à partir du XVe siècle. Mais il souligne aussitôt que cette interrogation a fait inéluctablement surgir une autre question qui lui fait face : «Comment ne pas être gouverné?» Ce qui ne veut pas dire : ne pas être gouverné du tout, mais plutôt : «ne pas être gouverné comme cela, pas au nom de ces principes-là, pas en vue de tels objectifs et pas par le moyen de tels procédés». C'est cette interrogation en retour, cette préoccupation constante, qu'il appelle «l'attitude critique». Et que l'on pourrait résumer par la volonté de ne pas se laisser gouverner sans avoir son mot à dire.

Quelques années plus tard, dans les deux textes qui s'intitulent «Qu'est-ce que les Lumières?» (deux conférences prononcées l'une à Berkeley, l'autre au Collège de France, en 1983 et 1984), il assigne au philosophe la tâche de faire le «diagnostic du présent», c'est-à-dire de porter l'interrogation critique sur ce qui, dans le monde dans lequel nous vivons, représente le «danger» principal, la force ou la forme la plus menaçante de l'assujettisse-

6. Qu'un de ses disciples – dont, il est vrai, il se méfiait de plus en plus à la fin de sa vie, jugeant son travail «affligeant» et ses comportements «détestables» –, ancien maoïste devenu l'idéologue du MEDEF, essaie aujourd'hui d'enrôler sa pensée au service du patronat pour légitimer le démantèlement du système français de protection sociale et soumettre mieux les travailleurs à la biopolitique, en ruinant leur capacité de lutter et de résister, n'est donc pas seulement ahurissant : cela soulève le cœur.

ment. La démarche est donc inséparablement théorique et politique. Il s'agit d'analyser le monde qui nous entoure, les héritages du passé qui façonnent nos gestes et nos pensées, les événements oubliés de l'histoire qui nous ont constitués tels que nous sommes.

Toute la démarche philosophique et historique de la généalogie, qui remonte dans le temps jusqu'au point d'émergence des institutions, pour montrer qu'elles n'ont pas toujours existé, qu'elles sont apparues à un moment donné, qu'elles sont des produits de l'histoire, tout ce travail historico-théorique vise à montrer qu'elles sont par conséquent transformables par la critique et l'action. Une institution, c'est de la pensée sédimentée : elle est le fruit de réflexions, de débats, de projets, de décisions… Et c'est cette pensée qui sous-tend les institutions qu'il faut exhumer, mettre au jour et démonter. La démarche de Foucault est une démarche historique, une pensée de l'événement. Il s'agit d'aller retrouver, dans l'histoire, dans un passé plus ou moins récent, des événements (ou des avènements) qui ont duré au point de s'inscrire comme des évidences dans nos modes de pensée, dans nos gestes… Il s'agit de saper ces évidences, en retrouvant l'événement qui les a instituées, pour que d'autres événements, d'autres avènements, soient possibles, si limités soient-ils.

Cette recherche historique n'a donc pas la seule connaissance pour objectif. Il ne s'agit pas de faire l'histoire du passé, mais plutôt de faire l'histoire du présent, c'est-à-dire l'histoire de nous-mêmes. La démarche généalogique cherche à comprendre ce que nous sommes, nous, aujourd'hui.

Et si le travail du philosophe consiste précisément dans cette ontologie critique de nous-mêmes, de notre présent, de notre actualité, ce geste théorique ne saurait donc être dissocié de l'expérimentation pratique des transformations et des changements souhaitables et possibles dans la société qui est la nôtre, dans les vies qui sont les nôtres. Le travail théorique par lequel on retrouve l'événement qui a donné lieu à la naissance d'une institution (par exemple l'asile, la prison, la « sexualité ») qui se donne par la suite comme évidente et naturelle, ce travail qui cherche donc à franchir les limites qui sont imposées à la pensée par les pesanteurs de l'histoire, et par l'oubli de l'histoire, ne se sépare pas de l'effort pour modifier concrètement ces frontières dans les champs de l'expérience culturelle et sociale. Non seulement le travail théorique n'est pas séparé de l'effort politique, mais il est suscité par lui (les mobilisations politiques nouvelles font surgir de nouvelles questions théoriques), et il a pour fonction de l'appuyer, de le servir : le travail théorique naît des luttes, dit Foucault, et doit retourner aux luttes. Le travail philosophique s'inscrit comme un élément dans les mouvements qui se passent dans la société, les interrogations et mobilisations critiques qui y apparaissent et s'y développent. Le philosophe critique n'occupe pas une position de surplomb. Il ne légifère pas sur la pratique ou le savoir des autres. Il se transforme au contact de ces pratiques et de ces savoirs. C'est pourquoi Foucault se moque, dans la préface à *L'Usage des plaisirs*, du caractère « dérisoire » des prétentions du discours philosophique lorsqu'il entend « faire la loi aux autres, leur dire où est leur vérité ». Ce à quoi il oppose une idée de la philosophie comme « activité critique de la pensée sur elle-même », qui consiste, au lieu de chercher à « légitimer ce qu'on sait déjà », à « entreprendre de savoir comment et jusqu'où il serait possible de penser autrement ». La philosophie est donc une « ascèse », un « exercice de soi, dans la pensée[7] », et

---

7. Michel Foucault, *L'Usage des plaisirs*, Paris, Gallimard, 1984, p. 14-15.

cet exercice de soi dans la pensée est lié à l'exercice de soi dans la vie, aux expérimentations que l'on entreprend, seul ou avec d'autres, pour ouvrir à de nouvelles possibilités, en rendant accessible à l'activité transformatrice la plus grande part possible de nous-mêmes.

Il faut également insister sur ce point : les changements dans la société ne peuvent être envisagés que comme des processus partiels, délimités, qui portent sur des points précis. Foucault parle par exemple, en 1984, des «transformations très précises qui ont pu avoir lieu depuis vingt ans dans un certain nombre de domaines qui concernent nos modes d'être et de penser, les relations d'autorité, les rapports de sexe, la façon dont nous percevons la folie ou la maladie[8]...». Foucault n'a cessé d'insister sur l'importance de ces mouvements qui transformaient la définition même de la politique et qui élargissaient l'espace de la liberté possible : il mentionne toujours dans ses interviews le mouvement féministe, le mouvement gay et lesbien (il emploie encore le terme «homosexuel»), les mobilisations concernant la médecine et la santé, la prison, la folie... Et il est bien évident que le travail de la restauration conservatrice dont je parlais au début a en grande partie pour objectif de nous faire revenir à la définition traditionnelle de la politique, à la délimitation traditionnelle de ce qui est politique, et de favoriser la récupération par les partis et par leurs intellectuels organiques du monopole de la production des problèmes politiques et du discours sur ces problèmes, monopole battu en brèche par la prise de parole qu'a représentée, après 1968, la multiplication des mouvements

---

8. Michel Foucault, «Qu'est-ce que les Lumières?, in *Dits et écrits*, Paris, Gallimard, 1994, t. 4, p. 562-578. Citation p. 576.

de contestation radicale dans des domaines divers, mouvements qui ont créé de la politique en dehors des chemins balisés et normés en refusant de s'en remettre à la sagesse des experts et des détenteurs autoproclamés de la légitimité.

Ainsi la forme même du travail théorique que propose Foucault et le style d'activité philosophique qu'il met en œuvre sont profondément liés à sa conception même de la politique. Il ne construit pas un projet d'ensemble. Il n'envisage pas une transformation globale de la société. Il se méfie des grands projets politiques, des programmes d'avenir, des sociétés futures... La politique, pour lui, est locale, sectorielle, partielle. Et donc le travail théorico-critique est lui-même local, partiel. Il porte sur un domaine particulier (la prison, la folie, la médecine, la sexualité, etc.). Ce n'est pas une théorie générale du social ou de la politique qu'il propose. Mais une série d'analyses, dont l'aire est toujours délimitée et la fonction toujours « stratégique ». Stratégique, cela signifie que ses analyses s'opposent à d'autres conceptions, à d'autres discours, qu'elles sont inscrites dans une configuration théorico-politique historiquement située, qu'elles n'établissent pas de vérités définitives, mais doivent au contraire être constamment reformulées, réactualisées, au fur et à mesure que les situations changent.

Dans les deux textes qui s'intitulent « Qu'est-ce que les Lumières ? », comme dans « Qu'est-ce que la critique ? », Foucault nous offre, au fond, son autoportrait, et c'est son propre travail, sa propre recherche, son engagement intellectuel qu'il décrit lorsqu'il parle du « labeur patient » de la recherche qui « donne forme à l'impatience de la liberté ». La généalogie est « grise », dit-il dans son texte de 1970 sur

«Nietzsche, la généalogie, l'histoire[9]». Il faut aller fouiller les archives, consulter des bibliothèques entières. Mais elle est l'instrument d'une liberté possible. Non pas une liberté qui serait pensée en termes d'affranchissement, de «libération». Ce qui relèverait de l'utopie. Mais plutôt de «franchissement». Il s'agit de franchir certaines limites. De repousser peu à peu les limites qui enserrent notre liberté.

C'est bien cette «impatience» et cette volonté de «franchir» certaines limites qui animent ce que, dans ses commentaires sur la série de tableaux du peintre Paul Rebeyrolle, qui montrent des animaux emprisonnés et cherchant à s'échapper en se cabrant contre les grillages qui les tiennent enfermés, Foucault appelle «la force de fuir» :

> «La série des tableaux, au lieu de raconter ce qui s'est passé, fait passer une force dont l'histoire peut être racontée comme le sillage de sa fuite et de sa liberté. La peinture a au moins ceci de commun avec le discours : lorsqu'elle fait passer une force qui crée de l'histoire, elle est politique[10].»

Il s'agit donc pour Foucault de travailler à faire advenir des discours, des mouvements, des actions qui sont éminemment politiques, en ce sens qu'ils créent de l'histoire puisqu'ils créent des libertés nouvelles, des espaces nouveaux de liberté, ou, au moins, qui questionnent, mettent en question les vieilles dominations, les vieux pouvoirs, ou leurs incarnations modernes : faire surgir des forces dont l'histoire ne peut être décrite que comme le sillage de leur fuite et de leur liberté.

\*

---

9. Michel Foucault, «Nietzsche, la généalogie, l'histoire», in *Dits et écrits*, *op. cit.*, t. 2, p. 136.
10. Michel Foucault, «La force de fuir», in *Dits et écrits, op. cit.*, t. 2, p. 401.

J'ai dit plus haut que Foucault avait fait l'objet d'une tentative d'effacement de la vie intellectuelle française. Il s'agissait de renvoyer à un passé totalement dépassé la figure même de l'intellectuel critique.

Mais d'autres opérations ont cherché à faire disparaître l'effet Foucault. Des opérations plus insidieuses, parce que, en apparence, plus respectueuses de son œuvre : je veux parler de la neutralisation par l'université. Il semble en effet que l'on n'y accepte Foucault qu'à la seule condition que l'on évite de parler de tout ce dont il a parlé (et notamment, bien sûr, la sexualité). Et l'on s'y félicite souvent que Foucault soit revenu, à la fin de sa vie, au fameux et sacro-saint « sujet » qu'il avait mis en question dans toute son œuvre. C'est un Foucault redevenu philosophiquement présentable, et fréquentable. Et ce qui me frappe, c'est que ceux qui se complaisent dans ces gloses « philosophiques » sont souvent les mêmes qui s'indignent (en France en tout cas) dès lors qu'on essaie de lier l'œuvre de Foucault à sa propre vie, à ses engagements, à sa politique, à la pulsion profondément subversive qui animait sa personnalité même. Comme s'il fallait protéger la pureté de l'œuvre contre les mauvais penchants de son auteur, considérés comme un peu bizarres, ou en tout cas comme n'ayant rien à voir avec la réflexion philosophique. On discute volontiers du rapport de Foucault à la « norme », à condition qu'il s'agisse de savoir s'il s'inspire de Spinoza, ou à la notion d'« expérience », pour autant qu'on se contente de chercher à déterminer si elle vient de Marx ou de Heidegger... Mais dire que Foucault, lorsqu'il parlait d'expérience et de norme, était peut-être en train de réfléchir à son expérience personnelle de déviant affronté aux normes sociales et notamment sexuelles, provoque une réaction scandalisée des défenseurs de la philosophie d'institution, prompts à dénoncer en s'étranglant d'indignation ceux qui transgressent ainsi les règles de la bienséance académique[11]. Il y a bien une «guerre» dans la philosophie, comme le proclame Althusser[12], mais cette guerre n'est pas seulement conceptuelle, elle est ancrée dans le réel, dans la vie, dans l'expérience vécue (les «luttes» dont parle Foucault, ou, plus profondément encore, ce qu'il désignait comme l'expérience personnelle du «malaise»).

Il est temps de redonner toute sa portée à la critique nietzschéenne de Kant : si Nietzsche reprochait à Kant d'avoir construit une sorte de grande cathédrale philosophique de laquelle la vie était absente, il ne faut pas accepter que l'on fasse de l'œuvre de Foucault un édifice d'où sa propre vie serait exclue. Après tout, Nietzsche n'a cessé de nous l'enseigner : une philosophie est toujours, d'une certaine manière, la confession biographique de son auteur.

Et comment ne pas éprouver une profonde méfiance à l'égard de tous les commentaires faussement admiratifs à travers lesquels les gardiens du temple universitaire se délectent de l'idée que Foucault aurait, dans ses tout derniers ouvrages, renoncé à s'intéresser au pouvoir, pour se tourner vers «l'individu», comme si ce genre de dichotomies pouvait avoir le moindre sens dans la démarche de Foucault, aux yeux de qui l'individu ne saurait évidem-

---

11. Entre tant d'exemples, on peut mentionner celui d'un professeur qui a gardé de son althussérisme d'antan le souci de préserver la philosophie de tout rapport avec la réalité, et qui écrit que ceux qui évoquent l'homosexualité de Foucault pour comprendre son œuvre feraient mieux «d'aller se rhabiller». (Cf. Pierre Macherey, «Préface» à Michel Foucault, *Raymond Roussel*, Paris, Gallimard, coll. «Folio», 1992.) La respectabilité universitaire exige donc que la philosophie reste toujours décemment vêtue (tenue correcte exigée!), et ne montre rien de son corps, sans parler de son sexe et de sa sexualité. Après l'*Oublier Foucault* du sinistre Baudrillard, le mot d'ordre serait-il désormais de «rhabiller Foucault»?

12. Louis Althusser, *Positions*, Paris, Éditions sociales, 1976, p. 128.

ment préexister comme une donnée naturelle aux formes sociales à travers lesquelles se produit l'individuation (il suffit pour s'en convaincre de lire le texte intitulé «Le sujet du pouvoir», qui date du début des années 1980, c'est-à-dire de l'époque où Foucault était en train d'écrire ses derniers livres).

Il est bien évident que l'idée, développée par le dernier Foucault, d'une «esthétique de l'existence» ne saurait être séparée de la problématique du pouvoir, puisqu'il s'agit pour lui d'élaborer une politique de la subjectivation, de la création de soi, qui consiste à augmenter l'autonomie (individuelle et collective) que l'on peut conquérir sur les pouvoirs. Il n'est donc pas inutile de rappeler que le long *détour* par l'antiquité grecque et romaine, dans les deux derniers volumes de l'*Histoire de la sexualité*, n'est pas un *retour* à l'antiquité, à la Grèce. Il est, une fois encore, un moyen de réfléchir sur ce que nous sommes, et sur ce que nous pouvons faire. Cet intérêt théorique pour la Grèce est ancré dans une préoccupation contemporaine. Et une préoccupation *politique* contemporaine. Car l'idée d'une esthétique de l'existence, d'une création de soi par soi, que Foucault va chercher dans les textes grecs ou latins, il nous dit très explicitement, dans de nombreuses interviews, qu'il en eut le modèle sous les yeux aux Etats-Unis, quand il commença d'aller enseigner à New York et à Berkeley au milieu des années 1970, et qu'il y découvrit les communautés gays, et les véritables pratiques de subjectivation, de création de soi, de création de nouveaux modèles relationnels entre les individus, de nouveaux modes de vie qui s'y accomplissaient... Parler de ces derniers livres de Foucault en refusant de parler de l'homosexualité, du mouvement gay, des communautés gays américaines, c'est tout simplement dénaturer la portée de l'œuvre de Foucault, et annuler tout ce qu'il a pu lui-même en dire. On fabrique alors un Foucault très respectable. Mais un Foucault vidé de sa politique. Vidé de lui-même.

Et c'est d'ailleurs pourquoi, soit dit en passant, il me semble que l'éthique foucaldienne est presque nécessairement une éthique collective : le sujet éthique, pour autant qu'il existe, n'est pas un «je», mais un «nous». Certes, ce «nous» est mobile, instable, provisoire, pluriel, mais le sujet éthique est toujours, d'une manière ou d'une autre, lié à une pratique collective d'expérimentation, quels que soient, d'ailleurs, le nombre de ceux qui constituent ce «nous» comme un «nous», et la durée de cette expérimentation.

*

Il est tellement évident que la pulsion radicale et subversive qui anime l'œuvre de Foucault, et qui la porte inlassablement vers le geste de mise en cause des mécanismes cachés de l'assujettissement, c'est-à-dire de la production des sujets dominés, des subjectivités dominées, s'ancre dans sa vie elle-même, dans l'expérience vécue, que l'on a du mal à concevoir comment cette évidence peut être sans cesse déniée, refoulée, refusée comme si elle portait atteinte à la grandeur de l'œuvre. Foucault n'a cessé lui-même de le rappeler : ses livres peuvent se lire comme des «fragments d'autobiographie». Cela ne signifie évidemment pas, comme l'a cru l'auteur américain d'une biographie totalement farfelue, que Foucault raconte sa vie dans ses livres. Cela signifie que, au point de départ de son travail, on trouve toujours un malaise personnel, un rapport difficile et conflictuel avec telle ou telle institution, et que le projet de ses livres, leurs enjeux les plus fondamentaux, sont liés à la pulsion qui a poussé à leur écriture. «L'œuvre est plus que l'œuvre : le sujet qui écrit fait partie de l'œuvre», déclare Foucault à propos de Raymond Roussel[13]. On trouve, dès les premiers travaux de Foucault, et notamment dans sa thèse sur l'*Histoire de la folie*, une interrogation sur ce que la société rejette comme «anormal», hors de ses frontières. C'est aux «fous» qu'est consacrée cette thèse. Mais dans un chapitre central, Foucault y analyse l'exclusion sociale des homosexuels, qui intervient au même moment que celle qui frappe les fous. Et c'est leur proximité dans leur internement commun qui fait que la folie devient «criminelle» et l'homosexualité «pathologique» aux yeux des défenseurs de la société et de sa morale, et que sont constitués les personnages du «fou» et de «l'homosexuel» tels que la psychiatrie va s'emparer d'eux[14]. On peut dire que toute l'œuvre de Foucault est née de cette mise en question du pouvoir de l'assujettissement dont l'exemple même est cette sorte de bannissement social qui, selon l'analyse historique et généalogique qu'il développe à l'époque, frappe les fous et les homosexuels au XVIIe siècle. Et il ne fait aucun doute que sa critique du discours pseudo-scientifique de la psychiatrie ou de la psychanalyse s'ancre dans un rejet profond, quasi épidermique, de ces disciplines et de leur fonction normative et donc pathologisante et excluante. On ne peut pas comprendre la démarche de Foucault, et la pulsion théorico-politique qui la sous-tend, si on ne la met pas en liaison avec son expérience personnelle – et en l'occurrence avec son homosexualité

---

13. Michel Foucault, «Archéologie d'une passion», in *Dits et écrits, op. cit.*, t. 4, p. 607. Et également : «C'est un choix par rapport à ce qu'on est comme être sexuel et puis comme être écrivant. Et c'est un choix dans le rapport qu'il y a entre le mode de vie sexuel et l'œuvre» (p. 606).

14. Pour une analyse plus développée de ce chapitre de l'*Histoire de la folie*, je renvoie à la troisième partie de mes *Réflexions sur la question gay*, Paris, Fayard, 1999, notamment p. 373-387.

comme facteur d'écart avec l'ordre établi, et de résistance à celui-ci.

Là encore, on pourrait faire le rapprochement avec Bourdieu. Dans un petit livre terminé peu de temps avant sa mort, et intitulé *Esquisse d'une auto-analyse*, Pierre Bourdieu raconte ce que fut son adolescence, celle d'un enfant issu d'un milieu fort modeste, et habitant un petit village, et l'expérience de la honte sociale et de l'humiliation qu'il vécut au cours de ses années de lycée, au contact des fils de la bourgeoisie et des citadins. Il n'hésite pas à ancrer son «mauvais caractère» (sa rétivité) dans ce passé où son tempérament fut forgé dans une sorte de confrontation permanente avec le monde extérieur, avec l'institution scolaire, ses verdicts sociaux, sa reproduction silencieuse des hiérarchies sociales, etc. Nul doute que c'est également toute son œuvre, toute sa démarche théorique et la pulsion critique qui l'anime, qui s'ancrent dans cette expérience d'adolescent qui se rebelle contre l'ordre du monde et contre les hiérarchies que cet ordre travaille à inscrire dans les cerveaux et dans les corps des individus. L'appartenance ultérieure au monde intellectuel produit ce qu'il appelle un «*habitus* clivé», qui comme le «malaise» dont parle Foucault, est au principe d'une démarche théorique. Et c'est pourquoi l'on pourrait dire que, au fond, Bourdieu n'a jamais fait que la sociologie de lui-même. Ce qui ne signifie pas qu'il ne parle que de lui. Ni même qu'il s'est pris comme objet d'étude. Mais qu'il a cherché à comprendre, à analyser les mécanismes de la domination sociale dont il avait fait l'épreuve douloureuse dans sa jeunesse. Il n'est pas sans importance que ses travaux de sociologue aient porté précisément sur le système scolaire et sur ce qu'il appelle le processus de la «reproduction».

Bourdieu fut également ethnologue et ses études sur la Kabylie sont très célèbres. Or, parmi ses tout premiers travaux d'ethnologie figure un article sur le célibat dans la société béarnaise, la région dont il était originaire. Et à cet article, ou du moins au problème qui y était posé (le célibat des aînés), il est revenu par deux fois, approfondissant, à des années de distance, l'analyse qu'il y avait proposée. Comme si ce problème ethnologique, sociologique, l'avait obsédé au point d'être une sorte de lieu géométrique où ses intérêts théoriques venaient, à intervalles réguliers, se croiser et se ressourcer.

Juste avant sa mort, il avait entrepris de rééditer ces trois articles sur le Béarn. Dans la préface, il indique qu'il s'était agi pour lui, au départ, de «faire une sorte de *Tristes tropiques* à l'envers [15]». Si Lévi-Strauss avait fait le détour par la société la plus éloignée de la sienne pour se retrouver lui-même [16], Bourdieu aurait donc fait le voyage inverse : aller au plus près de la société de son enfance pour comprendre cette société, mais peut-être aussi pour s'en éloigner, s'en déprendre... Le travail de

---

15. Pierre Bourdieu, «Célibat et condition paysanne», in *Le Bal des célibataires*, Paris, Seuil, coll. «Points-Essais», 2002, p. 11. Dans une lettre écrite alors qu'il rédigeait son *Histoire de la folie*, Foucault définissait lui aussi son projet par rapport à Lévi-Strauss (*Tristes tropiques* avait paru peu de temps auparavant, en 1955) : «Finalement, il me semble qu'on ne peut rien dire d'utile – en dehors de l'anecdote – sur les Zoulous et les Nambikwara. Alors pourquoi ne pas prendre le sujet par le biais : la folie et l'expérience de la Déraison dans l'espace ouvert par la réflexion grecque. Après tout, l'Europe aux anciens parapets... Plus particulièrement, ce glissement, dans l'expérience de la déraison entre l'*Éloge de la folie* et la *Phénoménologie de l'Esprit* (Éloge de la déraison) – entre le Jardin des Délices et la maison du Sourd [...]. Trois cents ans qui sont la genèse de notre folie...» (lettre de Michel Foucault à Jacqueline Verdeaux, 29 décembre 1956. Je donne le texte de cette lettre en annexe de la réédition de ma biographie de Michel Foucault dans la collection de poche «Champs-Flammarion», p. 358-359). Il s'agit bien pour Bourdieu, comme pour Foucault, d'explorer son propre sol (par l'analyse sociologique ou ethnologique pour l'un, par l'analyse historique pour l'autre).

16. Voir par exemple les dernières pages de *Tristes tropiques*, Paris, Plon 1955.

réflexivité étant ici un travail d'ascèse, un travail sur soi pour se transformer soi-même, en transformant l'expérience individuelle, à la source de la pulsion intellectuelle, en construction théorique : « Le regard d'ethnologue compréhensif que j'ai pris sur l'Algérie, j'ai pu le prendre sur moi-même, sur les gens de mon pays, sur mes parents, sur l'accent de mon père, de ma mère, et récupérer tout ça, sans drame, ce qui est un des grands problèmes de tous les intellectuels déracinés, enfermés dans l'alternative du populisme ou au contraire de la honte de soi liée au racisme de classe. J'ai pris sur des gens très semblables aux Kabyles, des gens avec qui j'ai passé mon enfance, le regard de compréhension obligé qui définit la discipline ethnologique [17]. »

Ainsi, au fond, Bourdieu s'est fait le sociologue et l'ethnologue de lui-même, pour se comprendre, s'accepter, se changer lui-même, et donner aux autres le moyen de se comprendre, de s'accepter et de se changer. Il insistait souvent, dans les conversations privées, sur la fonction de « socio-analyse » – et donc de libération et de transformation de soi – qu'il attribuait à son œuvre. Il y revient d'ailleurs dans son *Esquisse d'une auto-analyse* : « J'étais très soutenu et encouragé par les témoignages que je recevais, au cours de rencontres de hasard ou dans des lettres, de personnes qui me disaient avoir été profondément touchées et, parfois transformées ou "libérées", par ce que j'écrivais (dans *La Distinction* notamment). » Il est assurément impossible d'imaginer qu'il ne destinait cette fonction qu'aux autres, en s'en exceptant, comme un savant surplombant le monde

---

17. Pierre Bourdieu, entretien avec Franz Schultheis, in Pierre Bourdieu, *Images d'Algérie. Une affinité élective*, catalogue de l'exposition qui s'est tenue à l'Institut du monde arabe, 23 janvier-2 mars 2003, Arles, Actes Sud, 2003, p. 42.

social de son savoir, ce qui était précisément le contraire de la manière dont il se pensait, et dont il concevait son travail intellectuel.

Il y a donc indéniablement chez Bourdieu un ancrage biographique de la démarche théorique. Et, à la fin de sa vie, il avait entrepris d'affronter cette très délicate et difficile question de la biographie et du rapport de la biographie à la théorie en se livrant à ce qu'il appelait une «auto-analyse». Au fond, il aurait pu dire, comme Foucault, que tous ses livres étaient des «fragments d'autobiographie». Et c'est sans doute ce qui fait de Bourdieu un auteur absolument infréquentable. Parce que le matériau sur lequel il travaille, c'est celui d'une violence qu'il a ressentie et qui s'est muée, en lui, en une énergie intellectuelle et politique. C'est cela, précisément, qui fait de l'œuvre de Bourdieu une œuvre éminemment politique, même dans ses aspects les plus savants et les plus théoriquement sophistiqués.

Soulignons ce point : le fait qu'une démarche théorique soit liée à l'expérience vécue n'en diminue en rien la puissance. Au contraire. C'est par un étrange fantasme de la pureté de l'abstraction théorique que les disciples (qui se transforment toujours très vite en dévots ou en gardiens de la lecture présentée par eux comme orthodoxe et en tout cas prescrite des œuvres hétérodoxes) semblent toujours voir dans l'inscription biographique une manière de rabaisser une œuvre, de l'entacher d'une sorte de discrédit originel qui la priverait de toute validité scientifique. Comme si l'expérience de la violence de la domination sexuelle et de celle la domination sociale n'étaient pas des moteurs suffisamment importants ou nobles pour donner à une démarche intellectuelle une force théorique et politique majeure et qu'il fallait les dénier pour garder à ces œuvres leur grandeur. Et comme si ces démarches devaient rester prémunies de tout contact avec ces réalités triviales, qu'elles pourraient certes se donner pour tâche de penser, mais par lesquelles elles ne sauraient avoir été motivées. On veut bien admettre que Foucault parle de l'oppression sexuelle et Bourdieu de l'oppression sociale, mais on ne veut pas qu'ils aient éprouvé la violence de ces oppressions et que leur œuvre témoigne d'un effort réflexif pour les penser, et de cette manière y échapper, et permettre à d'autres d'y échapper en les pensant. N'est-ce pas, pourtant, la raison pour laquelle l'idée de dévoilement des forces cachées à l'œuvre dans le monde social est si décisive dans l'œuvre de l'un et de l'autre ? Il est vrai que les ennemis des penseurs critiques ont toujours tendance à chercher à les discréditer en les ramenant à n'être que l'expression de pulsions personnelles et d'intérêts particuliers (c'est parce qu'il est homosexuel, sado-masochiste, à propos de Foucault ; c'est la jalousie sociale, à propos de Bourdieu [18]). Mais cela ne signifie nullement qu'il faille céder à ce terrorisme des dominants et des bien-pensants, et entrer dans leur jeu en cherchant à gommer ou à dénier, pour leur répondre, la dimension «biographique» des œuvres. C'est au contraire la grandeur de ces œuvres d'être à ce point liées aux expériences de la violence sociale qu'elles sont tout entières soustendues par la volonté de penser cette violence et de lutter contre elle. Les œuvres de Foucault et de Bourdieu sont des méditations sur la honte, et sur les mécanismes

---

18. Voir par exemple le livre de James Miller sur Foucault, ou l'éditorial que Jacques Julliard a consacré à Bourdieu après sa mort (*Le Nouvel Observateur*, 31 janvier 2001), qui peut se lire comme un des symptômes les plus significatifs de l'état lamentable dans lequel se trouve aujourd'hui la gauche intellectuelle française.

sociaux qui la produisent. Elles accomplissent dans le domaine de la théorie un parcours analogue à celui suivi par Genet dans l'ordre littéraire : celui qui mène de la honte à la réinvention de soi. Et elles offrent ce parcours aux autres comme le modèle d'une ascèse, comme un instrument d'émancipation. Il s'agit, par exemple, chez Foucault d'élaborer une pensée critique qui puisse fournir des instruments pour mener la «contre-attaque» contre le dispositif de la sexualité[19], chez Bourdieu de se donner les moyens d'une «socio-analyse libératrice[20]».

Foucault l'énonce très explicitement dans «Qu'est-ce que la critique?», lorsqu'il décrit le geste critique dans la théorie comme le fait de prendre pour objet d'analyse le malaise ressenti dans l'expérience personnelle et la rétivité qui en résulte, le geste d'écart, le pas de côté. C'est ce qu'il appelle «l'indocilité réfléchie». L'indocilité qui se prend elle-même comme point de départ pour une réflexion théorique et une interrogation critique sur les mécanismes du pouvoir. Voici ce qu'il écrit :

> «Si la gouvernementalisation, c'est bien ce mouvement par lequel il s'agissait dans la réalité même d'une pratique sociale d'assujettir les individus par des mécanismes de pouvoir qui se réclament d'une vérité, eh bien! je dirai que la critique, c'est le mouvement par lequel le sujet se donne le droit d'interroger la vérité sur ses effets de pouvoir et le pouvoir sur ses discours sur la vérité; eh bien! la critique, ce sera l'art de l'inservitude volontaire, celui de l'indocilité réfléchie.»

---

19. Michel Foucault, *La Volonté de savoir*, Paris, Gallimard, 1976, p. 208.
20. Pierre Bourdieu, *Le Sens pratique,* Paris, Minuit, 1980, p. 30.

Et c'est pourquoi Foucault, comme Bourdieu, est, reste et restera décidément un penseur «infréquentable». Car c'est la révolte qui fut la sienne qui anime son œuvre de part en part. C'est une révolte personnelle transfigurée en révolte théorique. Et en théorie de la révolte. Ou de la critique.

Foucault comme incitation à la radicalité critique.

*

C'est la raison pour laquelle j'aime le livre de David Halperin, *Saint Foucault*, malgré les critiques que j'ai pu lui adresser (précisément à propos de la deuxième partie du livre, lorsqu'il dénonce dans l'analyse biographique une manière de normaliser les vies gays, quand il me semble au contraire qu'il s'agit de la meilleure voie à suivre pour qui veut montrer comment certaines œuvres se sont forgées comme autant de gestes de résistance à la violence normalisante[21]). Il nous offre, en effet, un magistral exemple de la manière dont Foucault nourrit et féconde aujourd'hui la réflexion intellectuelle et l'engagement politique. Sous la plume d'Halperin, Foucault est absolument inassimilable, résolument infréquentable : il est irrécupérable par ceux qui voudraient annuler la portée critique de son œuvre, en même temps qu'ineffaçable par ceux qui

---

21. Cf. David Halperin, *Saint Foucault. Two Essays in Gay Hagiography*, Oxford University Press, 1995. La deuxième partie du livre n'est pas traduite dans l'édition française (*Saint Foucault*, EPEL, 2000), pour la raison qu'elle attaque principalement le livre de James Miller qui est passé presque complètement inaperçu en France et a même semblé totalement saugrenu aux rares personnes qui l'ont lu, alors qu'il avait eu un certain écho aux Etats-Unis au moment de sa parution, puisqu'il était apparu comme un moyen de discréditer Foucault et de se débarrasser de son œuvre en ramenant sa pensée à une émanation de son attirance pour la mort, le suicide, le sado-masochisme...

voudraient supprimer jusqu'à la mémoire de son nom et à qui, précisément, son nom, son œuvre, et sa personne opposent une résistance obstinée. Au fil des pages du livre d'Halperin, nous sommes mis en présence d'une multitude de personnages – des intellectuels et des militants, puisqu'il y est beaucoup question d'Act Up New York – qui utilisent les livres de Foucault pour se rendre eux-mêmes infréquentables par les institutions, et s'autoriser à prendre la parole là où seuls les gens fréquentables pensaient pouvoir la monopoliser, dans un domaine aussi crucial et dramatique que celui de l'épidémie de sida ; de personnages qui entretiennent une contestation politique multiple et qui se déplacent sans cesse dans l'espace social ; ce que Foucault aimait à appeler le « tohu-bohu [22] ».

\*

Pour conclure, je voudrais résumer brièvement trois points qui me semblent essentiels :

• Foucault a toujours pensé son travail en relation avec ce qu'il vivait et percevait, avec ce qui se passait autour de lui. C'est sur ses propres expériences qu'il a travaillé et réfléchi. Le monde a changé depuis sa mort. Et c'est sur nos expériences qu'il faut désormais réfléchir, avec les armes qu'il nous a données. Il ne s'agit pas de répéter Foucault, mais de l'utiliser.

---

22. Foucault emploie le terme « tohu-bohu » au cours d'un entretien – resté inédit – que j'ai réalisé avec lui en 1983 et dans lequel il revient sur sa conception de l'activité politique. Le tohu-bohu, c'est la multiplicité ouverte des mouvements de contestation et d'agitation, qui ne se laissent jamais enfermer dans la totalisation que cherchent à imposer les structures en place (partis, syndicats) ni dans la soumission à un objectif programmatique défini à l'avance et une fois pour toutes. Dans un tel contexte, la critique politique est imprévisible puisqu'elle peut toujours surgir en un point ou un autre de l'espace social.

• Car Foucault nous a toujours invités à considérer ses livres comme des boîtes à outils, où nous pourrions puiser, chacun avec nos propres besoins, des instruments pour le travail intellectuel ou la lutte politique. Raison pour laquelle il n'y a pas un Foucault, mais des Foucault, bien sûr. Car chacun peut y puiser des armes différentes, selon ses besoins à tel ou tel moment. Il y a mille Foucault, et j'imagine sans peine que le Foucault d'Amérique centrale n'est pas le même que celui des Etats-Unis, du Japon ou de l'Europe occidentale. Mais si l'œuvre de Foucault est utilisée dans des champs fort différents, si lui-même a réfléchi et agi dans des champs différents, cela ne veut pas dire qu'il n'y a pas de cohérence, cela veut dire que la cohérence n'est pas donnée, qu'elle ne précède pas la réflexion ou l'action, qu'elle ne se déduit pas d'un système : la cohérence est stratégique, disait Foucault : elle vient du fait que c'est le même ennemi qui est combattu (les pouvoirs de l'assujettissement) et le même objectif qui est visé (élargir l'espace de la liberté que l'on peut conquérir contre ces pouvoirs).

• Enfin, si ce qui caractérise le philosophe est de faire le diagnostic du présent, de penser l'actualité, et de voir dans cette actualité quel est, comme il disait, le «danger principal», afin de mener autour de ce danger, de l'institution la plus menaçante, le travail théorico-politique qui nous permettra, autant que faire se peut, d'en desserrer l'étau et d'élargir les possibilités de liberté dans les modalités concrètes de nos existences, il ne s'agit pas de s'installer dans la fidélité à une doctrine, à un système théorique donné mais plutôt, comme il nous y exhorte lui-même dans ses conférences sur les Lumières, dans la fidélité à une attitude, à un *ethos*, et cette attitude, c'est bien sûr, comme je le disais en commençant, ce que Foucault appelle l'«attitude critique». C'est le type de vie philosophique, de vie intellectuelle que Foucault a essayé de mener qui doit rester un foyer d'inspiration pour nous, plutôt que telle ou telle démonstration ou analyse particulière, toujours réfutable ou toujours dépassable.

Etre fidèle à Michel Foucault, ce n'est donc pas commenter la doctrine de Foucault, ni être fidèle à la lettre de ce qu'il a dit et écrit, mais plutôt, et c'est je crois le sens du titre de David Halperin, *Saint Foucault*, de vénérer, en les faisant nôtres, en nous les appropriant, le modèle de la «vie philosophique» et la figure de l'intellectuel qu'il aura incarnés, et cette attitude qu'il nous a léguée : le geste critique, le geste de la critique radicale et l'exigence d'une pensée qui ne doit jamais cesser de mettre en question les évidences du monde qui nous entoure, qui ne doit jamais renoncer à se donner le droit d'interroger les discours du pouvoir, de tous les pouvoirs, quels qu'ils soient.

Etre fidèle à Michel Foucault, c'est donc continuer à faire vivre, aujourd'hui, l'indocilité réfléchie.

# Ce que Nietzsche fit à Gide
## et Foucault[1]

De la même manière que l'œuvre de Nietzsche a servi de référence ou de point d'appui à un discours politique libertaire, à la fin du XIX<sup>e</sup> et au début du XX<sup>e</sup> siècle (par exemple dans les écrits d'Emma Goldmann ou d'Henry Mackay), on peut aisément apercevoir comment elle a travaillé les discours qui s'efforcèrent de faire exister une réflexion critique sur les normes et les normalités qui régissent l'ordre sexuel (ce qui était d'ailleurs aussi le cas chez nombre de libertaires, à commencer par Goldmann et Mackay). De nombreux auteurs dont le projet consistait à élaborer des discours a-normaux ou a-moraux ont revendiqué leur dette à l'égard de Nietzsche, en proclamant que leur pensée, ou leur volonté de libérer la pensée, devait tout, ou presque, à la lecture de ses livres. Non seulement leur pensée, d'ailleurs, mais la manière même dont ils considéraient le rôle de l'écrivain ou de l'intellectuel, et le geste «inactuel» ou «intempestif» qui le carac-

---

1. Conférence prononcée lors du colloque qui s'est tenu à Weimar du 11 au 13 novembre 1999 pour l'inauguration du Nietzsche Kolleg, centre de recherche attaché aux Archives Nietzsche, puis, dans une version développée, dans le cadre de séries de conférences données à l'université du Michigan à Ann Arbor, en mars 2000, et à l'université de Chicago en mai 2000.

térise dès lors qu'il s'écarte des modèles prescrits et imposés par l'ordre social. Penser, c'est toujours prendre un risque, ont-ils tous voulu affirmer, celui de n'être pas en accord avec son temps, avec les conduites que l'époque impose. C'est toujours une manière de «fuir», et d'inventer de nouvelles possibilités, de nouvelles formes de vie.

\*

Dans la préface à l'*histoire de la folie*, ouvrage publié en 1961, mais rédigé entre 1956 et 1960, Foucault annonce une série d'études qui vont suivre ce livre et qui porteront, dit-il, sur l'expérience du rêve et sur les interdits qui répriment la sexualité. Il précise que cet ensemble d'études, dont celle qui porte sur la folie ne fut que la première parce que «la plus facile» à mener, constituera une «longue enquête, qui sous le soleil de la grande recherche nietzschéenne, voudrait confronter les dialectiques de l'histoire aux structures immobiles du tragique[2]».

Dans ses tout derniers livres, publiés quelques jours avant sa mort, en juin 1984, on retrouve cette même invocation de Nietzsche, lorsqu'il écrit, dans l'introduction de *L'Usage des plaisirs*, le deuxième volume de son *Histoire de la sexualité*, qui paraît, avec *Le souci de soi*, huit ans après le premier volume, que son travail s'inscrit dans le projet général d'une «histoire de la vérité» et des «jeux du vrai et du faux[3]», questionnement dont il faut accepter d'affronter le danger et le risque qu'il représente pour toute pensée. Et il est bien évident que le titre du premier

---

2. Cette préface de l'édition de 1961 a été supprimée par Foucault dans la réédition de 1972. Elle se trouve dans le premier volume des *Dits et écrits* (Michel Foucault, Préface, in *Dits et écrits*, t. 1, Paris, Gallimard, 1994, p. 159-167. Citation p. 162).

3. Michel Foucault, *L'Usage des plaisirs, op. cit.*, p. 14.

volume de cette *Histoire de la sexualité*, en 1976, *La Volonté de savoir*, est une référence explicite à Nietzsche.

Dans une interview donnée quelques jours avant sa mort, en juin 1984, Foucault réaffirme d'ailleurs qu'il est «simplement nietzschéen», ce qui signifie, dit-il, qu'il «essai[e], dans la mesure du possible, sur un certain nombre de points, de voir à l'aide de textes de Nietzsche – mais aussi avec des thèses anti-nietzschéennes (qui sont tout de même nietzschéennes!) – ce qu'on peut faire dans tel ou tel domaine[4]». Et il date alors son nietzschéisme du tout début des années 1950, en 1952 ou 1953, lorsqu'il se mit à lire Nietzsche, après avoir tant lu Heidegger. Le moment où Foucault découvrit Nietzsche avec enthousiasme a été raconté par son ami Maurice Pinguet, qui situe cette scène en 1953, et évoque un Foucault lisant les *Considérations inactuelles* sur une plage de Civitavecchia, en Italie, où ils étaient allés passer des vacances ensemble. Foucault lisait ce livre, précise Pinguet, sous le soleil[5].

En tout cas, il ne fait aucun doute que tout le travail de Foucault, du milieu des années 1950 jusqu'à ses derniers livres, s'est placé sous le signe de Nietzsche, sous ce qu'il appelait donc, comme je viens de le rappeler, le «soleil» nietzschéen. Avant d'examiner ce que fut cet effet de Nietzsche sur Foucault, je voudrais m'arrêter quelques instants sur cette métaphore du «soleil», sur cette lumière qu'aurait diffusée l'astre nietzschéen sur la pensée du jeune Foucault et sur le développement de son œuvre.

---

4. Michel Foucault, «Le retour de la morale», in *Dits et écrits, op. cit.*, t. 4, p. 704.

5. Sur la découverte de Nietzsche par Foucault et la rupture qu'elle introduit dans son horizon de pensée à ce moment-là, voir Didier Eribon, *Michel Foucault*, Paris, Flammarion, 1989 (nouv. éd. «Champs», 1991), notamment chapitres 5, 6 et 7.

Car si c'est bien d'un effet d'ensoleillement qu'il convient de parler, il n'est pas illégitime de se demander de quelles ténèbres ce soudain éclat du jour lui permettait de sortir. Quelle est donc cette illumination produite par Nietzsche sur Foucault? Quelles réalités lui rendit-elle visibles? Et surtout, de quelle ombre, de quels lieux d'obscurité, de quel placard sans jour lui permit-elle de sortir? Nietzsche, pour Foucault, c'est le rayon lumineux qui venait éclairer devant lui la face cachée des choses, ce faisceau de lumière qu'évoque Georges Dumézil lorsqu'il parle dans sa notice nécrologique du regard de Foucault, qui, dit-il, «tournait comme un phare sur l'histoire et sur le présent, prêt aux découvertes les moins rassurantes[6]». Mais ce rayon, n'est-ce pas d'abord Foucault lui-même qu'il illumina, comme par un effet de révélation, en apportant un éclairage nouveau sur se qui se passait à l'intérieur de lui? Ce qui lui offrait alors la possibilité d'un arrachement de soi à soi, la possibilité critique de refuser ces contraintes qui pesaient si lourdement sur lui, de desserrer l'étau des carcans qui l'étouffaient, de mettre en question la violence oppressante du monde alentour et des morales répressives. Le soleil en question fut une source d'énergie, une énergie qui lui permit de se transformer lui-même.

Pour comprendre ce que Foucault trouva en Nietzsche, ce que la lecture de Nietzsche fit à Foucault, et rendit possible à Foucault, il convient d'abord d'évacuer les polémiques lancées naguère contre le «nietzschéisme» français, notamment par tel philosophe allemand et ses sectateurs français, qui ne voulaient voir dans la référence

---

6. Georges Dumézil, «Un homme heureux», *Le Nouvel Observateur*, 29 juin 1984. Je cite ce texte plus longuement dans *Michel Foucault, op. cit.*, p. 352.

à Nietzsche que le signe d'un ancrage dans une pensée irrationaliste, anti-moderniste, anti-démocratique et radicale-conservatrice. «Jeune conservateur», c'est le mot employé par Jürgen Habermas, et qui évoque, bien sûr, dans le contexte allemand, la «révolution conservatrice» des années 1920 et 1930[7]. Bref, cela laisse entendre que Foucault aurait été pré-fasciste, ou même carrément fasciste. Ce que, d'ailleurs, les disciples français de Habermas n'hésitèrent pas à affirmer, aussi bien de Foucault que de Deleuze, les accusant de nous conduire tout droit à la «barbarie[8]».

---

7. Jürgen Habermas, «La modernité : un projet inachevé», *Critique*, octobre 1981, p. 950-967. L'américaine Nancy Fraser, dont les objections convenues, article après article, montrent qu'elle n'a elle-même jamais compris grand-chose au projet de Foucault, écrit, par exemple, à propos de l'attaque de Habermas : «Dans une discussion récente du post-modernisme, Jürgen Habermas décrit Foucault comme un "Jeune conservateur". L'expression est une allusion aux "révolutionnaires conservateurs" de l'Allemagne de Weimar dans l'entre-deux guerres, un groupe d'intellectuels radicaux, anti-modernistes, qui comptaient parmi eux Martin Heidegger, Ernst Jünger, Carl Schmitt, et Hans Freyer» (Nancy Fraser, «Michel Foucault : A "Young Conservative"?» in *Unruly Practices. Power, Discours and Gender in Contemporary Social Theory*, Minneapolis, University of Minnesota Press, 1989).

8. Pour les épigones français de Habermas, voir par exemple la série de petits pamphlets publiés par Luc Ferry et Alain Renaut (*La Pensée 68, op. cit.*; *68-86. Itinéraires de l'individu. 1968-1986*, Paris, Gallimard, 1987; *Heidegger et les modernes*, Paris, Gallimard, 1988). On y lit par exemple qu'«il serait assez facile de montrer comment le système foucaldo-deleuzien tomberait sous le coup d'une critique comme celle de Hannah Arendt dénonçant le système totalitaire» (*68-86, op. cit.*, p. 101) ou que l'«anti-humanisme» de Foucault et Derrida est gros d'un danger nazi puisqu'ils ont été influencés par Heidegger (cf. notamment *Heidegger et les modernes, op. cit.*, p. 10). Foucault et Deleuze totalitaires! Foucault et Derrida potentiellement nazis! Rien que ça. Dans la notice qu'il consacre à Foucault dans l'*Histoire de la philosophie politique* qu'il a dirigée chez Hachette (et qui relève plus du pamphlet que de l'histoire), Alain Renaut, après avoir évoqué la phrase de Foucault affirmant qu'il est «simplement nietzschéen», cite une série de formules de Nietzsche dénonçant la démocratie, et il en conclut que Foucault est profondément anti-démocrate. On imagine quelles belles idées l'on pourrait attribuer à ces grands démocrates en procédant de la même manière avec Kant, dont ils se réclament, et en citant tous les propos racistes, misogynes, homophobes,

L'article de Habermas et son livre sur le *Discours philosophique de la modernité* peuvent se lire comme des tentatives pour saisir (et critiquer) l'influence de Nietzsche dans la pensée contemporaine. Mais il révèle une telle méconnaissance, une telle incompréhension de l'histoire, des idées, il est animé par une telle inspiration polémique qu'on peut se demander, rétrospectivement, comment il est possible qu'il ait été pris au sérieux. Il est d'ailleurs plaisant de constater que ce qui était écrit par Habermas comme une critique de gauche du nietzschéisme français fut repris par ses disciples français dans le cadre d'une critique de droite contre les pensées hétérodoxes et les penseurs critiques. On ne peut s'empêcher de sourire à l'idée que toute la théorie critique de l'Ecole de Francfort s'achève désormais dans la critique, au nom de l'ordre établi, de toute théorie critique et dans l'affirmation qu'il

---

guerriers que l'on trouve par exemple dans l'*Anthropologie du point de vue pragmatique* ou dans les *Considérations sur le sentiment du beau et le sublime*. Quant aux critères pour juger si une action est démocratique ou non, il suffit de comparer l'engagement effectif de Foucault en faveur des travailleurs immigrés, des prisonniers, des femmes, des homosexuels, des exclus, des minoritaires, et son souci inlassable d'élargir les espaces de la liberté individuelle aux politiques menées, à l'égard des mêmes catégories de la population, et de quelques autres d'ailleurs, par les gouvernements de droite en France depuis les années 1960, et notamment ceux auxquels les dénonciateurs du nietzschéisme apportent leur soutien et même leur participation. Mesuré à cette aune, il ne devrait pas être trop difficile de voir que les «antihumanistes» se situent à l'évidence bien plus du côté des «droits de l'homme» (surtout quand ces hommes sont des femmes, des immigrés ou des homosexuels…) que les promoteurs de la révolution conservatrice des années 1990, qui ont déguisé en défense des «droits de l'homme» contre les «barbares» une politique qui apparaît aujourd'hui clairement pour ce qu'elle est, pour autant qu'elle ait jamais pu tromper qui que ce soit : une politique réactionnaire et rétrograde. Et il suffit de comparer la politique de Jacques Derrida aujourd'hui (sans parler du niveau théorique auquel il se situe) sur des questions aussi cruciales que celles de l'immigration, du droit d'asile, etc., à celle du gouvernement auquel participe activement l'un des pourfendeurs de la pensée 68 pour ne pas hésiter longtemps à choisir son camp.

serait impossible de penser en dehors des cadres délimités par les institutions du monde contemporain et de la reproduction sociale. Mais cette dérive droitière et néo-conservatrice des disciples de Habermas se trouve déjà contenue dans le «tournant linguistique» de ce dernier, quand il abandonna, il y a bien longtemps, la pensée sociale pour disserter sur les normes qui régissent la communication. Foucault soulignait dès 1983, après les conférences prononcées par Habermas au Collège de France et qui allaient servir de base au *Discours philosophique de la modernité*, qu'il s'agissait purement et simplement d'une trahison des idéaux de la théorie critique de l'Ecole de Francfort. Foucault n'hésitait pas dire que Habermas, désormais, ne cherchait plus qu'à «rabattre tout ce qui se passe hors du champ universitaire, dans le domaine politique, culturel, social vers un discours établi[9]». Il est bien évident, en effet, que l'idée «moderne» développée par Habermas d'un idéal régulateur de la communication qui régirait les pratiques discursives des individus, ou devraient les régir, interdit toute pensée qui voudrait analyser les formes de domination, qui ne se laissent pas interpréter en termes de communication idéale, ni de volonté de parvenir à un consensus. Et sa dénonciation, sous l'accusation d'«anti-modernisme», de tous ceux qui font appel à ce qui ressortit à l'«expérience subjective», à l'«imagination», à l'«affectivité», à la «spontanéité» fait magnifiquement comprendre, *a contrario*, ce que les auteurs qu'il attaque (et d'autres également) sont allés chercher chez Nietzsche.

Si l'on trouve Nietzsche au point de départ de la démarche de Foucault, il ne s'agit pas, bien sûr, du

---

9. Sur le jugement porté par Foucault sur Habermas, voir Didier Eribon, *Michel Foucault et ses contemporains*, *op. cit.*, p. 292.

Nietzsche qu'invente Habermas. C'est un Nietzsche qui eut, en France, une postérité qu'on ne saurait aussi simplement et naïvement ranger sous l'étiquette du conservatisme, encore moins du fascisme. Foucault d'ailleurs n'a cessé de le répéter – et notamment dans un texte où il répond, en passant, aux critiques de Habermas, qui ne l'intéressaient guère (et que, pour dire les choses clairement, il méprisait même profondément) : il n'y pas de «vrai» Nietzsche ; il n'y a que des usages de Nietzsche. Par conséquent, une histoire du nietzschéisme en France se doit d'être plus attentive à la multiplicité et à l'hétérogénéité de ces usages. C'est-à-dire à leur réalité[10].

C'est parce qu'il ne sait à peu près rien de cette histoire, et ne cherche pas à savoir, car son intention est d'abord pamphlétaire, que Habermas malmène ainsi la réalité historique pour les besoins de sa cause. Or, il est bien évident que si l'on veut comprendre, par exemple, l'importance de Nietzsche pour Foucault, il faut replacer son intérêt pour Nietzsche dans une histoire réelle – et non pas fantasmée. Et, pour ce faire, il faut d'abord respecter l'histoire elle-même, c'est-à-dire les dates, les faits, les filiations, les contextes, etc. C'est pourquoi Pierre Bourdieu a raison de nous exhorter à lire toujours les

---

10. Le livre de Jacques Le Rider (*Nietzsche en France. De la fin du XIXᵉ siècle au temps présent*, Paris, PUF, 1999) montre suffisamment à quel point les lecteurs de Nietzsche ont pu être différents, allant de l'extrême gauche à l'extrême droite, pour que les simplifications d'Habermas et de ses épigones (Nietzsche = extrême droite) soient balayées par un simple regard sur l'histoire. Ces appropriations hétérogènes, et parfois totalement contradictoires, de l'œuvre d'un philosophe sont évidemment fréquentes. C'est le cas pour Kant (qui a pu être lu comme le philosophe de l'Aufklärung, de la liberté de l'homme référée à la raison universelle, mais que Hitler plaçait dans son Walhalla philosophique au côté de Schopenhauer et de Nietzsche, ou que Rosenberg cite abondamment dans *Le mythe du XXᵉ siècle*). C'est le cas aussi pour Hegel (sur Kant et Hegel, voir le livre de Domenico Losurdo, *Hegel ou la catastrophe allemande*, Paris, Albin Michel, 1994).

œuvres avec leur contexte, car elles voyagent sans ce contexte et elles perdent ainsi la signification théorique – et politique – que leur conférait la position qu'elles occupaient à un moment particulier dans telle configuration du champ intellectuel dans un pays donné.

Foucault a lu Nietzsche au début des années 1950. Et il faut avoir en tête que, à ce moment-là, ce qui dominait la vie intellectuelle française, c'était le double pôle de l'existentialisme sartrien et de la phénoménologie merleau-pontienne d'un côté, et, de l'autre, le marxisme, qui prospérait à l'Ecole normale supérieure. Nietzsche a ainsi été pour Foucault un moyen de sortir à la fois de la phénoménologie et du marxisme. Tout ceci est bien connu (sauf, semble-t-il, d'Habermas), et je n'y insisterai donc pas. Ce que je voudrais souligner, en revanche, c'est à quel point Nietzsche fascina certains écrivains et philosophes, dans la mesure où il permettait d'opérer une rupture avec la morale traditionnelle, et avec la « rationalité » dominante, perçue comme liée à cette morale, avec la « Raison », dans ce qu'elle peut contenir d'effets répressifs (il est évident d'ailleurs que la rupture avec le marxisme s'inscrit évidemment dans ce cadre, car Foucault devait se sentir bien mal à l'aise dans la sphère politique d'un Parti communiste qui condamnait l'homosexualité : c'était un motif d'exclusion dans les années 1950). Ce qui permet de comprendre également pourquoi l'œuvre de Bataille a été si importante (pour Foucault en tout cas, mais pour tant d'autres également), pourquoi la pensée de la transgression, et notamment de la transgression sexuelle, si pauvre soit-elle chez cet écrivain (et Foucault la repoussera radicalement par la suite, notamment dans *La Volonté de savoir*), a exercé une influence si considérable dans les années 1950 et 1960.

Nietzsche donnait, assurément, aux impulsions personnelles, aux écarts par rapport aux normes instituées, la validité d'un fondement philosophique. Au fond, pour commenter le rapport de Foucault à Nietzsche, il faut non seulement s'attacher, dans la synchronie, à reconstituer le contexte dans lequel il le lut et l'utilisa, la portée stratégique de cette lecture à ce moment-là (contre le marxisme, etc.), mais aussi, dans la diachronie, comparer, à travers différentes époques, la similitude de la réappropriation de Nietzsche par des auteurs qui y trouvèrent un moyen de sortir des morales établies et pour qui la contestation de la « raison » fut d'abord celle des normes instituées. Et l'on serait alors frappé par le nombre de ceux pour qui la référence à Nietzsche constitua un point d'appui pour produire un discours nouveau sur la sexualité et sur l'homosexualité. Aussi les accusations portées contre Foucault et son « nietzschéisme », contre son « irrationalisme », pour dénoncer sa conception de la politique comme irruption de nouveaux problèmes posés par des mobilisations nouvelles, par des groupes sociaux ou par des intellectuels qui formulent des interrogations inédites sur le savoir et le pouvoir, ces accusations, donc, pourraient bien n'être, finalement, qu'une forme sophistiquée de *gaybashing*, une ratonnade anti-gay dans l'espace de la philosophie [11].

Comment, dès lors, mieux comprendre le rapport de Foucault à Nietzsche qu'en évoquant André Gide et en

---

11. Si ce *gaybashing* philosophique s'exprime la plupart du temps sous des formes inconscientes et implicites, il peut aussi être pratiqué de manière tout à fait consciente, explicite et parfois même grossière et brutale. Sur les différentes manières dont nombre de commentateurs laissent s'exprimer leurs pulsions homophobes quand ils parlent de Foucault, voir David Halperin, *Saint Foucault. Towards a Gay Hagiography*, *op. cit.*, deuxième partie (cette partie, je l'ai rappelé plus haut, n'est pas traduite dans l'édition française du livre). On pourrait faire une analyse similaire à propos de Barthes (voir sur ce point les importantes remarques de D.A. Miller, *Bringing Out Roland Barthes*, Berkeley et Los Angeles, University of California Press, 1992).

parlant de l'effet que la lecture de Nietzsche produisit sur Gide ? Bref, en s'intéressant à ce que Nietzsche fit à Gide avant de le faire à Foucault. Citons, par exemple, cette lettre de 1898, dans laquelle Gide écrit : « Nietzsche me rend fou. Pourquoi donc a-t-il eu lieu ; j'eusse follement voulu l'être ; je découvre avec jalousie une à une toutes mes plus secrètes pensées [12]. » Et deux jours plus tard, au même correspondant : « Il faut que tu me dises sans modestie si, lisant Nietzsche, il ne t'a pas paru lire en toi-même de telle sorte qu'*il ne t'apprenait rien que son audace et l'admirable autorisation* que ses explications te donnaient [13]. »

Gide était en train de lire le livre d'Henri Lichten-berger, *La Philosophie de Nietzsche*, qui venait de paraître. Il l'avait acheté avant de partir en voyage pour... l'Italie, et les lettres que je viens de citer ont été envoyées de Pérouse et Assise, qu'il visitait après un séjour à Rome.

Je ne veux pas surestimer l'importance de cette coïnci-dence biographico-géographique – la lecture en Italie. Encore que cette scène inaugurale de la lecture de Nietzsche sous le soleil du Sud revienne si souvent chez des écrivains qui cherchent à rompre avec l'ordre établi qu'il est difficile d'y **voir un** simple hasard. L'image du rayonnement solaire **émis** par l'œuvre de Nietzsche, et la découverte de sa pensée assimilée à un printemps dans la vie, à un matin, au renouvellement de soi et du monde, se retrouvent par exemple chez François Augiéras, qui place en épigraphe d'un chapitre de son *Voyage des morts* cette phrase de Nietzsche : « Les œuvres qui ont réussi à survi-vre étaient toutes, au sens le plus profond, de grandes

---

12. André Gide, lettre à Marcel Drouin, 28 mars 1898, citée in André Gide, *Essais critiques*, Paris, Gallimard, « Bibliothèque de la Pléiade », p. 973.
13. André Gide, lettre à Marcel Drouin, 30 mars 1898, *ibid.* C'est moi qui souligne.

immoralités[14].» Augiéras se décrit, à une époque où il vit des amours simples et sauvages avec de jeunes hommes qu'il rencontre dans le désert ou dans les villes et les villages d'Algérie, en train de lire *La Naissance de la tragédie* et *Aurore* sous le soleil ardent, deux livres qui évoquent en lui cette «fraîcheur de Grèce archaïque, un chantier à l'aube des temps modernes[15]».

Jouhandeau parle lui aussi du soleil à propos de Nietzsche. A José Cabanis qui l'interroge et lui dit : «Un nom m'est venu à l'esprit en lisant votre *Eloge de l'imprudence*, celui de Nietzsche», Jouhandeau répond : «Je l'ai lu avec passion; il a eu sur moi une influence mais comme on subit celle du soleil, et s'il n'avait pas existé, mon œuvre serait peut-être légèrement différente[16].»

Jean Genet s'enthousiasmera également pour les livres de Nietzsche (mais il est vrai que sa lecture en sera assez tardive) dont il raconte, dans une lettre de 1960 envoyée de Trente (en Italie, donc) à son agent Bernard Frechtman, qu'il est en train de les dévorer avec passion : «Je ne peux m'intéresser à rien d'autre en ce moment qu'au plus beau livre sur le théâtre et sur la Grèce, écrit par un petit Boche de vingt-quatre ans pendant la guerre de 71 : *La Naissance de la tragédie*. Je comprends le théâtre exacte-

---

14. François Augiéras, *Le Voyage des morts* (1957), Paris, Grasset, 2000, p. 83.

15. *Ibid.*, p. 31. Augiéras avait commencé de lire Nietzsche dès son adolescence, à Périgueux, ainsi que Rimbaud et Gide. Dans sa préface au *Voyage des morts*, au moment de le publier, en 1957, il écrira : «Qu'avais-je lu? Nietzsche, Sade, Rimbaud» (*op. cit.*, p. 8). Voir aussi la liste des livres qu'il emporte lorsqu'il s'installe aux Eyzies chez son ami instituteur Paul Placet, en 1950, et qui, outre plusieurs volumes de Gide, comprend des œuvres de Rimbaud, Nietzsche, Sade et Freud (François Augiéras, *Les Barbares d'Occident*, Paris, La différence, 2002, p. 18-19).

16. «Conversation avec Marcel Jouhandeau», in José Cabanis, *Jouhandeau*, Paris, Gallimard, 1959, p. 197. Le livre en question, *Eloge de l'imprudence*, date de 1931. Jouhandeau ajoute dans cet entretien qu'il a lu Nietzsche très tôt, quand il était en classe de philosophie.

ment comme lui. Si vous n'avez pas encore lu Nietzsche, dépêchez-vous, c'est splendide [17]. »

En tout cas, je ne crois pas exagérer en disant que Foucault partagea la même fascination que Gide, et rêva lui aussi d'être Nietzsche. Et peut-être même ce fantasme d'« être Nietzsche » pourrait-il constituer le soubassement de ce que l'on a souvent décrit en termes d'influence alors qu'il faudrait plutôt l'analyser en termes d'identification. Car ce qui est en jeu, c'est le désir si puissant de reproduire un geste intellectuel, celui du philosophe qui bouleverse de fond en comble la pensée par sa manière d'être autant que par ses théories. C'est ce type de geste philosophique et ce modèle de vie philosophique que Nietzsche incarne aux yeux de Gide et Foucault. C'est la vie comme œuvre, ou l'œuvre comme vie, que Foucault théorisera dans les dernières années de sa vie, en se référant à la Grèce antique, mais qu'il évoquait déjà trente ans plus tôt, en 1953, dans un livre qu'il n'a jamais publié, consacré à Nietzsche, et où il parlait de la philosophie comme « style d'existence ». Il écrivait alors : « Toutes les propriétés apolliniennes définies dans *La Naissance de la tragédie* forment l'espace libre et lumineux de *l'existence philosophique* [18]. »

---

17. Jean Genet, lettre à Bernard Frechtman (1960), reproduite in Jean Genet, *Théâtre complet*, Paris, Gallimard, « Bibliothèque de la Pléiade », p. 943. L'éditeur Mac Barbezat rapporte également les propos de Genet sur sa lecture de Nietzsche en Grèce : « J'ai lu à Corfou toute ton œuvre. Ce que j'ai aimé, ses idées qui me conviennent : au-delà du bien et du mal : le surhomme. Pas évidemment celui d'Hitler ou de Goering. Penser que posséder des milliers d'hectares, des châteaux, c'était vivre comme un surhomme. Ça c'est imbécile » (Marc Barbezat, « Comment je suis devenu l'éditeur de Jean Genet », in Jean Genet, *Lettres à Olga et Marc Barbezat*, Décines, Rhône, L'Arbalète, 1988, p. 233-264. Citation p. 261).

18. Cité dans la « Chronologie » qui figure au début du premier volume des *Dits et écrits*, *op. cit.*, p. 20. C'est moi qui souligne.

Foucault ne cessera par la suite de tourner autour de cette question de l'existence philosophique, tout particulièrement dans ses derniers travaux. On y retrouvera, bien sûr, un écho de tout l'esthétisme du XIXᵉ et notamment celui de Baudelaire (avec sa définition du dandysme) que Foucault évoquera à la fin de sa vie, dans sa conférence « Qu'est-ce que les Lumières ? », lorsqu'il réfléchira sur la philosophie comme attitude critique et sur l'esthétique de l'existence comme travail de soi sur soi, ou de celui de Wilde qui voulait faire de sa vie une œuvre d'art, formule que Foucault reprendra sans peut-être même savoir ou se souvenir que cette idée avait été énoncée, et mise en pratique, un siècle avant lui par l'auteur du *Portrait de Dorian Gray*. Mais en tout cas, on peut remarquer que, dans cette phrase de 1953, apparaît déjà l'idée de lumière, accolée, bien sûr, à l'idée de liberté. Et attachée au nom de Nietzsche.

Dans les lettres d'André Gide que je viens de citer, il faut prêter de l'importance à une autre idée : celle de l'effet d'autorisation que la lecture de Nietzsche produisit sur un certain nombre de ses lecteurs. Lire Nietzsche libérait les pensées. Ou permettait à certains de reconnaître en eux-mêmes ce qu'ils n'osaient penser, ce qu'ils n'osaient formuler. Au fond, Nietzsche permit à Gide d'aller plus vite dans la volonté de libérer sa parole. En 1899, après avoir lu, « avec frénésie[19] », *Ainsi parlait Zarathoustra* et *Par-delà le bien et le mal*, qui venaient de paraître au Mercure de France, Gide écrit dans un article entièrement consacré à cette lecture :

---

19. André Gide, lettre à André Ruyters, 3 septembre 1898, citée in André Gide, *Essais critiques*, *op. cit.*, p. 973.

«Je suis entré dans Nietzsche malgré moi; je l'attendais avant de le connaître – de le connaître fût-ce de nom. Une sorte de fatalité charmante me conduisait aux lieux qu'il avait traversés, en Suisse, en Italie – me faisait choisir pour y vivre un hiver précisément ce Sils-Maria de la haute Engadine où j'appris ensuite qu'il avait agonisé plus doucement. Et pas à pas ensuite, le lisant, il me semblait qu'il excitait *mes* pensées.»

Gide poursuit :

«Nous devons tous à Nietzsche une reconnaissance mûrie : sans lui des générations peut-être se seraient employées à insinuer timidement ce qu'il affirme avec hardiesse, avec maîtrise, avec folie. Nous-mêmes, plus personnellement, nous risquions de laisser s'encombrer toute notre œuvre par d'informes mouvements de pensées – de pensées qui maintenant sont dites : c'est à partir de là qu'il faut créer, et que l'œuvre d'art est possible[20].»

Et après avoir dit que l'œuvre de Nietzsche lui semble, «anachroniquement», déjà «sous-entendue» dans celles du passé (Michel-Ange, Shakespeare, Beethoven), Gide en arrive à affirmer que «tout grand créateur, tout grand affirmateur de Vie est forcément un nietzschéen». Et de citer une phrase du *Crépuscule des idoles* (il est sans doute significatif qu'elle soit extraite de la section intitulée «La morale comme manifestation contre nature»), affirmant que «la réalité nous montre une richesse enivrante de types, une multiplicité de formes, d'une exubérance et d'une profusion inouïes[21]».

---

20. André Gide, «Lettres à Angèle», VI, in *Essais critiques, op. cit.*, p. 39-40.

21. *Ibid.*

Le vitalisme nietzschéen est donc l'occasion ici d'exalter la puissance créatrice de l'art, mais aussi d'exalter l'exubérance de la «ressource humaine», la pluralité et la différence.

Ainsi Nietzsche autorise les pensées en même temps qu'il les suscite ou les excite. Mais il faut que la pulsion soit déjà présente. Dans un texte de 1900, sur la notion d'influence, Gide définit l'influence en termes de «miroir» :

«J'ai lu ce livre [il ne mentionne pas de livre particulier, il s'agit d'un livre quelconque, indéterminé] ; et après l'avoir lu je l'ai fermé ; je l'ai remis sur ce rayon de ma bibliothèque – mais dans ce livre il y avait telle parole que je ne peux pas oublier. Elle est descendue en moi si avant, que je ne la distingue plus de moi-même. Désormais je ne suis plus comme si je ne l'avais pas connue […]. Comment expliquer sa puissance ? Sa puissance vient de ceci qu'elle n'a fait que me révéler quelque partie de moi inconnue à moi-même ; elle n'a été pour moi qu'une explication – oui, qu'une explication de moi-même[22].»

C'est pourquoi Gide peut dire que les «influences agissent par ressemblance». Et il les compare à «des sortes de miroirs qui nous montreraient, non point ce que nous sommes déjà effectivement, mais ce que nous sommes d'une façon latente». Gide cite une phrase de Henri de Régnier, qui parlait de «ce frère intérieur que tu n'es pas encore». Et de commenter : «Je les comparerai plus précisément à ce prince d'une pièce de Maeterlinck, qui vient

---

22. André Gide, «De l'influence en littérature», in *Essais critiques, op. cit.*, p. 406.

réveiller des princesses. Combien de sommeillantes princesses nous portons en nous, ignorées, attendant qu'un contact, qu'un accord, qu'un mot les réveille [23] !»

Ainsi, l'on peut dire que Nietzsche fut le Pelléas d'un Gide-Mélisande, de la Mélisande que Gide portait en lui. Et sans doute le Pelléas aussi d'un Foucault-Mélisande, de la princesse que Foucault portait en lui.

En regard de cet effet d'éveil, de sortie de la nuit du sommeil et d'arrivée au grand jour de celui qui dormait, l'influence théorique, la connaissance intellectuelle, sont tout à fait secondaires :

> «Que m'importe, auprès de cela, tout ce que j'apprends par la tête, ce qu'à grand renfort de mémoire j'arrive à retenir? – Par instruction, ainsi, je peux accumuler en moi de lourds trésors, toute une encombrante richesse, une fortune, précieuse certes, comme instrument, mais qui restera *différente* de moi [24].»

Cette connaissance par la «tête» n'est rien à côté de l'influence comme «miroir», c'est-à-dire comme découverte de soi et d'éveil à soi dans le sentiment d'une parenté intime avec l'auteur dont on lit le livre : «Rien de pareil avec cette intime connaissance, qui n'est plutôt qu'une reconnaissance mêlée d'amour – de reconnaissance, vraiment; qui est comme le sentiment d'une parenté retrouvée [25].»

Opposant les influences «communes», qui sont les plus «grossières», aux influences «particulières», les influences d'élection, Gide définit les premières comme

---

23. *Ibid.*, p. 406-407.
24. *Ibid.*, p. 407.
25. *Ibid.*

81

«celles que toute une famille, un groupement d'hommes, un pays subit à la fois», et les secondes comme «celles que dans sa famille, dans sa ville, dans son pays, l'on est seul à subir (volontairement ou non, consciemment ou non, qu'on les ait choisies ou qu'elles vous aient choisi)», et souligne que «les premières tendent à réduire l'individu au type commun; les secondes à opposer l'individu à la communauté[26]».

Mais ces influences, ces reconnaissances de parenté, si «personnelles» qu'elles soient, sont aussi nécessairement collectives, ou, en tout cas, communes à un certain nombre de lecteurs. Ainsi, l'influence-miroir fonde une communauté de ceux qui ont été éveillés par un livre, par une œuvre, par un penseur, dans la mesure où chaque individu qui rompt avec les adhésions sociales établies se rapproche de ceux qui opèrent le même geste, le même mouvement, et s'installe avec eux dans une relation de parenté. Dans le texte de 1900 que je viens de citer, sur l'influence en littérature, Gide écrit également: «Comme on ne peut inventer rien de neuf pour soi tout seul, ces influences que je dis personnelles parce qu'elles sépareront en quelque sorte la personne qui les subit, l'individu, de sa famille, de sa société, seront aussi bien celles qui le rapprocheront de tel inconnu qui les subit ou les a subies comme lui – qui forme ainsi des groupements nouveaux –, et crée comme une nouvelle famille, aux membres parfois très épars, tisse des liens, fonde des parentés[27].»

Gide donne des exemples géographiques de ces parentés improbables qu'instaure l'influence commune (qui «peut pousser à la même pensée tel homme de Pékin et moi-même»). Mais des exemples aussi qui montrent

---

26. *Ibid.*, p. 404.
27. *Ibid.*, p. 405.

comment se créent des liens à travers les époques, par exemple entre le poète Francis Jammes et Virgile.

L'influence particulière produit une nouvelle communauté, une communauté d'élection, qui se tient à l'écart du «commun», en rupture avec ses valeurs, et désireuse de nouveautés. On pourrait dire, pour reprendre les termes de Michael Warner, que le livre influent produit un «contre-public» qui se construit en opposition au «public» général, défini comme un ensemble abstrait (celui dans lequel les caractéristiques personnelles des individus n'entrent pas en ligne de compte, alors que le contre-public naît précisément quand un certain nombre de caractéristiques individuelles se reconnaissent entre elles et cherchent à s'affirmer[28]).

L'influence dont parle Gide n'est pas nécessairement celle d'une œuvre : elle peut être le fait d'un pays. Il évoque le voyage de Goethe en Italie, qui, arrivant à Rome, s'écrit : «Enfin je suis né!», et qui «nous dit dans sa correspondance qu'entrant en Italie il lui sembla pour la première fois prendre conscience de lui-même et *exister*[29]». On sait que pour Gide, ces pays furent l'Italie, l'Algérie et la Tunisie (dont il exalte dans *Paludes*, en 1894, les plages sous le soleil, où «tout est disponible», les opposant à la poussière et à l'ennui de la ville où il habite[30]).

Gide publiera *L'Immoraliste* en 1902, après avoir publié *Les Nourritures terrestres* en 1897, deux livres profondément influencés par Nietzsche (qu'il avait découvert dès 1892, le lisant dans le texte allemand ou par

---

28. Michael Warner, *Publics and Counter-Publics*, New York, Zone Books, 2003.
29. André Gide, «De l'influence en littérature», *op. cit.*, p. 405.
30. André Gide, *Paludes*, in *Romans, récits, soties et œuvres lyriques*, Paris, Gallimard, «Bibliothèque de la Pléiade», p. 110.

extraits, en français, dans des revues). *Les Nourritures terrestres* ont souvent été décrites comme un *Zarathoustra* français, et déjà, quelques années plus tôt, *Le Voyage d'Urien* semblait écrit en écho à *Zarathoustra*.

Mais les thèmes qu'il aborde dans ses textes cités plus haut à propos de Nietzsche ressemblent, à les confondre, à des thèmes wildiens. D'ailleurs Gide opère lui-même le rapprochement entre l'influence qu'eut Wilde sur lui et celle de Nietzsche[31]. Et les personnages nommés Ménalque, qui transmettent leur philosophie de l'existence aussi bien au narrateur des *Nourritures terrestres* qu'à celui de *L'Immoraliste* – puisqu'ils jouent un rôle décisif dans ces deux livres – sont fortement inspirés de Wilde. Qui est d'ailleurs également présent dans la première des «Lettres à Angèle», articles que Gide publie dans la revue *L'Ermitage*, entre 1898 et 1900, et dont la sixième raconte sa lecture de Nietzsche. Dans cette première «Lettre», en juillet 1898, il évoque Oscar Wilde sous couvert d'un compte rendu du livre d'Eugène Rouart, *La Villa sans maître*, en l'appelant Ménalque (comme dans *Les Nourritures terrestres*, parues un an plus tôt et dont Rouart reprenait le personnage). Gide relate alors les moments qu'il passa avec Wilde lorsqu'il l'avait revu en Algérie, juste avant son procès et sa condamnation :

«Sa passion était toujours tendue; il semblait d'autant plus austère qu'il goûtait un plus ardent plaisir. Il

---

31. Gide rapporte ce propos que lui avait tenu Wilde en Algérie : «Je ne veux plus adorer que le soleil.» Et Gide de commenter : «Adorer le soleil, c'était adorer la vie… Il allait au plaisir comme on marche au devoir. "Mon devoir à moi, disait-il, c'est de terriblement m'amuser" – Nietzsche m'étonna moins, plus tard, parce que j'avais entendu Wilde dire : "Pas le bonheur! Surtout pas le bonheur. Le plaisir!"» (André Gide, «Oscar Wilde», in *Essais critiques, op. cit.*, p. 836-854. Citation p. 845).

prétendait ne pas aimer, mais bien adorer le plaisir : il s'y poussait comme à un devoir [...] ; voilà pourquoi sa vie, dans ses plus grands excès, nous paraissait religieuse [...]. De modestie nulle et paré de ses culpabilités glorieuses, il maintint l'admirable joie de cet état sans repentance [...]. Il disait aussi : "J'appelle Dieu tout ce que j'adore. – Cela peut vous mener loin, disait quelque autre. – C'est ce qu'il faut", reprenait-il[32]. »

Dans *Si le grain ne meurt*, c'est bien l'influence de Wilde que Gide mentionnera comme point de départ de son émancipation sexuelle. Une influence personnelle, directe, exercée par l'exemple d'une liberté qu'il n'avait pas lui-même osé conquérir. Cette impulsion lui fut donnée par Wilde en 1895, en Algérie, lorsque Wilde poussa dans ses bras un jeune garçon. On ne peut douter que Wilde exerça une fascination intellectuelle, autant que personnelle, considérable sur Gide. Elle est mise en scène dans *Les Nourritures terrestres* où Wilde-Ménalque enseigne la liberté à ceux qui l'écoutent – et notamment au narrateur du livre qui entreprend de transmettre les leçons de Ménalque à Nathanaël, jeune homme qu'il ne connaît pas, qui n'existe pas, mais qui représente l'avenir. Le narrateur annonce très vite la couleur : « Hérétique entre les hérétiques, toujours m'attirèrent les opinions écartées, les extrêmes détours des pensées, les divergences[33]. »

Toute la philosophie de Ménalque rapportée par le narrateur de ce livre semble venir en ligne directe de

---

32. André Gide, « Lettres à Angèle », I, *op. cit.*, p. 10-11. Voir aussi les notes de Pierre Masson, p. 960-961, qui souligne que certains passages consacrés à Ménalque dans cet article se retrouveront presque inchangés dans le magnifique *In memoriam* d'Oscar Wilde que Gide publiera en 1902, deux ans après la mort de Wilde.

33. André Gide, *Les Nourritures terrestres*, in *Romans...*, *op. cit.*, p. 156.

Wilde, du *Portrait de Dorian Gray*, et, par l'intermédiaire de Wilde, de son maître Walter Pater. Ménalque prône une morale de l'instant, qui reprend mot pour mot celle de Pater : « Place tout ton bonheur dans l'instant », lance le narrateur à l'intention de son futur lecteur[34]. Et, plus loin : « Nathanaël, je te parlerai des *instants*. As-tu compris de quelle force est leur présence[35] ? » Cette philosophie de l'instant est également celle du choix libre qu'on fait de soi-même, en tournant le dos aux morales établies, et Gide est encore bien proche de Pater lorsqu'il écrit : « Tout choix est effrayant, quand on y songe : effrayante une liberté que ne guide plus un devoir. C'est une route à élire dans un pays de toutes parts inconnu, où chacun fait *sa* découverte et [...] ne la fait que pour soi[36]. »

*Les Nourritures terrestres* développent une théorie de la variété et de la multiplicité des possibles, qui découle de ce principe du choix qu'on opère dans l'instant : « Il y a d'étranges possibilités en chaque homme. Le présent serait plein de tous les avenirs, si le passé n'y projetait déjà une histoire. Mais hélas ! un unique passé propose un unique avenir – le projette devant nous, comme un point infini sur l'espace[37]. »

C'est donc de ce passé « unique », uniforme, figé par les morales qui nous le proposent et nous l'imposent comme modèle, qu'il faut se défaire, afin d'inventer un avenir riche de mille possibilités.

---

34. André Gide, *Les Nourritures terrestres, op. cit.*, p. 162.

35. *Ibid.*, p. 172. Sur la philosophie de l'instant chez Pater, voir l'épilogue de *The Renaissance*, Oxford et New York, Oxford University Press, coll. « Oxford World's Classic », 1986, p. 150-153. Sur Walter Pater, je renvoie à *Réflexions sur la question gay, op. cit.*, p. 243-252.

36. *Ibid.*, p. 154-155. Il n'est pas utile d'insister sur l'importance qu'aura pour la pensée de Sartre cette idée du choix libre et de l'angoisse qu'il suscite. Mais c'est aussi, évidemment, un élément important des vies gays.

37. André Gide, *Les Nourritures terrestres, op. cit.*, p. 158.

Notons au passage que l'on trouve également chez Walter Pater une conception «esthétique» assez proche de celle que développera Gide, selon laquelle le meilleur moyen de juger une œuvre – ou une personne – consiste à se demander quel effet elle produit sur celui qui la rencontre. En effet, Pater écrit, dans la préface à son livre de 1873 sur *La Renaissance*, qui fut si important pour Oscar Wilde (et donc, à travers lui, pour Gide lui-même) : «Qu'est donc, pour *moi*, cette mélodie ou cette peinture, cette personnalité engageante qui m'est présentée dans un livre ou dans la vie? Me donne-t-elle du plaisir? Et si oui, quelle sorte, et quel degré, de plaisir? Comment ma nature est-elle modifiée par sa présence, et sous son influence? Les réponses à ces questions sont les faits originels avec lesquels la critique esthétique a affaire; et comme dans l'étude de la lumière, de la morale ou des nombres, on doit prendre conscience de ces données premières pour soi-même, ou pas du tout[38].»

Placer la morale sur le même plan que l'étude de la lumière ou des nombres, et considérer que le critère du jugement est l'émotion ressentie, et le degré de plaisir auquel on atteint, c'était assurément bien audacieux de la part de Walter Pater, tout comme l'était l'éloge de Winckelmann, à la fin du livre, et le lien explicitement tracé entre la profondeur de la critique d'art et le goût pour les jeunes et beaux garçons.

\*

Chez Gide les influences de Nietzsche et Wilde se mêlent pour donner corps à une audace littéraire et sexuelle qui aboutira, longtemps après, à *Corydon*, aux

---

38. Walter Pater, préface à *The Renaissance*, *op. cit.*, p. XIX.

*Faux-monnayeurs*, à *Si le grain ne meurt*. Nietzsche, comme Wilde, représentèrent donc pour lui un opérateur de libération de la vie là où elle était emprisonnée («On écrit toujours pour libérer la vie là où elle est emprisonnée», dira Deleuze, à propos de Foucault). Gide parlera souvent de Nietzsche de cette manière, dans ses textes, ses conférences, évoquant par exemple la manière dont son influence sur l'écrivain Charles-Louis Philippe poussa ce dernier «vers plus de joie et de vie[39]».

En tout cas, ce n'est pas en termes d'influence intellectuelle, de «connaissance par la tête», qu'il faut envisager ici l'influence de Nietzsche et Wilde sur Gide, mais bien en termes d'émotion, de libération. Et ce dont il s'agit de se libérer, bien sûr, dans le cas de Gide, c'est de la morale chrétienne qui a étouffé sa jeunesse et son adolescence. C'est la leçon de Ménalque rapportée par le narrateur des *Nourritures terrestres* : «Je haïssais les foyers, les familles, tous lieux où l'homme pense trouver un repos […]. Je disais que chaque nouveauté doit nous trouver tout entier disponibles», et, s'arrachant ainsi aux pesanteurs de l'ordre familial et moral, accueillir avec ferveur, «sous l'exaltation du soleil», tout ce qui donne du plaisir aux sens, s'adonner aux expériences de l'amour «nomade[40]».

L'effet Nietzsche, l'effet Wilde – même s'ils ne sont que d'explication de soi-même, d'éveil à ce qu'on était déjà – peuvent donc être décrits comme une impulsion donnée à la libération et à la soif de «nomadisme» et de plaisir que Gide ne cessera de poursuivre et d'affirmer tout au long de son œuvre.

---

39. André Gide, «Charles-Louis Philippe», conférence prononcée au Salon d'automne le 5 novembre 1910, in *Ecrits critiques, op. cit.*, p. 475-492. Citation p. 486.

40. André Gide, *Les Nourritures terrestres, op. cit.*, p. 184, 185, 188.

Mais cette volonté de se libérer, d'échapper aux carcans de la normalité, c'est d'abord dans la vie, dans sa vie, qu'il la trouve, et ses lectures ne font que l'aider à élaborer sa pensée. Il le dira plus clairement, bien des années après, quand il écrira, par exemple, dans son *Journal,* en reprenant ce qu'il avait dit auparavant, mais en infléchissant légèrement son propos antérieur :

« J'ai beaucoup réfléchi à cette question des "influences" et crois que l'on commet à ce sujet de bien grossières erreurs. Ne vaut réellement, en littérature, que ce que nous enseigne la vie. Tout ce que l'on n'apprend que par les livres reste abstrait, lettre morte. N'eussé-je rencontré ni Dostoïevski, ni Nietzsche, ni Blake, ni Browning, je ne puis croire que mon œuvre eût été différente. Tout au plus m'ont-ils aidé à désembrouiller ma pensée. Et encore ? J'eus plaisir à saluer ceux en qui je reconnaissais ma pensée. Mais cette pensée était mienne, et ce n'est pas à eux que je la dois [41]. »

Mais c'est déjà ce qu'exprimaient les réflexions du narrateur de *L'Immoraliste,* après sa conversation avec Ménalque :

« Ménalque parla longtemps encore ; je ne puis rapporter ici toutes ses phrases ; beaucoup se gravèrent en moi, d'autant plus fortement que j'eusse désiré les oublier plus vite ; non qu'elles m'apprissent rien de bien neuf – mais elles mettaient à nu brusquement ma pensée ; une pensée que je couvrais de tant de voiles, que j'avais presque pu l'espérer étouffée [42]. »

---

41. André Gide, *Journal, 1926-1950*, Paris, Gallimard, « Bibliothèque de la Pléiade », p. 56.
42. André Gide, *L'Immoraliste, op. cit.*, p. 437.

J'ai dit dans *Réflexions sur la question gay* qu'André Gide éprouva toujours le sentiment très fort que l'œuvre littéraire et la vie privée étaient étroitement imbriquées[43]. Dans l'article qu'il consacre en 1905 au *De profundis* de Wilde, il s'irrite des remarques du traducteur qui avait cru bon d'inviter le lecteur à oublier les faits pour lesquels Wilde avait été condamné. Ce traducteur se demandait : «Si quelqu'un révélait que Flaubert et Balzac commirent des crimes, faudrait-il brûler *Salammbô* et *La Cousine Bette*? etc. Les œuvres nous appartiennent, non les auteurs.» Gide s'indigne de ces propos : «Eh quoi! c'est encore là que nous en sommes! [...] Combien est-il plus intéressant et plus juste de comprendre que "si Flaubert avait commis des crimes", ce n'est pas *Salammbô* qu'il aurait écrit, mais... autre chose ou rien du tout [...]. Non, pour mieux lire l'œuvre [...], ne feignons pas d'ignorer le drame de celui qui, sachant qu'elle blesse, voulut néanmoins *s'adresser à la vie*[44].»

Aussi, à l'opposé de la thèse ressassée dans le *Contre Sainte-Beuve* de Proust, et devenue longtemps le pont-aux-ânes de la critique littéraire («L'homme qui vit dans un même corps avec tout grand génie a peu de rapport avec lui... Il n'est qu'un homme et peut parfaitement ignorer ce que veut le poète qui vit en lui», ou encore : «Un livre est le produit d'un autre moi que celui que nous manifestons dans nos habitudes, dans la société, dans nos vices[45]», formules et théories qui d'ailleurs ne

---

43. Didier Eribon, *Réflexions sur la question gay, op. cit.*, p. 340-342. Je reprends ici, en les modifiant et en les développant, quelques paragraphes de ce livre.

44. André Gide, «Le *De profundis* d'Oscar Wilde», in André Gide, *Essais critiques, op. cit.*, p. 142-149, citation p. 147-148 (souligné par Gide).

45. Marcel Proust, *Contre Sainte-Beuve*, Paris, Gallimard, «Bibliothèque de la Pléiade», 1971, p. 248, 271.

peuvent évidemment masquer la profondeur de l'ancrage biographique de la démarche littéraire de Proust et des contenus de son œuvre), Gide ne cesse d'insister sur l'inscription de l'œuvre novatrice dans la biographie de l'auteur. L'homme de génie, le réformateur, écrit-il dans son livre sur Dostoïevski, expriment toujours un «petit mystère physiologique», «une insatisfaction de la chair», une «inquiétude», une «anomalie[46]». Ce n'est pas seulement l'œuvre artistique qu'il entend rapporter ainsi à un écart personnel par rapport aux normes et aux normalités, c'est aussi tout effort pour transformer l'ordre des choses. Evoquant la «transmutation des valeurs» prônée par Nietzsche, il martèle ce thème :

«A l'origine d'une réforme, il y a toujours un malaise ; le malaise dont souffre le réformateur est celui d'un déséquilibre intérieur. Les densités, les positions, les valeurs morales lui sont proposées différentes et le réformateur travaille à les réaccorder : il aspire à un nouvel équilibre [...]. Et, je ne dis pas naturellement qu'il suffise d'être déséquilibré pour devenir réformateur, mais bien que tout réformateur est d'abord un déséquilibré. Je ne sache pas qu'on puisse trouver un seul réformateur, de ceux qui proposèrent à l'humanité de nouvelles évaluations, en qui l'on ne puisse découvrir ce que M. Binet-Sanglé appellerait une tare[47].»

Et d'évoquer aussi bien le «démon» de Socrate, l'«écharde de la chair» chez saint Paul, le «gouffre» de Pascal, la «folie» de Rousseau et de Nietzsche... Il sait bien qu'on va l'accuser de reconduire des discours déjà

---

46. André Gide, *Dostoïevski*, in *Essais critiques, op. cit.*, p. 643.
47. *Ibid.*, p. 643-644.

bien connus, et notamment ceux des psychiatres Max Nordau et Cesare Lombroso sur le génie comme personnage déséquilibré, voir «dégénéré» (le livre de Nordau est intitulé *Dégénérescence*). Aussi s'efforce-t-il de prévenir l'objection : «Ici, j'entends ce que l'on pourrait dire : "Ce n'est pas neuf. C'est proprement la théorie de Lombroso ou de Nordau : le génie est une névrose." Non, non; ne me comprenez pas trop vite.» Gide admet en effet qu'il y a des «génies parfaitement bien portants», tel Victor Hugo. Mais Rousseau? demande-t-il. «Sans sa folie, il ne serait sans doute qu'un indigeste Cicéron. Qu'on ne vienne pas nous dire : "Quel dommage qu'il soit malade!" S'il n'était pas malade, il n'aurait point cherché à résoudre ce problème que lui proposait son anomalie, à retrouver *une harmonie qui n'exclue pas sa dissonance*. Certes, il y a des réformateurs bien portants; mais ce sont des législateurs. Celui qui jouit d'un parfait équilibre intérieur peut bien apporter des réformes, mais ce sont des réformes extérieures à l'homme : il établit des codes. L'autre, l'anormal, au contraire, échappe aux codes préalablement établis [48]. »

Peut-être Gide a-t-il tort, d'ailleurs, de se croire si éloigné de l'idéologie médicale à laquelle il craint d'être renvoyé. Au fond, ce en quoi il diffère vraiment des psychiatres (ces mêmes psychiatres dont Wilde déjà s'était moqué), c'est qu'il inverse leur jugement de valeur : Gide appelle de ses vœux la nouveauté et il est ému, troublé par ces faiblesses de constitution, par ces déchirements personnels qui ouvrent sur la création, alors que les psychiatres y voyaient un danger pour la société auquel il fallait tout faire pour remédier, y compris par la force brutale (les textes de Nordau sont traversés par cette

---

48. *Ibid.*, p. 644. C'est moi qui souligne.

volonté de remettre de l'ordre en éradiquant les germes du désordre que sont les génies dégénérés).

Dans sa sixième «Lettre à Angèle», celle qui est consacrée à sa lecture de Nietzsche, Gide admettait d'ailleurs sans difficulté cette proximité – mais cette proximité inversée – avec le discours de psychiatres, puisqu'il disait que, à ses yeux, «les livres de Lombroso ne gênent que les sots». Oui, Lombroso a raison, semblait-t-il nous dire : il y a un lien entre la création artistique et la faiblesse de la constitution physique ou mentale, la «maladie», la pathologie. Dans son *Journal*, il le dit clairement : «La maladie propose à l'homme une inquiétude nouvelle, qu'il s'agit de légitimer. La valeur de Rousseau, de même que celle de Nietzsche, vient de là[49].»

C'est donc bien cela qui intéresse Gide : l'énergie qui produit la nouveauté, la dissidence, la «transmutation». C'est la «maladie» de Nietzsche qui lui donne la force d'écrire et de tout bouleverser, et aussi la ferveur qu'il transmet à ceux qui le lisent. Toute cette «Lettre à Angèle» est un éloge, justement, de cette «ferveur» que Nietzsche insuffle à ses lecteurs, à ceux qui viendront après lui, à la vie qu'il leur donne, et donc un éloge de l'anomalie, de la maladie, de la faiblesse de constitution, de la déviation. Voici ce que Gide écrit à propos de Nietzsche (nous sommes en 1899) :

«De part en part son œuvre n'est qu'une polémique...
On ouvre au hasard ; on lit n'importe quoi d'une page
l'autre, c'est tout de même ; la ferveur seule se renouvelle
et la maladie l'alimente ; aucun calme, il y souffle sans
cesse une colère enflammée. Etait-ce donc là que devait

---

49. André Gide, *Journal*, Paris, Gallimard, «Bibliothèque de la Pléiade», t. 1, p. 301. Sur la faiblesse comme santé, et comme source de l'inventivité philosophie, voir les propos de Gilles Deleuze, dans *Dialogues* (Gilles Deleuze, Claire Parnet, *Dialogues*, Paris, Flammarion, 1977).

aboutir le protestantisme ? Je le crois – et voilà pourquoi
je l'admire – à la plus grande libération [50]. »

Nietzsche est donc décrit comme «un créateur de
types, tout enivré de la ressource humaine». Il libère les
possibilités humaines. Et cette ferveur dans la libération,
c'est jusqu'à la folie qu'elle le conduit, ou plutôt, c'est la
folie qui la nourrit. Ainsi, loin de vouloir dissocier la vie
et l'œuvre, la folie et l'écriture, c'est la folie de Nietzsche
que Gide entend affirmer haut et fort comme une force
de création et présenter comme le fondement même de
son audace et de son «insubordination». C'est parce qu'il
a pris le risque de la pensée nouvelle, ou pour pouvoir le
prendre, que Nietzsche est devenu fou. Aux yeux de Gide,
Nietzsche «s'est fait fou», car «pour écrire de telles pages,
peut-être fallait-il consentir d'être malade... Nietzsche a
voulu savoir, et jusqu'à la folie [51] ».

Il y a chez Gide une théorie du «grand homme», du
«novateur», de celui qui fait l'art et l'histoire, une théorie qui
lie la grandeur à la maladie, à la faiblesse, à la santé faible. Et
cette santé faible est toujours menacée par l'ordre des valeurs,
par ceux qui incarnent la santé, et, dit-il, dans un passage
étonnant de son *Journal*, par l'«ordre masculin» : «Pourquoi
Sparte n'eut pas de grands hommes? La perfection de la race
empêcha l'exaltation de l'individu. Mais cela leur permit de
créer le canon masculin; et l'ordre dorique. Par la suppres-
sion des malingres, on supprime la variété rare – fait bien
connu en botanique ou du moins en *floriculture*, les plus
belles fleurs étant données par les plantes de chétif aspect [52]. »

---

50. André Gide, «Lettres à Angèle» t. VI, *op. cit.*, p. 38.
51. *Ibid.*, p. 42.
52. André Gide, *Journal, op. cit.*, t. I, p. 302. On notera qu'à l'inverse,
dans *Corydon*, pour légitimer l'homosexualité, Gide fera l'éloge de son lien à
la masculinité et à la virilité martiale et guerrière dans l'antiquité.

Ainsi, la volonté spartiate d'assurer un ordre sain et viril débouche sur l'impossibilité pour des «grands hommes» de surgir, dans la mesure où, précisément, les grands hommes, comme les belles fleurs, ne peuvent naître que des constitutions faibles, des anomalies et des pathologies. Ce sont ceux qui échappent à l'ordre viril.

Pour résumer les textes de Gide que je viens de citer, on peut dire que, pour lui, le «frère intérieur» qu'il a reconnu en Nietzsche, c'est le frère de la faiblesse, de la chétivité, de l'anomalie physique ou sociale. Et l'autorisation que donne le frère et qui pousse à l'éveil, c'est la possibilité d'exprimer cette chétivité, cette anomalie et de ne pas en avoir honte, de ne pas chercher à l'occulter, mais au contraire de chercher à la légitimer. L'œuvre littéraire devient grande en ce qu'elle est novatrice et elle est novatrice en ce qu'elle permet à l'individu qui porte en lui une «anomalie» de s'affirmer comme tel. Nietzsche est celui qui permit à Gide de pouvoir assumer et légitimer cette «anomalie» qu'il portait en lui. C'est la vie, les sens, les sensations de Gide qui cherchent à parler à travers ses livres, cette vie qui le voue à être différent et anormal. Et toute l'œuvre de Gide peut se lire comme une volonté, une tentative de dire ce qui n'est pas dicible, pour parler de ce dont on ne devrait pas parler. Et ce sera, bien sûr, à travers une lente évolution qu'il passera, en vingt-cinq ans, d'*Amyntas* à *Si le grain ne meurt*, des *Nourritures terrestres* à *Corydon*, de la proclamation plus ou moins cryptée et poétique de l'homosexualité à l'autobiographie sans masque – et au plaidoyer ouvert. Et il faut rappeler que *Corydon* fut édité à deux reprises (en 1911 et 1920) à quelques exemplaires seulement, avant de connaître une édition publique en 1924, qui fut accueillie comme un scandale, et déchaîna contre son auteur une tempête de protestations : on l'accusait de mettre en danger la société, la patrie, la civilisation, la jeunesse, etc.

Comme le dit Gide fort clairement dans sa conférence sur le théâtre en 1903 : «Nous attendons de l'humanité des manifestations nouvelles [...]. Il semble que ceux qui parlent se rendent compte, malgré la prétention qu'ils ont de représenter toute l'humanité de leur temps, que d'autres attendent et qu'après que ces autres auront pris la parole, eux ne l'auront plus... de longtemps. La parole aujourd'hui est à ceux qui n'ont pas encore parlé.»

Et il se demande alors : «Qui sont-ils?», «C'est ce que nous dira le théâtre», répond-il, ajoutant : «Je songe à la "pleine mer" dont parle Nietzsche, à ces régions inexplorées de l'homme, pleines de dangers neufs, de surprise pour l'héroïque navigateur. Je songe à ce qu'étaient les voyages avant les cartes et sans le répertoire exact et limité du connu[53].»

*

On peut souligner au passage que Gide lui-même deviendra vite, après Nietzsche, un modèle et un objet d'identification. Innombrables seront ceux qui s'inspireront de lui. Lorsque Roland Barthes, par exemple, évoque les «phases» de son évolution intellectuelle, il mentionne, pour le début, le nom d'André Gide, comme celui qui lui communiqua l'envie d'écrire; et Nietzsche, à la fin, pour la «moralité», ce qui, précise-t-il, «doit s'entendre comme le contraire même de la morale», puisqu'il s'agit de «la

---

53. André Gide, «De l'évolution du théâtre, conférence prononcée le 25 mars 1903 à la Libre esthétique de Bruxelles», in *Essais critiques, op. cit.*, p. 433-444. Citation p. 443.

pensée du corps comme écriture[54]». Plus encore que l'envie d'écrire, c'est la posture même de l'écrivain et de l'intellectuel telle que Gide l'avait incarnée que Barthes semble s'être ingénié à reproduire. L'un des tout premiers textes de Barthes, en 1942, ne porte-t-il pas sur le *Journal* de Gide[55]? Il développe dans ce texte une théorie de la création littéraire comme volonté de créer les personnages qu'on voudrait être, auxquels on veut s'identifier, et qu'on veut faire exister culturellement comme modèle possible d'identification : «C'est parce qu'à un certain moment, il a eu le désir d'être quelqu'un qu'il a appelé Ménalque, Lafcadio, Michel ou Edouard que Gide a écrit *Les Nourritures*, les *Caves*, *L'Immoraliste* et *Les Faux-monnayeurs*.» Et Barthes cite alors ce passage du *Journal*, daté de 1924 : «Le désir de peindre des personnages rencontrés, je le crois assez fréquent. Mais la création de nouveaux personnages ne devient un besoin naturel que chez ceux qu'une impérieuse complexité tourmente et que leur propre geste n'épuise pas[56].»

Mais plus simplement, Barthes a ressenti l'envie d'être Gide, tout comme Gide avait ressenti l'envie d'être Nietzsche. Dans son *Roland Barthes par Roland Barthes*, à l'entrée «L'écrivain comme fantasme», il traite, en évoquant ce que l'image de Gide lui inspire, du désir de «copier non l'œuvre, mais les pratiques, les postures, cette façon de se promener dans le monde, un carnet dans la poche et une phrase dans la tête[57]».

---

54. Voir Roland Barthes, *Roland Barthes par Roland Barthes*, op. cit., p. 718-719.

55. Roland Barthes, «Notes sur André Gide et son *Journal*», in *Œuvres complètes*, Paris, Seuil, 2002, t. 1, p. 33-46.

56. *Ibid.*, p. 42.

57. Roland Barthes, *Roland Barthes par Roland Barthes*, op. cit., p. 655-656.

Et Foucault sera lui aussi profondément marqué par Gide, comme tant d'autres avant et après lui.

*

Chez Foucault, l'influence de Nietzsche se lit dans la méthode même de son travail, bien sûr, et notamment dans l'idée de généalogie. Sa démarche historique consiste à remonter à la naissance des institutions, des modes de pensée, de tout ce qui prédétermine nos gestes et nos vies, afin de saper l'évidence anhistorique qui les recouvre, de les soumettre à la transformation et d'ouvrir ainsi l'avenir à d'autres possibles (cf. les vers de René Char qui figurent au dos des deux derniers volumes de l'*Histoire de la sexualité* : «L'histoire des hommes est la longue succession des synonymes d'un même vocable. Y contredire est un devoir»). L'œuvre de Foucault est, en quelque sorte, une généalogie de la morale, destinée à contredire celle-ci, «morale» devant s'entendre ici comme tout ce qui nous constitue, les normes qui nous façonnent et nous «assujettissent».

Je ne puis entrer dans le détail de ce que Foucault doit à Nietzsche dans sa manière de penser le travail historique. Mais il suffit de lire le texte intitulé «Nietzsche, la généalogie, l'histoire» pour constater que c'est sous couvert d'une présentation de la pensée historique de Nietzsche que Foucault nous donne l'un des exposés les plus denses, les plus aigus, les plus acérés, de sa propre conception de l'investigation généalogique. Un texte dans lequel on voit bien, d'ailleurs, que même lorsqu'il est question de l'influence «intellectuelle», les enjeux sont toujours au plus haut point «personnels», et que l'influence «par la tête» ne saurait être totalement isolée de l'influence personnelle : l'émotion, la vibration y ont leur part[58]. De la même manière que Gide cherchait à rompre avec un «passé unique», Foucault définit la généalogie comme le moyen de défaire l'identité du moi, de le «dissocier» et de «faire pulluler, aux lieux et places de sa synthèse vide, mille événements maintenant perdus[59]». Il s'agit de découvrir que, «à la racine de ce que nous connaissons et de ce que nous sommes, il n'y a point la vérité et l'être, mais l'extériorité de l'accident[60]». Ainsi, la «recherche de la provenance», loin de se fixer pour projet de chercher à donner un fondement à ce qui nous entoure, se propose un objectif inverse : «Elle inquiète ce qu'on percevait immobile, elle fragmente ce qu'on pensait uni; elle montre l'hétérogénéité de ce qu'on imaginait conforme à soi-même[61].» Par conséquent, comme Gide évoquant le risque de penser, et les dangers de la haute mer lorsque l'on quitte la terre ferme et la tranquillité du port, Foucault affirme, à travers Nietzsche, son «parti pris pour tout ce qu'il y a de périlleux dans la recherche et d'inquiétant dans la découverte[62]». Car, «savoir, même dans l'ordre historique, ne signifie pas "retrouver" et surtout pas "nous retrouver". L'histoire sera "effective" dans la mesure où elle introduira le discontinu dans notre être même. Elle divisera nos sentiments; elle dramatisera nos instincts; elle multipliera notre corps et l'opposera à lui-même. Elle ne laissera rien

---

58. Michel Foucault, «Nietzsche, la généalogie, l'histoire», in *Dits et écrits, op. cit.*, t. 2, p. 138-156. Ce texte publié dans un volume d'hommage à Jean Hyppolite en 1971 est une version condensée du cours donné par Foucault sur Nietzsche à Vincennes en 1969.

59. Michel Foucault, *ibid.*, p. 141.

60. *Ibid.*

61. *Ibid.*, p. 142.

62. *Ibid.*, p. 155.

au-dessous de soi, qui aurait la stabilité rassurante de la vie ou de la nature [63] ».

Si l'analyse historique de la provenance ne nous révèle pas une origine stable, qui aurait fixé ce que nous sommes en vertu d'une loi de nécessité, c'est que le moment de l'émergence est marqué par le jeu des forces, et par leur affrontement : « La pièce jouée sur ce théâtre sans lieu est toujours la même : c'est celle que répètent indéfiniment les dominateurs et les dominés [64]. » Et c'est bien cette guerre et cette domination qui, à chaque moment de l'histoire, « impose[nt] des obligations et des droits [65] ». La « règle » n'est donc pas la guerre parvenue à son terme, à l'état d'apaisement et de réconciliation : c'est la violence qui se perpétue d'une autre manière. Et c'est tout un programme théorique et politique que semble proposer Foucault lorsqu'il souligne comment, dans ce combat continu et continué, d'autres forces viennent ployer les règles, « les pervertir, les utiliser à contresens et les retourner contre ceux qui les avaient imposées [66] ».

Si l'histoire « n'a pas pour fin de retrouver les racines de notre identité, mais de s'acharner au contraire à la dissiper », cela signifie qu'elle « n'entreprend pas de repérer le foyer unique d'où nous venons » mais, au contraire, « de faire apparaître toutes les discontinuités qui nous traversent ». Contre l'histoire qui cherche à déterminer les « continuités du sol, de la langue, de la cité [67] », et qui tend à « prévenir toute création au nom de la loi de fidélité », la généalogie « pose à son tour la question du sol », mais « c'est pour mettre au jour les systèmes hétérogènes qui, sous le masque

63. *Ibid.*, p. 147.
64. *Ibid.*, p. 144-145.
65. *Ibid.*, p. 145.
66. *Ibid.*
67. *Ibid.*, p. 154.

de notre moi, nous interdisent toute identité». C'est pourquoi le savoir tend à dissoudre le sujet de la connaissance plutôt qu'il ne lui assure repos et réconciliation avec lui-même : «Le savoir appelle aujourd'hui à faire des expériences sur nous-mêmes[68].»

Mais ce qui m'intéresse surtout aujourd'hui, c'est de comprendre comment Nietzsche a joué, pour Foucault, comme pour Gide, le rôle de l'éveilleur. Celui qui permet de mener la critique, non seulement par les instruments de pensée qu'il forge, mais aussi, et peut-être d'abord et surtout, par l'effet d'autorisation qu'il offre à la sensibilité critique, la force et la légitimité qu'il lui confère, en lui permettant de s'exprimer. Relisons ce que Foucault écrivait avant de lire Nietzsche, au début des années 1950, quand il était encore marqué par l'influence du marxisme, et observons la profondeur de la rupture opérée dans son travail et sa pensée par la lecture de Nietzsche.

Cette évolution apparaît très nettement lorsque l'on compare les deux éditions de son premier livre, d'abord paru en 1954 sous le titre *Maladie mentale et personnalité,* puis réédité en 1962 sous le titre *Maladie mentale et psychologie.* La première édition nous montre que la critique de la psychiatrie a toujours été le point de départ de la réflexion de Foucault. On trouve bien sûr, dans la première version de ce texte, la trace de son intérêt pour Binswanger, dont il vient de préfacer *Le Rêve et l'existence,* et notamment pour les analyses proposées par le psychiatre suisse allemand sur la folie comme «expérience fondamentale». Dans les textes contemporains de cette première version, Foucault insiste sur la nécessité de ramener «la psychiatrie aux Enfers», c'est-à-dire de la confronter à la négativité qui est au cœur

---

68. *Ibid.,* p. 156.

de l'être humain comme présence au monde (une négativité dont on voit bien que le concept s'ancre dans les drames personnels de Foucault à cette époque, dans la cassure intérieure et l'angoisse qui le minent et dont ses correspondances de l'époque portent témoignage[69]). Mais *Maladie mentale et personnalité* date de la période «marxiste» de Foucault, comme le démontre la dernière partie du livre, où il se réfère abondamment à Pavlov, suivant en cela les psychiatres proches du Parti communiste qui cherchaient à appuyer sur les travaux du savant russe la construction d'une «science psychologique matérialiste». Tout cela, Foucault le supprimera à l'occasion de la réédition, pour le remplacer par un résumé de ce qu'il avait développé dans l'*Histoire de la folie*. Nietzsche sera passé par là, et, du coup, la tonalité ne sera plus du tout la même.

Comme Gide, Foucault a puisé en Nietzsche la possibilité d'exprimer radicalement ce qu'il essayait confusément de formuler. Nietzsche a d'abord permis à Foucault de penser la philosophie (en des phrases très proches de celles de Gide) non plus comme un exercice de la raison, mais comme un cheminement dangereux de l'interprétation qui se dirige vers un point de rupture où l'interprète lui-même s'effondre, comme il le dit à Royaumont en 1964 : «Cette expérience de la folie serait la sanction d'un mouvement de l'interprétation, qui s'approche à l'infini de son centre, et qui s'effondre, calcinée[70].» Lorsque, après son exposé, l'un des participants lui demande : «A propos de Nietzsche, vous avez dit que l'expérience de la

---

69. Voir sur ce point Didier Eribon, *Michel Foucault*, *op. cit.*, p. 44 suiv.; et *Réflexions sur la question gay*, *op. cit.*, p. 350 suiv.

70. Michel Foucault, «Nietzsche, Marx, Freud», *Cahiers de Royaumont*, t. VI, Paris, Minuit, 1967, p. 183-200 (Colloque de Royaumont, 1964), repris in *Dits et écrits*, *op. cit.*, t. 1, p. 564-579. Citation p. 571.

folie était le point le plus proche de la connaissance absolue [...]. Vous avez bel et bien parlé de cette expérience de la folie. Est-ce vraiment ce que vous avez voulu dire?», Foucault lui répond simplement : «Oui.» Et son interlocuteur : «Vous n'avez pas voulu dire "conscience", ou "prescience" ou pressentiment de la folie? Croyez-vous vraiment qu'on puisse avoir... que de grands esprits comme Nietzsche puissent avoir "l'expérience de la folie"?» Et Foucault : «Je vous dirai : oui, oui[71].» Dans le cours du même dialogue, répondant à un autre interlocuteur, Foucault insiste sur le fait que Nietzsche permet d'échapper aux discours établis du marxisme et de la psychanalyse (sa conférence portait sur «Nietzsche, Marx, Freud») : «Il est certain qu'il y a, dans les techniques d'interprétation de Nietzsche, quelque chose qui est radicalement différent, et qui fait qu'on ne peut pas, si vous voulez, l'inscrire dans les corps constitués que représentent actuellement les communistes, d'une part, et les psychanalystes de l'autre[72].»

C'est encore sur la «la possibilité du philosophe fou» qu'il revient dans son article sur Bataille, «Préface à la transgression», en 1963, dans lequel on pourrait être tenté de penser qu'il offre son autoportrait. Le philosophe fou, c'est-à-dire celui qui met en péril le «sujet philosophant» dans l'acte même de penser toujours à la limite, «trouvant [...] en lui au noyau de ses possibilités, la transgression de son être de philosophe[73]». D'où l'intérêt qu'il manifestait en ces années-là, non seulement pour Bataille, mais aussi pour Blanchot et Klossowski : «Pour nous éveiller du sommeil mêlé de la dialectique et de l'anthro-

---

71. *Ibid.*, p. 579.
72. *Ibid.*, p. 577.
73. Michel Foucault, «Préface à la transgression», in *Dits et écrits, op. cit.*, t. 1, p. 244.

pologie, il a fallu les figures nietzschéennes du tragique et de Dionysos, de la mort de Dieu et du marteau du philosophe, du surhomme qui approche à pas de colombes, et du Retour. Mais pourquoi le langage discursif se trouve-t-il si démuni, de nos jours, quand il s'agit de maintenir présentes ces figures et de se maintenir en elles? Pourquoi est-il devant elles réduit, ou presque, au mutisme, et comme contraint, pour qu'elles continuent à trouver leurs mots, de céder la parole à ces formes extrêmes du langage dont Bataille, Blanchot, Klossowski ont fait les demeures, pour l'instant, et les sommets de la pensée[74]?»

Cette philosophie de l'«épreuve de la limite» et de l'«affirmation non positive» («c'est elle, je crois, que Blanchot a définie par le principe de contestation[75]»), lui permet donc d'échapper aux positivités et aux synthèses de la dialectique hégélienne ou marxiste, tout autant qu'à la recherche par la phénoménologie d'un sol transcendantal[76]. C'est dans ce «oui de la contestation» qui retentit «dans la limite transgressée[77]» que l'on peut «se rendre libre pour penser et aimer ce qui, dans notre univers, gronde depuis Nietzsche[78]» et dresser le théâtre «où se jouent, toujours nouvelles, ces différences que nous sommes, ces différences que nous faisons, ces différences entre lesquelles nous errons [...] les différences qui nous traversent et nous dispersent[79]».

Mais Nietzsche, pour Foucault, représente aussi la possibilité de renverser le rapport entre le discours

---

74. *Ibid.*, p. 239-240.
75. *Ibid.*, p. 238.
76. *Ibid.*, p. 239.
77. *Ibid.*, p. 238.
78. Michel Foucault, «Ariâne s'est pendue», in *Dits et écrits, op. cit.*, t. 1, p. 770.
79. *Ibid.*, 771.

psychiatrique et son objet, et de faire de celui-ci – le fou, mais aussi l'homosexuel, dans la mesure où le «fou», chez Foucault, est investi d'une valeur plus générale de représentation d'autres catégories d'exclus et que, comme je l'ai suggéré dans *Réflexions sur la question gay*, on peut lire l'*Histoire de la folie* comme une histoire de l'homosexualité qui n'ose pas dire son nom – celui qui, au contraire, vient interroger cette pseudo-science sur la prétendue positivité de son savoir. Le discours de la Science et de la Raison est ici un discours d'oppression, et le «cri» irrationnel de celui qui veut échapper à ce filet de la rationalité assujettissante est l'affirmation d'une liberté. C'est pourquoi je dirais que, tout autant qu'il a permis à Foucault de sortir du marxisme, Nietzsche lui a permis de se lancer dans la critique radicale de la psychiatrie et de la psychanalyse, de la même manière que la lecture de Nietzsche avait permis à Gide de répliquer à l'argumentation des psychiatres et de construire un discours de résistance face à la violence culturelle et politique qu'ils exercent.

Si l'œuvre de Foucault est une généalogie de la morale, elle est aussi une archéologie du savoir, des «systèmes de pensée» qui soutiennent les institutions, et notamment du savoir psychiatrico-psychanalytique. Il s'agissait pour lui de dissoudre l'évidence des discours normatifs et notamment ceux de la psychiatrie et de la psychanalyse. Il me semble même que toute l'œuvre de Foucault pourrait se lire comme une insurrection contre la normativité et contre les disciplines scientifiques ou pseudo-scientifiques («à prétention scientifique», dit-il) qui se sont donné pour tâche de prescrire des normes, de délimiter les frontières du normal et de l'anormal. Il suffit de lire les pages de l'*Histoire de la folie* où Foucault invoque Nietzsche, à côté de Goya, Nerval ou Artaud, dont les cris de folie zèbrent la

nuit comme des éclairs de lumière et réduisent au silence
la psychiatrie qui prétendait dire leur vérité. Ou encore de
citer la manière dont Foucault invoque la «folie» de
Roussel ou de Rousseau pour invalider le discours des
psychologues. Par exemple, dans la conclusion en forme
de dialogue du livre sur Raymond Roussel, en 1963 :
«C'est un pauvre petit malade disait Janet. Phrase de peu
de portée et venant d'un psychologue.» Ou sur Rousseau :
«Cela est une question de psychologue. Non la mienne,
par conséquent[80].»

Dans les années soixante, la problématique de
Foucault est structurée par l'opposition du silence et de la
parole : la folie a été réduite au silence, et c'est dans l'art
ou la littérature que la voix de la folie se fait à nouveau
entendre en faisant taire la psychiatrie. Nous sommes là
dans une problématique de l'interdiction, de l'exclusion
et de l'irruption de la parole qui vient rompre ce silence.

«Il y a une bonne raison pour que la psychologie
jamais ne puisse maîtriser la folie; c'est que la psychologie
n'a été possible dans notre monde qu'une fois la folie
maîtrisée, et exclue déjà du drame. Et quand, par éclairs
et par cris, elle reparaît comme chez Nerval ou Artaud,
comme chez Nietzsche ou Roussel, c'est la psychologie
qui se tait et reste *sans mot*[81].» Nietzsche fait taire les
psychiatres. Et il rend possible une interrogation sur la
psychiatrie. Le «fou» devient celui qui «connaît», et qui

---

80. Michel Foucault, *Raymond Roussel, op. cit.*, 1963, p. 194; et introduction à *Rousseau juge de Jean-Jacques. Dialogues*, Paris, Armand Colin, 1962,
repris in *Dits et écrits, op. cit.*, t. 1, p. 172-188. (Citation p. 188.)

81. Michel Foucault, *Maladie mentale et psychologie*, Paris, PUF, 1962,
réed. coll «Quadrige», 1995, p. 104. Le fait que cette édition donne comme
date de première publication 1954 brouille évidemment l'histoire de ce livre,
puisque l'édition de 1954 ne portait pas le même titre, était fort différente (et
n'a jamais été rééditée).

permet d'énoncer la vérité de ceux qui prétendaient connaître la folie, la pathologie, l'anormalité.

A partir des années 1970, Foucault réélaborera sa critique de la psychiatrie (et de la psychanalyse) et la regardera comme une technologie disciplinaire qui participe d'un pouvoir qui procède non plus, comme il le disait auparavant, par la raréfaction des discours mais plutôt par l'injonction de parler de soi et de sa «sexualité» (ce qu'il appellera «l'aveu»), non plus par «exclusion» et «ségrégation» mais par «inclusion», par surveillance panoptique, incorporation des «disciplines» et individuation sous le regard omniprésent du pouvoir.

Il n'est pas certain, cependant, que cela débouche sur une manière de penser la politique radicalement différente. Dans les années 1970, en effet, c'est encore dans les termes de la «prise de parole» que Foucault pense la politique. Par exemple lorsqu'il crée le GIP (Groupe Informations Prisons) ou s'engage dans d'autres luttes : «Nous voudrions littéralement donner la parole aux détenus, à ceux qui ont une expérience de la prison ou un rapport à elle», déclare-t-il en 1971; ou encore, en 1972 : «Chaque lutte se développe autour d'un foyer particulier de pouvoir [...]. Et si désigner les foyers, les dénoncer, en parler publiquement, c'est une lutte, ce n'est pas parce que personne n'en avait encore conscience, mais c'est parce que prendre la parole à ce sujet, forcer le réseau de l'information institutionnelle, dire qui a fait quoi, désigner la cible, c'est un premier retournement du pouvoir, c'est un premier pas pour d'autres luttes contre le pouvoir. Si des discours comme ceux, par exemple, des détenus ou des médecins de prison sont des luttes, c'est parce qu'ils confisquent au moins un instant le pouvoir de parler de la prison, actuellement occupé par la seule administration et ses compères réformateurs.

Le discours de lutte ne s'oppose pas à l'inconscient : il s'oppose au secret[82]. »

Si sa critique de l'« aveu » dans *La Volonté de savoir* laisse entendre que l'homosexualité occupe un statut à part dans sa conception de la politique et que, dans ce domaine, Foucault en est venu à considérer la « prise de parole » comme n'étant qu'une manière de ratifier les catégories de la psychiatrie, de répondre à ses injonctions, le discours de la « libération » n'étant que l'envers (piégé) des technologies du pouvoir, il faut cependant nuancer fortement cette conclusion dans la mesure où, dans ce même livre, Foucault insiste sur l'importance du mouvement homosexuel dont le discours s'affirme, à la fin du XIXe siècle précisément, comme un « discours en retour » qui se réapproprie les catégories stigmatisantes et leur donne une nouvelle signification (ce qui fonde une théorie de la politique, dont Judith Butler a donné la formulation la plus nette, comme resignification, répétition infidèle, déplacée, inversée de la règle et de la norme assujettissante), et il mentionne toujours les versions contemporaines du mouvement homosexuel parmi les forces multiples qui prennent la parole et affrontent le pouvoir en sapant son monopole du discours : « Les femmes, les prisonniers, les soldats du contingent, les malades dans les hôpitaux, les homosexuels ont entamé en ce moment une lutte spécifique contre la forme particulière de pouvoir, de contrainte, de contrôle qui s'exerce sur eux[83]. » L'attaque de Foucault contre le discours de la « libération sexuelle » et son analyse historique des fonctions de l'« aveu » vise donc moins le mouvement homo-

---

82. Michel Foucault, « Je perçois l'intolérable », in *Dit et écrits*, *op. cit.*, t. 2, p. 204, et « Les intellectuels et le pouvoir », *ibid.*, p. 313.

83. Michel Foucault, « Les intellectuels et le pouvoir », *op. cit.*, p. 315.

sexuel lui-même, et sa prise de parole dans l'espace public et politique, que le freudo-marxisme et le reichisme qui pouvaient l'inspirer, et notamment l'idée qu'il y aurait un désir qui serait frappé d'interdit (par la société et la morale bourgeoises) et auquel il faudrait donner libre cours (pour faire s'effondrer cette société et cette morale), un désir qui serait interdit de parole et auquel il faudrait donner le droit de s'exprimer.

En fait, la critique de la « parole » comme « aveu » vise avant tout la psychanalyse, et le psychanalysme qui faisait le fonds de la doxa idéologique de l'extrême gauche française d'alors. Il y a assurément une tension, dans l'approche de la question homosexuelle par Foucault en ces années-là, entre une politique de la « prise de parole » et l'idée que la « parole » comme libération n'est qu'une ruse du pouvoir ; entre la politique comme irruption de nouveaux problèmes que l'on impose sur la place publique (notamment ceux de la vie quotidienne) et l'idée que l'obligation de se « dire », de parler de sa sexualité, n'est qu'un héritage moderne de la confession chrétienne et comme telle partie intégrante du dispositif normatif de la sexualité (tension qui est due, en grande partie, au malaise ressenti par Foucault, comme je l'ai montré dans *Réflexions sur la question gay*, face à l'injonction de « dire » son homosexualité telle qu'elle était lancée par un mouvement comme le FHAR, le Front homosexuel d'action révolutionnaire, et qui a tant perturbé les gays qui avaient été socialisés dans les époques antérieures où le « silence » et le « placard » étaient de rigueur). Mais cette tension, cette contradiction même, n'empêche jamais Foucault de soutenir et d'affirmer l'importance des mouvements (notamment le mouvement homosexuel) qui viennent défaire les mailles du pouvoir, et d'affirmer cette importance en des termes qui ne sont pas si loin des formules sur les « cris » de la «folie» qui venaient rompre, dans ses textes des années 1960, le monologue de la psychiatrie sur ses objets.

Quoi qu'il en soit, ce qui me frappe, c'est que lorsque Foucault inaugure, avec *La Volonté de savoir,* ce qui s'annonce comme une *Histoire de la sexualité*, c'est encore Nietzsche qui sert de cadre conceptuel à son projet d'analyser l'histoire de la production du «sexe» et de la «sexualité» par un discours psychiatrique fonctionnant comme une «volonté de savoir[84]». Et la cible de son attaque, c'est, encore et toujours, la psychiatrie et la psychanalyse. Quand on lit le cours sur *Les Anormaux,* on constate à quel point cette critique a été centrale dans sa recherche et son travail. Ses leçons au Collège de France, en cette année-là, portent sur la psychiatrie et la manière dont elle s'est constituée au XIXe siècle, non pas comme une branche du savoir médical mais comme une «branche spécialisée de l'hygiène publique» : «Avant d'être une spécialité de médecine, la psychiatrie s'est institutionnalisée comme domaine particulier de la protection sociale, contre tous les dangers qui peuvent venir à la société du fait de la maladie, ou de tout ce qu'on peut assimiler directement ou indirectement à la maladie[85].»

Par conséquent, la psychiatrie a produit des normes plutôt que des connaissances. Et c'est bien ce qui intéresse Foucault : comprendre comment la psychiatrie a inventé

---

84. En 1970-1971, le cours de Foucault au Collège de France s'intitule «La Volonté de savoir», et s'il y analyse les figures historiques et les modèles théoriques de cette volonté de savoir sans s'arrêter particulièrement à la sexualité, il place explicitement sa recherche dans le sillage de Nietzsche. Ainsi, après avoir décrit le «modèle de la connaissance fondamentalement intéressée» tel qu'on le trouve exposé dans *Le Gai savoir*, Foucault ajoute, dans le résumé de ce cours, que c'est ce modèle qui, «utilisé librement, a été mis en œuvre dans le cours de cette année, à propos d'une série d'exemples» (Michel Foucault, «La volonté de savoir», in *Dits et écrits, op. cit.*, t. 2, p. 243-244). Le texte intégral de ce cours n'a pas encore été publié.

85. Michel Foucault, *Les Anormaux. Cours au Collège de France, 1974-1975*, Paris, Seuil, 1999., p. 109.

l'individu «anormal», celui qui n'est pas en conformité avec les conduites prescrites et qui se trouve donc mis à l'écart de la société. Foucault montre que, pour mener à bien sa vaste tâche d'hygiène sociale, de normalisation de la sexualité et de la société, la psychiatrie va bientôt être épaulée par l'eugénisme et la psychanalyse, à cette (considérable) différence près entre ces deux disciplines que la première débouchera sur des monstruosités racistes auxquelles la seconde a presque toujours résisté. Quoi qu'il en soit, Foucault insiste sur ce point : «Le racisme nouveau, le néo-racisme, celui qui est propre au XXᵉ siècle comme moyen de défense interne d'une société contre ses anormaux, est né de la psychiatrie[86].» La psychiatrie du XIXᵉ siècle et les doctrines de l'hygiène sociale portent en elles le fantasme d'une purification de la société qui aboutira au racisme nazi et à toutes les folies de l'épuration ethnique ou sexuelle.

On voit par là que la critique de la psychiatrie, et le nietzschéisme qui permit à Foucault de l'élaborer, de la formuler, de manière parfois contradictoire à travers ses évolutions, mais toujours animée par le dessein de combattre ses fonctions normatives d'assujettissement des individus, ne se laissent pas interpréter – loin de là! – dans les termes d'un «néo-conservatisme» ou d'un danger pré-fasciste, comme le voudraient ses détracteurs bien-pensants, mais traduisent au contraire la volonté de porter au jour les mécanismes intellectuels du racisme, de l'oppression et de la domination dont ceux qui dénoncent Foucault sont souvent, d'une certaine manière, les héritiers, notamment lorsqu'ils luttent contre la menace homosexuelle que représentent tantôt le «communautarisme», tantôt la revendication du droit au mariage pour les couples de même sexe. S'il s'agit inlassablement pour

---

86. *Ibid.*, p. 299.

Foucault d'élargir la définition de la politique en l'ouvrant à des catégories d'individus, à des mouvements, à des voix qui n'avaient pas leur place dans les cadres de ce qui était traditionnellement considéré comme relevant de la «politique», de l'«espace politique» ou de la «philosophie politique», il est bien évident que, à l'inverse, les critiques du «nietzschéisme» travaillent inlassablement à restaurer cette conception majoritaire de la «politique» et de la «philosophie politique», accordées à l'ordre majoritaire et à la domination des dominants (d'où leur haine de 1968), en invoquant l'«universel» contre les «particularismes» et les «individualismes», en exaltant la «modernité» de la discussion «rationnelle» contre l'irrationalisme anti-moderne des insurrections de la «subjectivité» et en essayant de promouvoir, contre les affirmations minoritaires, l'idée potentiellement totalitaire d'un espace public conçu comme un «Tout», une «Totalité» abstraite où chacun devrait laisser son identité et sa spécificité de côté pour participer au «débat» et à la «délibération», c'est-à-dire en se soumettant aux problématiques et aux règles de discours et d'actions élaborées contre les minoritaires par les dominants.

Ce ne sont là que des formes rajeunies d'un immémorial rappel à l'ordre contre les dissidents. Or ce que Nietzsche fit à Gide, et à Foucault, c'est précisément de leur donner les moyens de résister à ce rappel à l'ordre et à la violence que véhiculent tous ces discours d'hier et d'aujourd'hui sur la «Raison» et le «bien commun» de la société; de leur donner les moyens de fonder une nouvelle politique et une nouvelle pensée de la politique : une politique des «anormaux», de ceux qui sont considérés comme n'appartenant pas au champ de la Raison, de ceux qui n'ont pas droit à la parole dans le «débat» démocratique sauf à renoncer à être ce qu'ils sont, et qui un jour décident malgré tout de devenir les sujets de leurs propres discours.

# 3

# Pédérastie et pédagogie
## *André Gide, la Grèce et nous*[1]

Traduire, comme chacun sait, c'est toujours trahir.
Mais il y a des limites, s'insurge André Gide au début de
*Corydon*, lorsqu'il commente la manière dont ont été
rendus en français les poèmes de Walt Whitman. Car,
lorsqu'il s'agit du rapport du traducteur, de l'interprète ou
du commentateur à une œuvre où il est question d'homosexualité ou de pédérastie – et je reviendrai sur les différents termes qu'emploie Gide, tantôt synonymes, tantôt
fortement différenciés –, il semble bien que tout soit
permis, et que l'on puisse sans vergogne dissimuler,
mentir, et même truquer et fabriquer. Or, dans ce cas, les
enjeux ne sont pas seulement littéraires et universitaires. Il
ne s'agit plus seulement de la transposition exacte des
mots et des phrases, de la littéralité des énoncés, du
respect des significations de l'œuvre : il s'agit aussi d'un

---

1. Conférence prononcée lors du colloque de clôture de l'exposition
«Présumés innocents. Les artistes contemporains et l'enfance» organisée au
CAPC – Musée d'art contemporain de Bordeaux, le 30 septembre 2000.
Cette exposition avait été l'objet de violentes attaques, et le CAPC, les
commissaires de l'exposition, les artistes qui exposaient des œuvres, ainsi que
les institutions qui les avaient prêtées, étaient (et sont toujours) sous le coup
de poursuites judiciaires intentées par une association catholique.

enjeu culturel, social et politique, dans la mesure où une traduction fautive risque de priver des milliers de personnes de références, de repères, de modèles, de possibilités d'identification, donc de reconnaissance et d'acceptation de soi. Si l'oppression de l'homosexualité se joue pour une bonne part dans l'espace du langage, par le silence imposé – les « cases noires du discours », selon la formule de Foucault[2] –, par l'impossibilité d'accéder à des images qui ne soient pas dévalorisantes, caricaturales, diffamatoires, transgresser ces limites imposées aux possibilités de la parole, de la nomination de soi, constitue donc l'acte même par lequel on peut travailler à produire une certaine émancipation de soi-même et des autres, qui s'accomplit, dans un temps plus ou moins long, au travers d'un effet de reconnaissance et d'apprentissage de soi tout autant que de création de soi. La littérature a donc une vertu éminemment pédagogique : elle apprend à être soi-même et comment être soi-même en suggérant des manières possibles d'inventer son identité personnelle[3].

Dès lors, quand la traduction et l'interprétation rétablissent le silence rompu par un auteur, et l'imposent à nouveau, effaçant purement et simplement ce qu'il avait

---

2. Michel Foucault, *L'Ordre du discours*, Paris, Gallimard, 1970, p. 21. L'interdit qui porte sur l'objet tabou, souligne Foucault, a pour corollaire le privilège (ou le monopole) du sujet qui a le droit de parler là où les autres n'ont que la possibilité de se taire (p. 11).

3. Gide ne cesse de développer ce thème d'une initiation gay à travers la littérature, ou à travers l'exemple personnel, assumant donc parfaitement une conception « pédagogique » de l'écrivain, de l'écriture et du modèle de la vie philosophique ou littéraire, qui, loin de chercher à contester la représentation homophobe du littérateur comme « corrupteur » de la jeunesse, revendique ce rôle comme une tâche historique et politique que doivent accomplir ceux qui ont la possibilité de prendre la parole (cf. le rôle de l'intellectuel comme pédagogue de la transgression et comme modèle identificatoire pour ceux qui veulent transgresser les normes, aussi bien dans *Les Nourritures terrestres* en 1897 que dans *Les Faux-monnayeurs* en 1925).

réussi à dire, elles exercent une violence insupportable en ce sens qu'elles contribuent à perpétuer l'oppression. C'est pourquoi Gide entend donner ici une véritable leçon de traduction et d'interprétation des textes, et s'il est si véhément, c'est parce qu'il sait bien que ce qui est en jeu, c'est la fierté ou la honte, la liberté ou le malheur. Et même la vie ou la mort. Cette leçon est un geste politique.

Ainsi, l'œuvre de Whitman et la question des fonctions de la littérature se trouvent d'emblée placées au cœur de la discussion théorique et politique que constituent les quatre dialogues de *Corydon*. En cela, Gide n'innove guère. Car Whitman fut considéré par de nombreux auteurs gays comme une figure majeure de la prise de parole homosexuelle dans la littérature, et par conséquent, comme un point de référence essentiel à une identification possible pour les gays de la fin du XIX<sup>e</sup> et du début du XX<sup>e</sup> siècle [4].

Dans l'opuscule de Gide, le personnage qui sera le porte-parole du bon sens homophobe (c'est le narrateur du livre, celui qui dit «je», et qui n'exprime donc pas les opinions de Gide mais celles que Gide entend réfuter) rend visite, poussé par le souci d'«éclairer son jugement» sur «l'irritante question de l'uranisme», à l'autre personnage, appelé Corydon, qui ne proteste pas «contre certains penchants dénaturés dont on l'accuse [5]». En

---

4. Sur l'appropriation gay de Whitman, et l'utilisation de son œuvre comme point d'appui d'une prise de parole, voir Gary Schmidgall, *Walt Whitman. A Gay Life*, New York, Dutton, 1997. Schmigdall écrit que, malgré les dénégations du poète américain quant à son homosexualité, ses *Feuilles d'herbe* ont été lues comme «un livre de *coming out* et un manifeste pour une saine acceptation de soi» (*op. cit.*, p. 303). John Addignton Symonds, Oscar Wilde, Edward Carpenter, entre autres, interprétèrent ainsi l'enseignement de Whitman, et voulurent glisser leurs pas dans les siens. Gide traduisit lui-même plusieurs poèmes des *Feuilles d'herbe*, en 1909.

5. André Gide, *Corydon*, Paris, Gallimard, 1924, p. 15.

voyant sur la table de travail un portrait de Whitman, il déclare d'entrée de jeu : «Avouez [...] que votre admiration pour Whitman a quelque peu faibli depuis que Balzagette [le traducteur et biographe de Whitman] a démontré qu'il n'avait pas les mœurs que vous étiez heureux de lui prêter.» Et Corydon de répondre : «Votre ami Balzagette n'a rien démontré du tout [...]. L'œuvre est là, où M. Balzagette aura beau traduire par "affection" ou "amitié" le mot *love* et *sweet* par "pur" dès qu'il s'adresse au "camarade" [...] Il n'en restera pas moins que toutes les pièces passionnées, sensuelles, tendres, frémissantes, du volume sont du même ordre : de cet ordre que vous appelez "contre nature"[6]...»

Et Gide de signaler alors, dans une longue note, une série d'exemples qui montrent que le traducteur déforme le texte, ou en tout cas l'interprète de manière tendancieuse et abusive : «Chaque fois que le *genre* du mot anglais reste indécis», explique-t-il, Balzagette le rend au féminin. Par exemple : *the friend* dans le vers «*the friend whose embracing awakes me*», devient «l'amie», quand rien ne justifie ce choix et que ce *friend* pourrait tout aussi bien être (et le contexte appelle cette lecture) «l'ami». Gide se moque des images que Balzagette «éprouve le besoin d'ajouter» aux poèmes, pour les «tirer vers l'hétérosexualité» comme lorsque «*the heaving sea*» du texte anglais, c'est-à-dire «la mer qui se soulève», se voit agrémenté en français de «comme un sein» (ce qui est, commente Gide, «littérairement absurde», et «profondément antiwhitmanien»). Aussi la note de Gide se termine-t-elle par cette phrase : «Je connais peu de traductions qui trahissent mieux leur auteur.» Et, le plus grave, bien sûr, c'est que Balzagette non content d'avoir

---

6. *Ibid.*, p. 17.

«incliné» ainsi le texte, se croit autorisé, dans sa biographie, et à partir de ses choix de traduction, à prêter à Whitman une «intrigue féminine» dont il reconnaît lui-même qu'elle est «purement imaginaire[7]».

Ainsi, *Corydon*, le livre qui porte ce titre, s'ouvre sur une pédagogie de la traduction et de l'interprétation. Dès le début, parler de «pédérastie», parler d'homosexualité, c'est nécessairement mener une bataille pour l'interprétation, une bataille à l'intérieur du langage et des discours. Et se pose inévitablement le problème de la stratégie discursive à adopter, et surtout du choix du terrain sur lequel doit se mener la bataille. Or, le personnage nommé Corydon affirme qu'il a besoin de l'«estime» des honnêtes gens (ce qui n'est peut-être pas le cas de Gide lui-même, et Corydon n'est pas, à cet égard, son double exact, ni tout à fait son porte-parole, car en publiant *Corydon*, malgré les exhortations de ses amis, Gide avait bien conscience qu'il allait perdre l'estime des honnêtes gens, et c'est même sur cette question que s'ouvre sa préface). Corydon ne peut donc pas rompre avec les catégories discursives de l'ordre social. Il ne dénonce pas le discours homophobe comme un discours d'insulte, de stigmatisation et d'infériorisation avec lequel on ne dialogue pas, mais que l'on combat (même si son propos tend parfois vers cela) : il entend plutôt lui répondre point par point, comme s'il était possible d'argumenter rationnellement contre un discours qui ne se soucie guère d'être rationnel, ni même cohérent, puisqu'il n'a d'autre rationalité ou cohérence que stratégique, c'est-à-dire que les arguments contradictoires qu'il peut mobiliser successivement ou simultanément n'ont d'autre valeur que la fonction politique et culturelle qu'ils remplissent, celle qui consiste à toujours diffamer et infé-

---

7. *Ibid.*, p. 18-19.

rioriser ceux qui ne sont pas «normaux[8]». On le voit bien quand le personnage homophobe reproche à Corydon d'afficher sa fierté d'être ce qu'il est (il ne le dit pas de cette manière, mais le thème est là) : «Vous cultivez votre bizarrerie, et, pour n'en être plus honteux, vous vous félicitez de ne vous sentir pas pareil aux autres[9].»

On voit que le «bizarre» est toujours perdant : on l'accuse, on l'insulte, on le ridiculise, et dès lors qu'il prend la parole pour répliquer, on lui fait grief de se «féliciter» d'être ce qu'il est.

En tout cas, loin de rejeter les catégories de l'ordre social, Corydon (et donc d'une certaine manière, dans ce livre-là, Gide également, puisqu'il dira jusqu'à la fin de sa vie que *Corydon* est son ouvrage le plus important) les accepte et les reprend à son compte. Il veut simplement montrer que les «pédérastes» n'y contreviennent pas. Et il déploie son talent pédagogique pour montrer que ce qui est dénoncé comme «contre nature» est en réalité éminemment «naturel»; ce qui est dénoncé comme malsain est, au plus haut point, le signe de la santé; ce qui est dénoncé comme efféminé doit au contraire être perçu comme viril, voire martial; ce qui est rapporté à la débauche et au vice se situe du côté de la pureté; et que, par

---

8. Sur l'incohérence rationnelle du discours homophobe et sa cohérence politique, voir David Halperin, *Saint Foucault, op. cit.* Cette caractéristique fondamentale du discours homophobe n'a évidemment pas disparu aujourd'hui, où l'on peut reprocher aux gays de vouloir devenir «normaux» et de renoncer à la subversion qu'on attend d'eux, alors qu'on leur a si longtemps reproché d'être anormaux et de vivre en dehors de l'ordre social; de vouloir s'intégrer à la société alors qu'on leur reprochait hier de vouloir s'en séparer, de vouloir se marier et élever des enfants alors qu'on leur reprochait leurs vies dissolues… Bref, tous ces discours, si contradictoires soient-ils, affirment tous que les gays, quoi qu'ils disent, quoi qu'ils fassent, ont toujours tort d'être ce qu'ils sont et qu'il est légitime de les juger et de les dénigrer.

9. André Gide, *Corydon, op. cit.*, p. 22.

conséquent, l'homosexualité, du moins dans la définition précise et limitée qu'il entend en donner, devrait être, plutôt que combattue, encouragée comme un élément de force et de cohésion des sociétés, un moyen d'éduquer la jeunesse (masculine). L'homosexualité est belle, saine, noble, patriote, etc.

N'ironisons pas trop sur ce discours : la parution du livre vaudra à Gide des attaques d'une violence inouïe, réitération de tout ce qu'il avait voulu démentir[10]. Mais il est certain que la pédagogie gidienne, dans ce livre, se veut une réponse argumentée à des enseignements formulés par la société qui l'entoure, à des représentations véhiculées par l'ordre moral et ses défenseurs. Bien sûr, d'une certaine manière, c'est le cas de tout discours : Michel Foucault aimait à dire que toute énonciation, tout concept est toujours stratégique. Ils n'ont pas de sens en eux-mêmes : ils prennent leur signification dans la configuration discursive et culturelle dans laquelle ils sont inscrits, et par rapport aux discours auxquels ils s'opposent. Et ce n'est jamais si vrai que dans la prise de parole homosexuelle, et dans la volonté d'exprimer par le moyen de la littérature une parole homosexuelle[11].

Puisqu'elle appartient à la même configuration discursive, la parole d'opposition est inévitablement façonnée par ce qu'elle entend combattre. La parole homosexuelle a

---

10. Voir Eva Alshted, *André Gide et le débat sur l'homosexualité. De «L'Immoraliste» (1902) à «Si le grain ne meurt» (1926)*, Göteborg, Acta universitatis Gothoburgensis, 1994.

11. Lorsqu'il analyse, dans *La Volonté de savoir, op. cit.*, la fonction stratégique des discours et met en place la notion de «discours en retour», Foucault prend précisément l'exemple du mouvement gay (dont on peut dire, d'ailleurs, qu'il occupe une place centrale dans ce livre, puisque les questions théoriques et politiques soulevées par l'existence et par l'histoire du mouvement gay en forment non seulement l'un des points de départ, mais une partie des enjeux argumentatifs).

longtemps été – et est encore souvent – une parole d'auto-justification et d'autolégitimation, dès lors qu'elle entend se donner un statut politique ou théorique. C'est peut-être moins nettement le cas dans l'espace littéraire proprement dit, comme on le voit chez Gide dont les textes de fiction cherchent moins à prêcher ou à convaincre qu'à ouvrir des possibilités (et d'ailleurs François Porché, dans son livre de 1927, *L'amour qui n'ose pas dire son nom*, a bien vu la différence de ton entre les œuvres littéraires et *Corydon*, puisque, s'il admet qu'on peigne l'homosexualité dans des romans, il refuse qu'on la présente dans des essais, dans un « tract », comme il le dit à propos de *Corydon*. Ce qui, notons-le, est assez paradoxal dans la mesure où le geste accompli par Gide dans *Les Nourritures terrestres*, *Les Faux-monnayeurs* ou *Si le grain ne meurt* est infiniment plus radical que celui qu'il met en œuvre dans *Corydon*, qui fut pourtant perçu comme moins acceptable par ses contemporains [12]).

Cette volonté de répondre au discours homophobe sur son propre terrain apparaît fort clairement lorsque Corydon entend répliquer au « syllogisme » de Balzagette. Corydon critique le biographe de Whitman et son étrange logique déductive :

> « L'homosexualité, pose-t-il en principe, est un penchant contre nature.
>
> *Or*, Whitman était de parfaite santé ; c'était, à proprement parler, le représentant le plus parfait que nous ait offert la littérature, de l'homme naturel… »

---

12. Voir François Porché, *L'amour qui n'ose pas dire son nom*, et la réponse que lui apporte Gide dans la deuxième édition de *Corydon*, en 1929 (cf. « A François Porché », in André Gide, *Corydon, op. cit.*, p. 141-145).

Le personnage qui incarne le sens commun finit la phrase en concluant le raisonnement : «*Donc* Whitman n'était pas pédéraste.»

Mais après avoir donné sa petite leçon sur la traduction, Corydon en donne une autre, de logique cette fois, en proposant son propre raisonnement :

«Whitman peut être pris comme type de l'homme normal.
*Or* Whitman était pédéraste.»

A ce moment, le représentant du sens commun conclut avec ironie : «*Donc* la pédérastie est un penchant normal. Bravo!» Et de soulever alors l'objection : «Reste seulement à prouver que Whitman était pédéraste[13].»

Sans pointer la dissymétrie à l'œuvre dans cet échange, comme elle l'est toujours dans la société, en raison de l'évidence hétérosexuelle (ici, il faut «prouver» que Whitman était pédéraste alors qu'il n'y aurait pas à «prouver» qu'il ne l'était pas), Corydon répond simplement : «Je prépare [...] une réponse à l'argumentation de Balzagette.»

Bref, pour Gide, ou pour Corydon, il va de soi que Whitman est un écrivain gay, et que son œuvre peut être rangée sur les rayons de la littérature gay. Et il entend se battre pour le démontrer et le faire admettre (ou, à tout le moins, le dire et le faire savoir à ses lecteurs pour qui le fait est d'importance). Ce processus d'appropriation d'un auteur, de revendication de cet auteur comme appartenant à une catégorie méprisée, tout ce travail de constitution d'un corpus de littérature homosexuelle comme point d'ancrage d'un discours pour légitimer l'homosexualité

---

13. André Gide, *Corydon, op. cit.*, p. 17-18.

peut assurément être considéré comme l'une des caractéristiques les plus constantes de la construction même d'un
discours sur l'homosexualité par des homosexuels (et on
voit que le geste de l'appropriation et de la revendication
d'une littérature gay n'a pas attendu les années 1970 ou
1980 pour se faire jour et ceux qui accusent les tenants
d'une «littérature homosexuelle» d'être des destructeurs de
la littérature – vous connaissez l'antienne : «On ne va tout
de même pas ranger Proust ou Gide dans le rayon «littérature gay» des librairies» – devraient se reporter au petit
livre de Gide : ils y apprendraient que leur propos n'a rien
de neuf, qu'il a au contraire été l'un des thèmes les plus
constants du discours de réaffirmation de l'ordre culturel,
social et politique contre les tentatives de faire exister des
discours différents, et qu'il était déjà opposé à Gide et
dénoncé par lui).

Dans le geste de revendication et d'appropriation dont
Gide nous donne un étonnant échantillon, il s'agit toujours
de trouver à la fois une expression et une légitimation de ce
que l'on est soi-même. Comme le dit si bien Neil Bartlett,
dans son éblouissant ouvrage sur Oscar Wilde, les gays écrivent leurs propres biographies en fouillant les bibliothèques
et en lisant les livres de ceux qui les ont précédés, en se
fantasmant comme les héritiers d'un passé fait de grandeur
et de beauté, et en inventant leur vie à partir de celles qu'ils
découvrent ainsi dans les livres [14]. Mais aussi en s'accro-
chant à toute parole produite et en la brandissant comme
un étendard, en s'identifiant aux auteurs, en se passionnant
pour leurs œuvres, en allant chercher dans les livres, les
poèmes, les images, tout ce qui peut donner une expression
à ce qu'un gay ne peut pas formuler lui-même, sous peine

---

14. Neil Bartlett, *Who Was that Man. A Present for M. Oscar Wilde*,
Londres, Serpent's Tail, 1988.

d'être tout simplement victime de l'ostracisme, ou de la violence (verbale ou physique).

Whitman est un des auteurs sur lequel s'est focalisée cette pratique identificatoire : sa poésie exalte la vigueur et la santé des jeunes hommes proches de la nature, et l'amour des camarades comme ciment d'une nouvelle société à venir, d'une nouvelle race, d'une nouvelle nation (je tiens à faire remarquer au passage que, si ce thème whitmanien semble faire écho à l'idéologie de la camaraderie entre jeunes hommes qu'on trouve dans le fascisme ou dans l'Allemagne pré-nazie et si certains de ses tenants au sein du mouvement gay allemand des années 1920 – mais pas tous, loin de là! – allaient même s'orienter vers le nazisme, on voit cependant que, chez Whitman, comme chez Symonds, Carpenter ou Gide, qui reprendront sa glorification des jeunes hommes sains comme fondement d'un lien social renouvelé, il n'y a pas d'imbrication nécessaire de ce thème avec une idéologie anti-démocratique, puisque, au contraire, chez ces quatre auteurs, et tout particulièrement chez Whitman et Symonds qui y insistent explicitement, l'amour des camarades est intrinsèquement lié à l'idée d'une fondation ou d'une refondation démocratique de la société – même s'il faut ici souligner que ce masculinisme, s'il n'est pas anti-démocratique, est malgré tout, bien évidemment – chez Symonds et chez Gide en tout cas, beaucoup moins chez Whitman –, assez anti-féministe, ou même tout simplement misogyne[15]).

Je ne me prononce pas sur la question de savoir si Whitman était gay ou non, s'il couchait avec des hommes,

---

15. On notera que ce n'est pas le cas chez un auteur comme Daniel Guérin qui, s'il ne cesse d'exalter la camaraderie des jeunes hommes, et ne cesse de caresser l'idée d'une société nouvelle fondée sur cette énergie masculine, considère toujours que l'émancipation sociale qu'il appelle de ses vœux n'a de sens que si elle va de pair avec l'émancipation des femmes.

etc. Les historiens contemporains évoqueraient peut-être plutôt, à son propos, les amitiés romantiques entre hommes qui fleurissaient au XIXᵉ siècle et faisaient que deux hommes pouvaient se manifester de la tendresse, de manière passionnée parfois, et même dormir dans le même lit, comme c'était le cas d'Abraham Lincoln et de son compagnon, sans que se pose la question de leur homosexualité ni qu'ils aient à se penser comme «homosexuels» (dans la mesure où le concept d'«homosexualité» n'existait pas encore). Ils étaient considérés et se considéraient comme «normaux». Ce qui ne veut pas dire, comme y insiste George Chauncey, comme «hétérosexuels», dans la mesure où le concept d'hétérosexualité n'avait pas été forgé lui non plus : la sexualité et les relations sentimentales n'étaient pas conceptualisées selon l'opposition binaire entre «homosexualité» et «hétérosexualité» qui s'est imposée par la suite[16]. Mais il reste vrai que certains poèmes de Whitman, surtout dans leurs premières versions, laissent tout de même supposer qu'il avait, ou avait eu, des relations sexuelles avec des hommes. Quoi qu'il en soit, cette question n'est pas pertinente pour notre propos ici. Ce qui est important, c'est qu'il ait été lu de cette manière.

John Addington Symonds, l'historien de l'art et helléniste anglais qui écrivit, dès 1873, une défense de l'homosexualité, ou du moins de la pédérastie, intitulée *A Problem in Greek Ethic*, puis, en 1891, une défense de l'«inversion sexuelle», *A Problem in Modern Ethics*, essaya de lui faire dire que c'était bien de cette manière qu'on devait le comprendre. Il adressa à Whitman une série de lettres pour lui demander s'il fallait lire la section intitulée *Calamus* (dans les *Feuilles d'herbe*) et l'idée qui y est développée de la

---

16. Voir sur ce point George Chauncey, *Gay New York, op. cit.*, p. 120-121 et note 50, p. 403.

«camaraderie» comme un éloge de l'amour des hommes entre eux. Whitman évitera longtemps de lui répondre. Quand il le fera, il récusera très sèchement cette lecture de son poème. Mais cela n'empêchera pas que son œuvre continuera d'être lue de cette manière, et il est frappant de retrouver dans *Corydon* tous les thèmes élaborés par Symonds (ils y sont mêlés à ceux de Walter Pater, autre helléniste et historien de l'art d'Oxford, et maître adulé d'Oscar Wilde, qui raconte dans *De profundis* comment il fut littéralement ensorcelé par son ouvrage *Studies in the Renaissance*). Chez Symonds, comme ce sera le cas chez Gide par la suite, Whitman est perçu comme le continuateur d'un passé plus lointain : il est l'héritier de la Grèce antique, dont il fait vivre la tradition. Dans *A Problem in Greek Ethics*, Symonds termine sa démonstration historique par un chapitre sur Whitman, qui, écrit-il, est l'écrivain «le plus authentiquement grec», puisqu'il prend la nature telle qu'elle est. Et Symonds parle alors de tous ceux pour qui «la Grèce est la patrie perdue» (*the lost fatherland*). Aussi pourrait-on lire *Corydon* comme une nouvelle version du livre de Symonds, puisqu'on y suit un chemin qui part de Whitman pour aboutir à la Grèce, en passant par l'exaltation de la nature et de l'art, bien qu'il soit assez peu probable que Gide ait lu Symonds, ou en ait lu autre chose que les extraits publiés dans le recueil d'Edward Carpenter, *Iolaus*[17].

Il est en tout cas très frappant de constater que des démarches similaires resurgissent d'une œuvre à l'autre, et l'on pourrait sans doute suivre le fil de cette tradition jusqu'à Michel Foucault, pour constater comment les

---

17. Sur les sources de Gide, voir la recension minutieuse qu'en donne l'ouvrage de Patrick Pollard, *André Gide, Homosexual Moralist*, New Haven et Londres, Yale University Press, 1991.

mêmes schèmes théoriques – la référence à la Grèce et l'idée d'une esthétique de l'existence (la vie comme œuvre d'art, la nécessité de se fabriquer soi-même, de s'inventer) – structurent les œuvres des auteurs «gays» (je mets ici «gays» entre guillemets, car j'ai bien conscience de l'ana-chronisme qu'il peut y avoir à parler de Symonds ou de Gide comme d'auteurs «gays»). Dans toutes ces œuvres, on retrouve des préoccupations communes : qu'il me suffise ici de citer une phrase de Gide dans *L'Immoraliste* (paru en 1902) et de la comparer à tout ce qu'écrivit Foucault, peu avant sa mort (en 1984), sur la philosophie comme «souci de soi» et comme «art de l'existence». Cette phrase de Gide est d'autant plus intéressante qu'elle a trait à l'enseignement et à la pédagogie.

C'est le personnage principal du livre, Michel, qui parle ici des recherches qu'il mène sur l'antiquité pour préparer son cours au Collège de France. Il vient tout juste de rencontrer Ménalque, figure inspirée de Wilde, mais dont les propos sont surtout calqués sur ceux de Walter Pater (très certainement à travers Wilde qui avait littéralement recopié des phrases de Pater dans son *Portrait de Dorian Gray*). Ménalque vit une vie libre, déta-chée de toute contrainte et ne se refusant aucun plaisir. Et Michel commente : «La vie, le moindre geste de Ménalque, n'était-il pas plus éloquent mille fois que mon cours? Ah! que je compris bien, dès lors, que l'enseignement presque tout moral des grands philosophes antiques ait été d'exemple autant et plus encore que de paroles [18] !»

Au cours de leur conversation, qui est un moment clé du livre, Ménalque a en effet déclaré à Michel :

---

18. André Gide, *L'Immoraliste*, *op. cit.*, p. 429.

« Savez-vous ce qui fait de la poésie aujourd'hui et de la philosophie surtout, lettres mortes ? C'est qu'elles se sont séparées de la vie. La Grèce, elle, idéalisait à même la vie ; de sorte que la vie de l'artiste était elle-même déjà une réalisation poétique ; la vie du philosophe, une mise en action de sa philosophie [19]. »

Le rôle de Ménalque ici est celui de l'initiateur et de l'éveilleur, ou en tout cas du pédagogue : ses propos permettent à Michel de donner un sens à l'expérience nouvelle de lui-même qu'il vient de vivre, lors de son voyage dans le Sud (la Tunisie et les jeunes garçons dont il aimait à s'entourer, sans prendre vraiment conscience de ce qui se passait exactement en lui), comme d'un être doté d'un corps et de sensations. Michel décrit ce moment de l'éveil, ou plus exactement du réveil de sentiments endormis, refoulés, et de la véritable transmutation nietzschéenne qui s'est alors opérée en lui :

« Il me semblait avoir jusqu'à ce jour si peu senti pour tant penser, que je m'étonnais à la fin de ceci : ma sensation devenait aussi forte qu'une pensée. Je dis : Il me semblait — car du fond du passé de ma première enfance se réveillaient enfin mille lueurs, de mille sensations égarées. La conscience que je prenais à nouveau de mes sens m'en permettait l'inquiète reconnaissance. Oui, mes sens, réveillés désormais, se retrouvaient toute une histoire, se recomposaient un passé. Ils vivaient ! ils vivaient ! n'avaient jamais cessé de vivre, se découvraient, même à travers mes ans d'étude, une vie latente et rusée [20]. »

---

19. *Ibid.*, p. 435-436.
20. *Ibid.*, p. 390. Voir p. 392-393 sur le rapport entre cet éveil des sens et la présence des jeunes garçons.

Aussi, quand il arrive en Italie et en Sicile après ce séjour tunisien, Michel s'aperçoit que tout son être s'est transformé. A Syracuse, il doit se rendre à l'évidence : « Tout m'y apprenait ce qui me surprenait encore : j'étais changé[21]. »

Cette transformation ne l'affecte pas seulement en tant que personne, mais aussi comme chercheur :

> « Quand, à Syracuse et plus loin, je voulus reprendre mes études, me replonger comme jadis dans l'examen minutieux du passé, je découvris que quelque chose en avait, pour moi, sinon supprimé, du moins modifié le goût ; c'était le sentiment du présent [...]. Si je pouvais me plaire encore dans l'histoire, c'était en l'imaginant au présent. Les grands faits politiques devaient donc m'émouvoir beaucoup moins que l'émotion renaissante en moi des poètes, ou de certains hommes d'action. A Syracuse je relus Théocrite, et songeai que ses bergers au beau nom étaient ceux mêmes que j'avais aimés à Biskra[22]. »

Dès lors, c'est la vie derrière les mots, les actes derrière les textes que Michel se met à rechercher dans son travail d'antiquisant, et non seulement à rechercher, mais à vouloir revivre. Il se décrit lui-même comme un palimpseste, sous lequel il entend retrouver l'être authentique que toutes les forces de l'ordre moral et culturel ont conspiré à supprimer en lui :

---

21. *Ibid.*, p. 397.
22. *Ibid.*, p. 397-398. Là encore, on songe à Wilde et à la scène du *Portrait de Dorian Gray*, inspirée des volumes de Symonds sur la Renaissance, dans laquelle Dorian voit défiler les grands hommes du passé dont il se sent l'héritier. Mais, bien sûr, l'influence de Nietzsche sur Gide dans ces pages de *L'Immoraliste* est également déterminante.

«Je méprisai dès lors cet être secondaire, appris, que l'instruction avait dessiné par-dessus. Il fallait secouer ces surcharges. Et je me comparais aux palimpsestes; je goûtais la joie du savant qui, sous les écritures plus récentes, découvre, sur un même papier, un texte très ancien infiniment précieux. Quel était-il, ce texte occulté? Pour le lire, ne fallait-il pas tout d'abord effacer les textes récents [23]?»

La pédagogie de soi, la réécriture de soi entreprise par Michel l'amènent à lire le passé différemment, à entretenir un rapport autre au passé. Par conséquent,

«la connaissance abstraite et neutre du passé me semblait vaine, et si naguère j'avais pu m'occuper à des recherches philologiques, m'attachant par exemple à préciser la part de l'influence gothique dans la déformation de la langue latine, et négligeant, méconnaissant les figures de Théodoric, de Cassiodore, d'Amalasonthe et leurs passions admirables pour ne m'exalter plus que sur des signes et sur le résidu de leur vie, à présent ces mêmes signes, et la philologie tout entière, ne m'étaient plus que comme un moyen de pénétrer mieux dans ce dont la sauvage grandeur et la noblesse m'apparurent [24].»

Michel décide alors de concentrer son attention sur les dernières années de l'Empire des Goths :

«Mais, l'avouerai-je, la figure du jeune roi Athalaric était ce qui m'y attirait le plus. J'imaginais cet enfant de quinze ans, sourdement excité par les Goths, se révolter

---

23. *Ibid.*, p. 399.
24. *Ibid.*, p. 407.

contre sa mère Amalasonthe, regimber contre son éducation latine, rejeter la culture comme un cheval entier fait
d'un harnais gênant, et, préférant la société des Goths
impolicés à celle du trop sage et vieux Cassiodore, goûter
quelques années, avec de rudes favoris de son âge, une vie
violente, voluptueuse et débridée, pour mourir à dix-huit
ans, tout gâté, soûlé de débauches[25]. »

Il convient de souligner au passage que, si l'on trouve
dans *Corydon* une théorie de l'appropriation de la littérature, on se trouve dans *L'Immoraliste* en présence d'une
théorie du rapport personnel et subjectif du chercheur à
son objet de recherche, de l'historien à l'histoire : lorsqu'il
commence de découvrir sa vraie nature et de quitter le
personnage qu'il était auparavant, Michel réoriente tout
son travail d'érudit, et c'est cette liberté, cette sensualité
nouvelles qu'il va essayer de retrouver dans le passé qu'il
étudie. Ainsi, dans la mesure où il se sent porteur d'une
certaine particularité, Michel se tourne vers ce qui, dans
l'histoire, fait écho à cette particularité, par une sorte d'attirance spontanée et d'affinité immédiate qui vont désormais animer toute sa démarche intellectuelle. Il n'est sans
doute pas exagéré d'avancer que Gide développe ici une
théorie de la nécessité pour un certain nombre d'individus de retrouver leur propre histoire, leur présence dans
l'histoire, ainsi que de la nécessaire et inévitable impulsion
subjective du chercheur qui accomplit ce geste, pour
constituer sa recherche contre la manière traditionnelle
d'interroger le passé à partir d'un point de vue qui se
donne pour universel et scientifique mais néglige tout un
pan du réel et surtout des univers entiers de significations
(on a vraiment l'impression que toutes les questions

---

25. *Ibid.*

adressées au savoir par les études gays et lesbiennes d'aujourd'hui avaient déjà été explicitement thématisées par Gide – comme par Proust, d'ailleurs [26]).

La culture, l'éducation, le savoir acquis, les morales «récentes» n'ont été qu'un processus de domestication de l'instinct naturel, un enfouissement de la vie, une mutilation de l'être. Et ce que Michel cherche à s'enseigner à lui-même – à partir de l'enseignement que lui fournissent et les propos et le modèle de Ménalque –, c'est, en regardant chaque ruine antique, la fête qui y eut lieu. En la revivant mentalement. Il faut donc à la fois désapprendre et réapprendre : «Je naissais seulement à peine, et ne pouvais savoir qui je naissais. Voilà ce qu'il fallait apprendre.»

Apprendre qui l'on est. Et devenir qui l'on est. C'est-à-dire se recréer soi-même.

En fait, ce n'est qu'à la fin du livre que Michel prend conscience de ce qui s'est passé en lui, quand il s'aperçoit que les jeunes garçons de Biskra ont vieilli, ont été abîmés par le travail et qu'il comprend alors clairement qu'il était venu pour retrouver ces enfants et ces très jeunes gens dont il avait aimé à s'entourer lors de son précédent

---

26. Qu'on lise, par exemple, ce passage de *La Prisonnière* : «Décidément baron, dit Brichot, si jamais le Conseil des facultés propose d'ouvrir une chaire d'homosexualité, je vous fais proposer en première ligne. Ou plutôt non, un Institut de psychophysiologie spéciale vous conviendrait mieux. Et je vous vois surtout pourvu d'une chaire au Collège de France, vous permettant de vous livrer à des études personnelles dont vous livreriez les résultats, comme fait le professeur de tamoul ou de sanscrit devant le très petit nombre de personnes que cela intéresse. Vous auriez deux auditeurs et l'appariteur, soit dit sans vouloir jeter le plus léger soupçon sur notre corps d'huissiers, que je crois insoupçonnable.

– Vous n'en savez rien, répliqua le baron d'un ton dur et tranchant. D'ailleurs vous vous trompez en croyant que cela intéresse si peu de personnes. C'est tout le contraire» (Marcel Proust, *La Prisonnière*, in *A la recherche du temps perdu*, Paris, Gallimard, «Bibliothèque de la Pléiade», t. 3, p. 811-812).

séjour. Quoi qu'il en soit, c'est la découverte, par l'intéressé lui-même, de ce secret enfoui sous les signes de la culture que décrit *L'Immoraliste*. C'est un voyage à l'intérieur de soi-même, éveillé par le soleil et la simplicité naturelle des jeunes Arabes, la «nudité dorée» qui fait exploser les carcans du moralisme et du puritanisme dans lesquels Michel était enserré. N'insistons pas sur le fait que, comme l'ont souligné un certain nombre de critiques, Gide nous donne dans *L'Immoraliste* une vision très occidentale, et pour tout dire, assez colonialiste, du Sud, où le colonialisme économique et le colonialisme sexuel sont intrinsèquement liés l'un à l'autre (Michel échange des caresses contre de petites sommes d'argent, et la mention incidente des quelques pièces négligemment distribuées revient de manière itérative tout au long du livre)[27].

Toujours est-il que cet éveil à lui-même lui fait perdre jusqu'à l'intérêt qu'il portait au passé, et même au passé qu'il sentait en résonance avec son présent : ce qui va l'intéresser désormais, c'est la création de soi, l'exploration de nouvelles possibilités, bref, ce que Foucault nommera plus tard le «travail de soi sur soi», et la recherche historique ne représentera plus à ses yeux que l'opérateur de cette «esthétique de l'existence» :

«D'histoire il n'était plus question ; depuis longtemps déjà mes études historiques ne m'intéressaient plus que comme un moyen d'investigation psychologique. J'ai dit comment j'avais pu m'éprendre à nouveau du passé, quand j'y avais cru voir de troubles ressemblances ; j'avais osé prétendre, à force de presser les morts, obtenir

27. Cf. Edward Saïd, *Culture et impérialisme*, Fayard, 2000 ; Michael Lucey, *Gide's Bent. Sexuality, Policitcs, Writing*, Oxford University Press, 1995 ; Robert Aldrich, *Colonialism and Homosexuality*, New York, Routledge, 2003.

d'eux quelque secrète indication sur la vie... A présent le jeune Athalaric lui-même pouvait pour me parler, se lever de sa tombe; je n'écoutais plus le passé. – Et comment une antique réponse eût-elle satisfait à ma nouvelle question : – Qu'est-ce que l'homme peut encore? Voilà ce qu'il m'importait de savoir. Ce que l'homme a dit jusqu'ici, est-ce tout ce qu'il pouvait dire? N'a-t-il rien ignoré de lui? Ne lui reste-t-il qu'à redire?... Et chaque jour croissait en moi le confus sentiment de richesses intactes, que couvraient, cachaient, étouffaient les cultures, les décences, les morales[28]. »

*

Certes, si l'on s'en tient aux informations données par le livre, il n'est peut-être pas facile de savoir ce que *devient* exactement Michel. Comme le fait remarquer Leo Bersani dans les quelques pages qu'il consacre à *L'Immoraliste* dans son célèbre *Homos,* les seules relations « explicitement sexuelles» qui sont attribuées à Michel dans le livre sont hétérosexuelles : avec sa femme, avec la maîtresse du jeune Moktir, avec une prostituée qui est la sœur d'Ali[29]. Pour le reste, ce ne sont que caresses furtives avec les jeunes Arabes de Biskra, ou baisers volés, comme avec le jeune homme qui conduit la charrette lors de son séjour en Sicile. Leo Bersani s'intéresse à cette version d'une pédérastie sans sexe (ou sans autre sexualité que des attouchements) car il y voit une manière de vivre la relationalité sans intimité sur laquelle il réfléchit depuis de nombreuses années, une relationalité impersonnelle, et une dépsychologisation radicale du désir et du rapport aux autres. Il n'y a plus de «psycho-

---

28. André Gide, *L'Immoraliste, op. cit.*, p. 457.
29. Leo Bersani, *Homos. Repenser l'identité*, Paris, Odile Jacob, 1998, p. 137-152. Voir notamment p. 142.

logie de l'homosexuel », écrit-il, au terme d'une analyse dans laquelle il cherche à montrer à quel point Gide déstabilise les catégories figées de la sexualité : « Longtemps avant que Foucault ne démasque les procédures classificatoires qui réifient des comportements corporels en les identifiant à des essences psychologiques, Gide avait pris une de ces essences et l'avait rendue, en tant que catégorie, incohérente[30]. » C'est donc une homosexualité, une pédérastie qui échapperait aux prises de l'interprétation, et notamment de l'interprétation psychanalytique : « Sa préférence sexuelle n'a pas de contenu psychique; il n'y a pas de complexes, pas de conflits refoulés, pas de phases de développement, seulement la chaste promiscuité d'un corps aspirant dans son extension infinie à se retrouver au-delà de lui-même[31]. »

La brillante et fort séduisante analyse de Bersani me semble cependant reposer un peu trop sur la littéralité du texte, et négliger ce qu'il suggère, ce qu'il désigne sans le nommer, ce vers quoi il tend. La simple évocation des caresses avec des enfants ou avec des adolescents était peut-être suffisamment scandaleuse à l'époque (le livre fut publié en 1902) pour que Gide ait cherché à recoder les pratiques de ses personnages, les reterritorialiser au moment même où il les déterritorialisait. En tout cas, elle paraissait scandaleuse à Gide lui-même, qui percevait comme une transgression audacieuse et sans précédent ce que d'autres évoquaient assez fréquemment et beaucoup plus librement à côté de lui : les romans de Jean Lorrain (*Monsieur de Phocas* en 1901, *La Maison Philibert* en 1904, *Le Tréteau* en 1906, etc.), de Rachilde (*Monsieur Vénus* en 1884, *Les hors nature* en 1897) allaient beaucoup plus loin et étaient

---

30. *Ibid.*, p. 148, 142.
31. *Ibid.*, p. 149.

parfois beaucoup plus explicites. De même que la série des *Claudine*, publiée par Colette (d'abord sous le seul nom de son mari, Willy) à partir de 1900.

Mais Gide devait évidemment détester les romans de Lorrain, qu'il jugeait sans doute vulgaires et donnant de l'homosexualité une image qui lui déplaisait profondément. Et il trouvait certainement ceux de Colette assez niais, brossant des portraits de personnages homosexuels assez peu conformes à la conception à la fois protestante et élitiste qu'il voulait en donner. Tout l'effort de Gide, comme peut-être celui de Proust, consiste à surmonter ses propres blocages, mais en construisant une position, une manière de présenter l'homosexualité différente de celles que diffusaient les livres des autres. Il s'adresse à un public, ou plutôt il cherche à constituer, autour d'une autre image, un autre public, qui rejettera avec lui les conceptions présentes dans la culture de son époque, jugées délétères. Cela apparaît clairement lorsqu'il évoque, dans son *Journal*, la pièce jouée par Colette et son amante Missy en 1907 au Moulin Rouge. Gide a rendu visite à Léon Blum et ils évoquent ensemble ce spectacle : «On parle aussi de ce scandale d'hier, de cette exhibition éhontée au Moulin Rouge, de Colette Willy avec Mme de Morny dans l'absurde pièce que celle-ci signe Yssim [32].» Gide, qui se pense comme un «hérétique», se scandalise donc de l'audace des deux femmes – comme n'importe quel bourgeois bien-pensant.

Mais surtout, *L'Immoraliste*, comme nous venons de le voir, est une sorte de roman d'apprentissage : c'est l'histoire de la lente découverte de lui-même par Michel, de la manière dont le secret de ce qu'il est lui apparaît progres-

---

32. André Gide, entrée du 5 janvier 1907, *Journal, 1887-1925*, Paris, Gallimard, «Bibliothèque de la Pléiade», p. 547. La pièce sera promptement interdite par la police.

sivement. Par conséquent, le terme du cheminement, l'homosexualité ou la pédérastie, ne pouvait être donné au départ, car, dans ce cas, le roman n'aurait plus eu de raison d'être. En disant que l'on ne sait pas bien ce qu'est ou ce que devient Michel, je ne veux donc pas suggérer qu'il hésite entre homosexualité et hétérosexualité, car cette dernière semble précisément représenter la contrainte sociale et culturelle dont il s'agit, pour Michel, de se déprendre, dès lors qu'il veut retrouver sa vraie nature. Lorsque Paul Bourget interrogera Gide en 1915 sur son personnage, lui demandant si son «Immoraliste est ou n'est pas un pédéraste [...]. Je veux dire un pédéraste pratiquant», Gide lui répondra : «C'est sans doute plutôt un homosexuel qui s'ignore [...]. Je crois qu'ils sont nombreux[33].»

En tout cas, Michel a du mal à comprendre ce qui se passe en lui, à en saisir la signification. Il devient autre, mais ne perçoit pas tout de suite qui est ou ce qu'est cet autre. Dans le chapitre, au cœur du livre et entre deux voyages (et que Bersani ne commente pas), qui se passe dans la propriété de Michel à la campagne, il s'enthousiasme pour le jeune fils de son fermier au point de passer avec lui ses nuits à braconner sur ses propres terres, et le lecteur comprend clairement que la transformation qui se produit en lui est liée à son attirance pour les jeunes gens, même si celui-ci est sensiblement plus âgé que ses jeunes compagnons de Biskra. Et plus encore : avant son retour à Biskra, lorsqu'il se trouve à Syracuse, en Sicile, il passe ses nuits dans les bouges du port, comme le faisait le Dorian

---

33. André Gide, entrée du 26 novembre 1915, *Journal, 1887-1925*, *op. cit.*, p. 907. Dans la première rédaction de ce passage, la question de Bourget est rapportée différemment : «Votre Immoraliste était-il un homosexuel [...] je veux dire un homosexuel pratiquant?» (voir «Notes et variantes», *ibid.*, p. 1632).

Gray d'Oscar Wilde (ou le Ménalque des *Nourritures terrestres*), ne rentre pas de la nuit et s'avoue à lui-même : « La société des pires gens m'était compagnie délectable [...]. Ah, j'eusse voulu rouler avec eux sous la table et ne me réveiller qu'au frisson triste du matin[34]. »

Ce n'est pas seulement l'appel des sens, l'éveil à la sensualité qui caractérise la métamorphose de Michel, c'est aussi la transgression des barrières de classe qui sera, par exemple, tellement reprochée à Wilde par ses juges. Il veut s'enfoncer dans la honte, dans l'abjection (se transformer, c'est renoncer à la respectabilité, à la fierté, pour éprouver le contraire de tout cela, « la poursuite volontaire de l'abjection », comme le dit Leo Bersani[35]). Gide anticipe sur ce point des thèmes que développeront Jouhandeau et Genet. Et si, dans cette scène, il ne s'agit plus de garçons mais d'hommes qui fréquentent les tavernes du port, c'est peut-être parce qu'il faut lire ce livre comme un hommage au *Portrait de Dorian Gray*. L'ombre de Wilde plane sur ce roman : son roman sulfureux, sa condamnation, son emprisonnement, sa mort prématurée trois ans après sa libération. La société devait-elle condamner Oscar Wilde, ou mettre son talent à son service ? Telle pourrait être la question qui forme l'arrière-plan du livre.

*

Comme le souligne Bersani, le roman s'ouvre en effet sur cette question, directement formulée : « En quoi Michel peut-il servir l'Etat ? »

Le livre est construit comme une confession : celle que Michel fait en Afrique du Nord à trois amis d'enfance qui

---

34. André Gide, *L'Immoraliste*, *op. cit.*, p. 463.
35. Leo Bersani, *Homos*, *op. cit.*, p. 149.

sont venus le retrouver, à la suite de l'appel à l'aide qu'il leur a adressé. L'un de ces trois amis consigne par écrit le récit que leur a fait Michel et l'envoie par lettre à son frère, qui occupe les fonctions de président du Conseil (le Premier ministre de l'époque) [36]. Il s'agit de trouver un poste à Michel :

> «Saura-t-on inventer l'emploi de tant d'intelligence et de force – ou refuser à tout cela droit de cité? En quoi Michel peut-il servir l'Etat? J'avoue que je l'ignore... Il lui faut une occupation [...]. – Hâte-toi. Michel est dévoué : il l'est encore, il ne le sera bientôt plus qu'à lui-même [37].»

Michel a éprouvé en effet le «besoin de parler» à ses amis, après la mort de sa femme, car, dit-il, «savoir se libérer n'est rien, l'ardu, c'est savoir être libre [38]».

C'est bien l'une des questions qui hantent le livre : comment être libre une fois qu'on s'est libéré? Comment vivre cette liberté? Et c'est aux autres, à ses amis qui sont restés intégrés à la société que Michel demande une réponse et une aide. Bersani suggère, avec une grande ingéniosité, que les trois amis de Michel sont gays, et font partie d'une coterie gay qui forme le cercle de ses relations. Ils seraient donc les représentants d'une homosexualité socialement acceptable, en tout cas socialement assimilée, alors que Michel, dans ce qu'il est devenu, en représenterait une forme inassimilable parce que, précisément, il échappe à «l'identité d'un *soi-même*, condition préalable au service à titre de citoyen [39]».

---

36. André Gide, *L'Immoraliste, op. cit.*, p. 369-371.
37. *Ibid.*, p. 369.
38. *Ibid.*, p. 372.
39. Leo Bersani, *Homos, op. cit.*, p. 149.

L'on pourrait imaginer une tout autre lecture : se libérer, devenir ce que l'on était, découvrir sa vraie nature et avoir envie de la vivre provoque une rupture dans la vie, dans le mode de vie, et l'individu qui traverse cette expérience peut avoir l'impression qu'il ne pourra plus jamais faire partie de la société telle qu'elle est. D'autant que la société a tendance à le repousser, le rejeter. Bref, quelqu'un qui se laisse aller à ses désirs (et à son homosexualité) peut-il être un bon citoyen ? Appartient-il encore à la société dont il s'est écarté ? Peut-il être ce qu'il est tout en assumant une fonction sociale, et quelle place nouvelle peut-il se construire à partir de ce qu'il est devenu ? C'est Michel qui adresse cette demande qu'on le sauve de la solitude, qu'on lui donne un rôle dans le monde social :

« Il me semble parfois que ma vraie vie n'a pas encore commencé. Arrachez-moi d'ici à présent, et donnez-moi des raisons d'être. Moi, je ne sais plus en trouver. Je me suis délivré, c'est possible ; mais qu'importe ? Je souffre de cette liberté sans emploi. Ce n'est pas, croyez-moi, que je sois fatigué de mon crime, s'il vous plaît de l'appeler ainsi – mais je dois me prouver à moi-même que je n'ai pas outrepassé mon droit [40]. »

Il faut donc que la possibilité d'être libre et de vivre son homosexualité ne soit pas incompatible avec l'utilité sociale. Et celui qui se libère veut qu'on lui prouve – pour se le prouver à lui-même – qu'il n'a pas trahi la société à laquelle il appartient, qu'il ne s'est pas mis à l'écart de celle-ci. *L'Immoraliste* est en fait un plaidoyer. Il est donc bien peu « immoral » ou amoral. Et en ce sens, il n'est pas si éloigné de ce que sera *Corydon*. Le roman accorde

---

40. André Gide, *L'Immoraliste, op. cit.*, p. 471.

d'ailleurs une portée particulière à une figure qui peut servir d'exemple, à travers le portrait de Ménalque. C'est un personnage aventureux, qui vit toujours dans un ailleurs lointain, qui a «rendu des services au pays, à l'humanité toute entière par les étranges découvertes de ses dernières explorations», mais qui a été l'objet d'un «absurde», d'un «honteux» «procès à scandale» qui lui a valu les insultes des journaux et même le mépris de ses amis et de ses proches (c'est une évocation du procès de Wilde, bien sûr). Or, Ménalque vient de se voir confier une importante mission par le ministère des Colonies. Et Michel de commenter, lorsque les journaux vantent désormais ses mérites en oubliant les insultes qu'ils avaient hier proférées : «Comme s'il n'entreprenait rien que dans un but humanitaire.» Ce qui nous dit clairement que le voyage au service du pays, à la demande d'un ministère, peut parfaitement coïncider avec le départ vers l'ailleurs, là où il sera loisible de vivre une sexualité libre qu'on ne peut pas vivre dans son pays. On peut donc servir son pays en s'adonnant à ses plaisirs. Il n'y a pas d'incompatibilité. Il suffit de trouver le métier approprié. En tout cas, il suffit que la société le veuille.

J'ajouterai au passage qu'un autre problème fort important me semble être posé par Gide dans *L'Immoraliste* : est-il possible pour un homosexuel d'être marié? Ce n'était pas un problème anodin en des temps où le mariage hétérosexuel était pratiquement inévitable pour la majorité des homosexuels. La mort de la femme de Michel pourrait laisser penser que Gide répond par la négative : Michel ne pense qu'à son plaisir, et néglige de prendre en compte ce qu'exige la santé de sa femme. La mort de celle-ci vaudrait alors condamnation de sa nouvelle morale ou démontrerait qu'elle ne peut se vivre que solitairement. Mais peut-être s'agit-il plutôt de réfléchir au moyen de concilier les deux. La vie de Gide lui-même apporte en tout cas une réponse différente, même si les crises que son union conjugale avec Madeleine traversera plus tard montrent que cette double vie ne devait pas être facile à vivre : lorsque, par exemple, il fera un voyage en Angleterre avec Marc Allégret et que sa femme détruira toutes les lettres qu'il lui avait adressées depuis leur adolescence (une véritable tragédie pour Gide). Gide évoquera ces difficultés dans *Et nunc manet in te*, bien après la mort de sa femme, ouvrage auquel leur ami Jean Schlumberger répondra, ulcéré, par un beau *Madeleine Gide*, écrit du point de vue de celle-ci et de ses sentiments. C'est d'ailleurs en donnant une place centrale à la question du mariage que Marguerite Yourcenar, dans *Alexis ou le Traité du vain combat*, proposera en 1928 une sorte de réécriture de *L'Immoraliste* (même si elle a prétendu par la suite que son livre n'avait guère été influencé par Gide) : Alexis n'hésite pas à quitter sa femme pour vivre sa vie homosexuelle. Yourcenar avait prévu d'écrire un deuxième volume, qui ne verra jamais le jour, racontant la même histoire du point de vue de Monique, la femme d'Alexis.

Je voudrais, pour finir, revenir à *Corydon*, car il me semble que la question abordée dans ce livre est la même que dans *L'Immoraliste* : un déviant de l'ordre sexuel peut-il servir l'Etat et la société? Il me semble que la réponse de *L'Immoraliste* peut se résumer de la manière suivante : c'est à l'Etat, c'est à la société de se préoccuper d'intégrer ses citoyens différents des autres. Mais cette idée n'est que suggérée. Tandis que *Corydon* est plus affirmatif. Lorsque le narrateur homophobe s'exclame : «Enfin, vous voudriez revenir au mœurs grecques», Corydon lui répond : «Plût aux Dieux! et pour le grand bien de l'Etat[41].» L'ouvrage entend démontrer que l'homosexualité, ou plus exactement la pédérastie, pourrait être investie d'une valeur sociale considérable, dès lors qu'on cesserait de la mépriser et de l'ostraciser, et qu'elle serait réinvestie des fonctions pédagogiques, éducatives qu'elle remplissait dans la Grèce antique : oui, l'uraniste, le «pédéraste» pourrait être le meilleur éducateur de la jeunesse – et donc le meilleur serviteur de la nation : l'aîné ou l'amant guiderait le jeune homme vers «ces sommets radieux que l'on n'atteint point sans l'amour»...

Il s'agit, dans un premier temps, de repousser le discours médical et psychiatrique qui pathologise l'homosexualité à travers ses notions d'inversion, de perversion, de dégénérescence, etc. Corydon (le personnage qui porte ce nom et qui, ne l'oublions pas, est médecin) prépare non seulement un article sur Whitman pour répondre «à l'argumentation» de Balzagette, mais aussi un «ouvrage» qui aura pour titre «Défense de la pédérastie» (dont il admet qu'il n'osera sans doute pas le publier[42]). Il veut y procéder à une réfutation des théories de Krafft-Ebing et de quelques autres autorités médicales. Ce discours de légitimation est profondément marqué par ce à quoi il s'oppose, puisque, je l'ai dit au début de mon propos, il s'agit de montrer, en invoquant notamment l'exemple de Whitman (le recours à la littérature comme lieu de résistance à la psychiatrie, à la psychanalyse et aux autres sciences normatives est un geste classique qui perdure aujourd'hui), que l'homosexualité, ou du moins une certaine forme d'homosexualité, ne contrevient pas à la normalité et aux valeurs dominantes, puisqu'elle aussi est saine, forte, et masculine.

---

41. André Gide, *Corydon*, *op. cit.*, p. 134.
42. *Ibid.*, p. 18-19.

Et c'est alors que le détour par la Grèce semble s'imposer. Gide donne libre cours à son fantasme d'une restauration de la pédérastie pédagogique. Il veut répondre au livre, célèbre à l'époque, de Léon Blum, *Du mariage*. Pour éviter la prostitution, qui avilit les femmes, Blum proposait qu'on autorisât les relations sexuelles avant le mariage, du moins avec les filles honnêtes, celles qui seront épouses et mères. Et l'interlocuteur homophobe de Corydon (qui est également antisémite) s'indigne qu'on puisse mettre ainsi en péril l'institution du mariage (il est assez amusant de lire ce texte, page 115, car la diatribe antisémite ressemble à s'y méprendre à ce que disent aujourd'hui les gardiens de l'ordre établi contre la revendication du mariage homosexuel). A celle de Blum, Corydon, moins indigné que son contradicteur, veut cependant opposer une autre solution, en précisant qu'«elle n'est pas de mon invention – c'est celle même qu'avait préconisée la Grèce[43]».

Car si la Grèce a été une société de haute culture et de grand accomplissement artistique, c'est que la plante de la culture s'épanouissait sur le terreau d'une société saine : «On feint de ne pas comprendre; on ne veut pas admettre que [les mœurs grecques] font partie intégrante de l'ensemble, qu'elles sont indispensables au fonctionnement de l'organisme social et que sans elles la belle fleur que l'on admire serait autre ou ne serait pas[44].»

Quel rapport avec Blum? Voilà : il y avait dans la littérature grecque de magnifiques figures de femmes (Andromaque, Iphigénie, Antigone…). Eh bien, dit Corydon, «c'est à la pédérastie que nous les devons». Car comme le désir de l'homme était orienté ailleurs, la femme était respectée… Tandis que la littérature française

---

43. *Ibid.*, p. 117.
44. *Ibid.*, p. 119.

d'aujourd'hui est pleine d'adultères, «sans parler des demi-vierges et de toutes les demi-putains». Et Corydon peut affirmer : «Cet exutoire que proposait la Grèce, qui vous indigne et qui lui paraissait naturel, vous voulez le supprimer. Alors, faites des saints : sinon le désir de l'homme va détourner l'épouse, souiller la jeune fille[45].»

Ainsi la pédérastie est-elle présentée comme un moyen – un exutoire – pour protéger l'institution du mariage et la virginité des jeunes filles (qui est elle-même liée à l'institution du mariage) : «Je soutiens que la paix du ménage, l'honneur de la femme, la respectabilité du foyer, la santé des époux étaient plus sûrement préservés avec les mœurs grecques qu'avec les nôtres.» Et même «la chasteté, la vertu, plus noblement enseignée, plus naturellement atteinte». Car, demande Corydon : «Estimez-vous vraiment que la formation uranienne des enfants de l'antiquité les disposât à la débauche plus que la formation hétérosexuelle de nos écoliers d'aujourd'hui? Je crois qu'un ami, même au sens le plus grec du mot, est de meilleur conseil pour un adolescent, qu'une amante[46].» Car s'il s'agit de préserver l'«honneur de la femme», il s'agit également de préserver les garçons de l'appétit prédateur des femmes (Rousseau serait sorti plus «viril» d'une éducation spartiate ou thébaine que de l'«éducation amoureuse» néfaste que lui dispensa Madame de Warens[47]).

Et, revenant alors, dans les dernières pages du livre, à la question de la traduction, Corydon reproche à son interlocuteur homophobe de remplacer, dans les textes antiques, le mot amour par celui moins compromettant d'amitié, comme le fait Balzagette dans le texte de Whitman. Or, si c'est bien d'amour qu'il s'agit, et si cet amour est profond,

45. *Ibid.*, p. 122.
46. *Ibid.*, p. 134.
47. *Ibid.*, p. 135.

c'est-à-dire s'il est «l'attachement d'un aîné ou d'un ami du même âge», il «tend à la chasteté». Mais il faut précisément pour cela que cet amour «résorbe en lui le désir, ce que n'obtient jamais la simple amitié[48]» (ne me demandez pas pourquoi, Gide ne s'explique pas sur ce point).

Ainsi l'éloge de la pédérastie ne peut-il s'exprimer que s'il est en même temps un éloge de la chasteté, ou en tout cas, comme dit Gide, prudent, ou lucide, un amour «capable de chasteté». Je n'ai pas besoin d'insister sur l'incohérence du propos : si entre l'aîné et le plus jeune il ne se passe rien – sexuellement parlant –, on ne voit pas très bien comment les jeunes filles s'en trouveront protégées des débordements de la libido masculine – car il semble aller de soi, pour Gide, que la femme, à moins d'être une débauchée, n'a pas de désir et que la libido n'est que masculine.

Notez que, quand je parle de misogynie à propos de ce livre, je dois, pour être honnête, ajouter que Gide n'a pas ignoré la question de la misogynie, puisqu'il dit que c'est avec le triomphe de l'hétérosexualité, quand les «Grecs cessèrent de fréquenter les gymnases», que surgit la misogynie, dans la mesure où l'uranisme respectait les femmes alors que, on l'a vu plus haut, l'hétérosexualité les livre au désir de l'homme. Pour Gide, semble-t-il, la femme est un être essentiellement passif, qui n'a pas de désir propre, sauf à être une demi-putain, et son rôle est de satisfaire le désir masculin (dans le cadre du mariage). Gide ne nous dit rien sur ce que fera la jeune fille en attendant le mariage, mais il est peu probable qu'il songe pour elle à une pédérastie saphique, à une relation avec une aînée qui lui donnerait son affection en même temps que son savoir : puisque Gide veut nous convaincre que la pédérastie est virile et même martiale, et non efféminée –

---

48. *Ibid.*, p. 136.

il donne évidemment l'exemple du bataillon sacré de Thèbes –, et qu'elle s'ancre dans une tradition historique où elle a fait ses preuves, il est difficile d'imaginer qu'il eût pu en proposer une version féminine.

A la question posée par *L'Immoraliste* – en quoi Michel peut-il servir l'Etat? – *Corydon* apporte donc une singulière réponse : c'est la nature de la pédérastie que de servir l'Etat, la nation, l'institution du mariage etc., car l'aîné éduquera le jeune homme, entre treize et vingt-deux ans, et lui inculquera la «vertu», le «courage», le «travail»[49], avant qu'il n'épouse, arrivé à l'âge adulte, une jeune femme qui l'aura attendu (ce qui nous reconduit aux questions posées par Gide dans *L'Immoraliste*, mais que, bizarrement, il oublie dans *Corydon* : un homosexuel, ou un pédéraste, peut-il être marié... Et si le jeune homme devenant plus âgé prend à son tour le rôle du maître dans le rapport pédagogique avec un plus jeune, qu'en sera-t-il de sa relation conjugale avec sa femme?).

Le dispositif élaboré par Gide est, ici comme ailleurs, profondément élitiste, car il ne saurait concerner que les classes privilégiées, et il est foncièrement misogyne, dans la mesure où il place, ou maintient, celles-ci dans une position d'infériorité. Mais il est aussi homophobe : car cette fonction sociale de l'uranisme défini comme pédérastie ne peut évidemment être pensée que si en sont exclus tous ceux qui ne correspondent pas à cette définition ou n'entrent pas dans ce cadre. Corydon nous le dit à plusieurs reprises, il ne parle que des pédérastes «normaux». Pas des invertis, des sodomites, des malades sur lesquels les psychiatres ont bâti leurs théories et qui, comme l'affirmera Gide dans son *Journal*, méritent l'op-

---

49. *Ibid.*

probre dont ils font l'objet : « Si vous le voulez bien, nous laisserons de côté les invertis. Je leur tiens à grief ceci que les gens mal renseignés confondent les homosexuels normaux avec eux. Et vous comprenez, je l'espère, ce que par "inverti" je veux dire[50]. » Alors que Roger Martin du Gard reprochait à Gide son « goût maladif », sa « préférence » pour « le veau à cinq pattes[51] », il semble que dans *Corydon*, il s'agisse plutôt pour Gide de ramener les monstres sociaux, les parias, du moins certains d'entre eux, à une normalité revendiquée, de faire valoir qu'ils n'ont que quatre pattes et qu'ils sont même les meilleurs éléments du troupeau. Quant aux autres, ceux qui s'obstineraient à avoir cinq pattes, ils sont repoussés par Gide hors de son utopie sociale et étiquetés par lui comme des anormaux.

Dans un trait caractéristique de l'histoire collective ou individuelle de l'homosexualité, qui consiste à dénoncer ce que sont les autres homosexuels, Gide construit son discours de légitimation en reprenant à son compte le discours de la stigmatisation, considérant que presque tous les homosexuels méritent ce que l'on dit d'eux. Loin d'être un discours de déstabilisation des catégories dominantes de la sexualité, le discours pédérastique, le fantasme d'une pédérastie pédagogique comme fondement d'une réforme morale de la société, se mue ici en discours de la norme qui tend à exclure et condamner les déviants, ceux qui ne cherchent pas la chasteté, la virilité, la normalité... Bref, ceux qui ne cherchent pas à mettre

---

50. *Ibid.*, p. 131-132.
51. Lettre de Roger Martin du Gard à André Gide, in *Correspondance Gide-Martin du Gard*, t. 1, Paris, Gallimard, 1968, p. 454. Sur cet échange entre Gide et Martin du Gard et sur la place de la sexualité dans leurs projets d'écrire pour la postérité, voir Michael Lucey, « Gide et la postérité : la place de la sexualité », in Naomi Segal (dir.), *Le désir à l'œuvre : André Gide à Cambridge 1918*, Amsterdam, Rodopi, 2000, p. 111-130.

leur sexualité au service de l'Etat, de la société, et qui veulent simplement la vivre pour leur plaisir.

C'est pourquoi il faut nous méfier des éloges de la pédérastie, tels que celui qui nous est offert par Gide. Non parce qu'ils seraient corrosifs ou dangereux pour la société. Mais au contraire parce que le fantasme de l'«amour grec», puisqu'il n'est qu'un discours de légitimation, qui a pour objectif de faire accepter la différence par l'ordre social, porte en lui le risque inhérent à tous les discours de légitimation : celui de reconnaître la légitimité de la condamnation sociale de l'homosexualité et des homosexuels, et de ratifier les catégories du discours homophobe sur ce que la société, la nation, la civilisation, etc. exigent, en s'efforçant simplement de s'en excepter soi-même, ainsi que le type d'homosexuels que l'on représente, c'est-à-dire les «bons» homosexuels, les autres étant renvoyés à l'anormalité. Ce qu'il nous faudra peut-être rappeler bientôt à tous ceux qui, pour obtenir le droit au mariage, en viendront à tenir sur le mariage homosexuel des propos qui ressembleront à ceux de Gide sur l'utilité sociale et l'intégration à la société, et qui dénonceront alors ceux qui ne correspondent pas au rôle et à l'image de ces «bons» homosexuels désireux d'être de parfaits citoyens au service de l'Etat, et qui seront dès lors stigmatisés comme de nouveaux parias méritant l'opprobre dans laquelle la société les tient.

# 4

# Filiations

*Préface à* Le Fils de Loth
*de François-Paul Alibert*[1]

Le livre de François-Paul Alibert, *Le Fils de Loth*,
commence d'une manière si conventionnelle qu'il tombe
presque des mains : deux jeunes hommes, deux adolescents
plutôt, s'aiment au bord de la mer. Ils sont évidemment
d'une très grande beauté, dont la description à la fois
lyrique et appuyée nous installe d'emblée dans les clichés
d'une imagerie digne des plus mauvais films gays d'aujour-
d'hui, même si elle était sans doute très audacieuse pour le
début des années 1930. Mais cette entrée en matière assez
mièvre n'est que le prélude, ou le prétexte, à un développement romanesque autrement déstabilisant. Car, de l'intérieur de cette rencontre sexuelle et amoureuse entre deux
jeunes gens surgit bientôt un autre récit. Et si sa forme
obéit également à des règles fort classiques, celles de la
«confession» adressée par l'un des personnages à l'autre qui
l'écoute, son contenu ne laissera pas d'étonner, et même de
troubler, les lecteurs les plus avertis et les plus blasés et qui,

---

1. Préface au livre de François-Paul Alibert, *Le Fils de Loth*, Paris, La
Musardine, 2002. Ce livre, dont le manuscrit a été retrouvé par Emmanuel
Pierrat, n'avait jamais été publié auparavant.

des romans de Jean Genet jusqu'aux livres d'Hervé Guibert et Guillaume Dustan, n'ont pourtant pas manqué d'occasions de se familiariser avec tous les aspects de ce qui aurait été considéré, naguère, comme de la pure et simple pornographie (et souvent, à ce titre, condamné et interdit).

Alibert n'avait rien d'un homme particulièrement subversif. Il était connu pour sa poésie, de facture très classique, et même conservatrice, tout attachée qu'elle était à faire vibrer, à l'instar de celle de Maurras ou de Moréas, les échos de l'antiquité grecque et latine. Cet académisme culturel correspondait d'ailleurs à ses opinions politiques réactionnaires[2]. Mais sans doute cet écrivain isolé dans sa petite ville de Carcassonne, éloigné du milieu littéraire parisien et de ses avant-gardes, allait-il être transfiguré par sa rencontre avec André Gide, en 1907. Non que cela ait transformé sa poésie, que Gide plaçait au sommet. Mais peut-être ce soutien lui donnat-il le courage d'aller au-delà des limites admises, comme l'avait fait Gide avant lui, dans *L'Immoraliste*. A moins que ce ne soit, au contraire, son goût pour la culture hellénolatine qui lui insuffla cette volonté de perpétuer une tradition dans laquelle tout, ou presque, pouvait se dire. Ou bien est-ce, comme c'est le plus probable, la conjugaison de ces deux facteurs ? Après tout, Gide lui-même ne s'estil pas abrité derrière le noble passé de la Grèce pour légitimer son propos dans *Corydon* ?

Toujours est-il que, à côté de recueils de poèmes qui furent comparés aux vers de Valéry, mais qui ont sombré dans l'oubli le plus total, Alibert écrivit trois romans érotiques, dont un seul fut publié. C'est Gide qui se char-

---

2. Sur François-Paul Alibert, voir l'introduction de Claude Martin à la *Correspondance André Gide-François-Paul Alibert, 1907-1950*, Presses universitaires de Lyon, 1982.

gea de le faire paraître, en 1930, par l'intermédiaire de Roland Saucier, qui dirigeait alors la librairie Gallimard du boulevard Raspail. Ce *Supplice d'une queue* fit l'objet d'une belle édition illustrée, imprimée à moins d'une centaine d'exemplaires. C'est dans des circuits analogues – libraires, bibliophiles, éditions à tirages limités, vendues dans des cercles restreints, etc. – que verront le jour, dans les années 1940, les premiers livres de Genet.

Il existe en effet un envers souterrain de la littérature, qui cohabite avec sa face visible, même quand celle-ci affiche des audaces qui défraient la chronique. Un « enfer » plus infernal que l'Enfer, assurément, et qui se compose de ce que les auteurs ne peuvent donner à lire qu'avec mille précautions, quand ils y parviennent, et qui circule de manière confidentielle, au point que, souvent, on n'en trouve pas même trace dans les réserves spéciales des grandes bibliothèques. Oscar Wilde publia le scandaleux *Portrait de Dorian Gray*. Mais *Teleny*, qu'on lui attribue parfois, et qui fut en tout cas écrit par des membres de son cercle, ne put circuler que de manière clandestine. Gide put faire paraître *L'Immoraliste*, puis *Les Faux-monnayeurs* et *Si le grain ne meurt*, dans lesquels il allait très loin, trop loin aux yeux de ses contemporains. Mais il ne put faire éditer le premier livre érotique d'Alibert qu'au prix d'une grande discrétion. Quant au deuxième livre du poète de Carcassonne, *La Couronne de pines*, tout le tirage (une centaine d'exemplaires) en fut saisi lors d'une descente de police avant même d'être mis en vente.

Si l'on peut penser que l'une des préoccupations majeures d'un écrivain tel que Gide (comme Proust) fut de travailler à transformer ce qui pouvait être exprimé par la littérature, et que son projet littéraire consista en grande partie (comme celui de Proust) à chercher à renouveler le roman européen en y faisant entrer des réalités qui en étaient jusqu'alors largement exclues, et notamment l'homosexualité[3], il n'est pas étonnant que revienne de manière itérative dans ses discussions avec ses proches, ou dans ses correspondances, la question des limites, et de la possibilité ou non, à un moment donné, de les transgresser pour les faire reculer. Par exemple, en 1909, quand Gide donne lecture de la première version de *Corydon* à Rouart et Alibert, le premier lui conseille de ne surtout pas le publier, alors que le second balaie ces appels à la prudence. Il ne soulève qu'un problème (qui n'est pas négligeable) : comment réagira la femme de Gide, et qu'adviendra-t-il de leur mariage ? Le plaidoyer de Gide connaîtra deux éditions limitées, sans nom d'auteur. Mais en 1920, quand Gide se demande s'il peut le publier sous son nom, Alibert l'exhorte à n'en rien faire. Et s'inquiète des conséquences possibles : si la diffusion du livre est restreinte, si le livre n'est destiné qu'à «un certain milieu», lui écrit-il, cela ne fera pas «faire un pas à la question». Mais s'il dépasse ce milieu, «il se peut qu'il desserve ce que tu défends, au lieu de le servir». Car cela pourrait attirer, avertit Alibert, l'attention répressive du législateur sur des «mœurs» que, actuellement, «on accepte tacitement[4]».

Mais dans ce jeu de prudences croisées, d'hésitations et de revirements, le fonctionnement en groupe, en cercle – même si les frontières en étaient mobiles, incertaines – devait également autoriser toutes les émulations et toutes les transgressions. Si, à eux seuls, comme l'a bien vu François Porché dans son important ouvrage de 1927, *L'amour qui n'ose pas dire son nom*, Proust et Gide ont donné droit de cité à l'homosexualité dans la littérature, leurs œuvres, le reten-

---

3. Je renvoie sur ce point à mes *Réflexions sur la question gay, op. cit.*, p. 327 suiv.
4. Lettre de François-Paul Alibert à André Gide, 30 décembre 1920, in *Correspondance, op. cit.*, p. 207.

tissement qu'elles connurent, le scandale aussi qu'elles provoquèrent, durent, à n'en pas douter, produire ce qu'on pourrait appeler un effet d'autorisation. Un appel d'air. Comme l'œuvre de Nietzsche à la fin du XIXᵉ siècle, comme celle de Freud dans les années 1920 et 1930, ou comme celle de Genet dans les années 1950, les livres de Gide et Proust fécondèrent bien des témérités littéraires.

Il est impossible ici de rendre compte de ce que fut l'influence de Gide, et de mentionner tous ceux qui, Français ou étrangers, gravitèrent autour de lui, ou s'inspirèrent de lui. On lui écrivait, on lui rendait visite. Ses admirateurs lui consacraient des articles, des livres : Pierre Herbart, Klaus Mann, Maurice Sachs… D'autres firent de lui le personnage de leurs romans, tel Henri Ghéon, dans *L'Adolescent*, qui ne vit jamais le jour. Même Genet! Genet le rebelle, qui, en 1933, vint voir le maître à son domicile de la rue Vaneau… Avant de lui écrire, quelques mois plus tard, pour lui demander… de l'argent.

Alibert consacrera lui aussi un ouvrage à son célèbre ami : *En marge d'André Gide*. Et au fond, on pourrait aller jusqu'à dire que ses textes érotiques furent écrits dans les marges de Gide, comme c'est bel et bien dans les marges de Gide que se développa toute une littérature qui s'efforçait de repousser les limites de ce qu'il était possible de dire et de ne pas dire.

De tous ceux qui se lancèrent dans ce genre d'aventures, c'est sans doute Alibert qui est allé le plus loin. Que raconte en effet ce *Fils de Loth* qui paraît aujourd'hui pour la première fois? Quelle confidence le jeune adolescent du roman fait-il à son amant, lorsque celui-ci lui demande qui l'initia à la sexualité? Le récit qui constitue sa réponse est aussi beau que perturbant, car il déroule l'aveu de ce qui est inavouable, et exalte avec émotion ce qui est considéré comme l'interdit majeur : à quinze ans, il passa une semaine à faire l'amour avec son père. Faire l'amour, au sens le plus sexuel du terme – et tous les détails nous sont donnés. Mais, également, au sens où il s'agissait de faire advenir et exister une relation amoureuse.

Aux amours incestueuses, Georges Bataille consacrera bien plus tard un roman qui sera publié de manière posthume, *Ma mère*, présenté comme une suite à *Madame Edwarda*[5]. Le narrateur y raconte comment sa mère l'entraîne dans ce qu'il appelle la «débauche», l'«obscénité», les «turpitudes», l'«ordure», la «folie», le «pacte avec la démence» et, sous la plume de Bataille, ces mots reviennent de manière insistante, comme s'il fallait souligner le caractère «dégradant» de tout ce qui se passe dans le livre (le fait, par exemple, que la mère aime les femmes), pour mieux en accuser le caractère «transgressif» et aboutir ainsi, à la dernière page, à cette sorte d'apothéose dans le Mal qu'est l'inceste, dont, finalement, rien, ou presque, ne nous sera dit.

Tandis que chez Alibert, le père et son fils vont au bout de leur désir sans que jamais l'auteur ait recours, pour mettre en scène l'audace de son propos, à des effets grandiloquents ou grand-guignolesques. Alibert n'a nullement besoin de convoquer tout le dictionnaire du péché : la sérénité de son écriture, servie par une belle langue classique, suffit à donner à son roman une force qu'échoue à atteindre la démonstration laborieuse de Bataille. Tout au plus, chez Alibert, cette relation entre un père et son fils, qui, pour son aspect sexuel, ne dure qu'une semaine, est-elle, par la suite, difficile à raconter par le jeune homme qui l'a vécue. Mais lorsqu'elle est évoquée, décrite, elle n'est jamais qualifiée négativement. D'ailleurs, le père,

5. Georges Bataille, *Ma mère*, Paris, Jean-Jacques Pauvert, 1966.

bien que marié, aime les hommes (ce qui n'est évidemment pas présenté par Alibert comme le signe de sa «déchéance», alors que tout le texte de Bataille est animé par une vision du lesbianisme qui ressortit aux fantasmes les plus éculés du masculinisme). En fait, Alibert (ou son personnage) élabore ici une étrange théorie de la hiérarchie des formes d'amour. Il tient, comme nombre d'homosexuels masculins, que l'amour entre hommes est supérieur à l'amour entre un homme et une femme. Dans cette reprise d'une «dispute» classique de l'antiquité ou de la Renaissance (dont on retrouve l'écho dans *L'Œuvre au noir* de Marguerite Yourcenar), Alibert ne se soucie guère d'élaborer des arguments raffinés, comme pouvaient le faire ses glorieux prédécesseurs. Son personnage se contente d'afficher une misogynie grossière, et un dégoût épidermique pour le corps et le sexe de la femme. Rien de très original jusqu'ici. Mais il enrobe cette misogynie dans une métaphysique qui se fonde essentiellement – comme l'indique, dans le prologue du roman, l'évocation et l'inversion de l'histoire de Loth et de ses filles – sur le rapport qu'entretiennent les différentes formes d'amour aux justifications extérieures et notamment à la procréation. Ce qui fait la supériorité de l'homosexualité, dit le jeune homme à celui qui l'écoute, c'est que la relation amoureuse n'y a d'autre fin qu'elle-même : «Un amour comme celui qui, toi et moi, nous unit surpasse déjà tous les amours puisqu'il est à lui-même son commencement et sa fin.» Et c'est en poussant cette logique à son terme qu'il place encore plus haut la relation entre un père et son fils : «Que dire alors de celui-là qui se fonde dans le même sang, où il se nourrit et se renouvelle, sans crainte qu'il s'épuise jamais, de sa propre semence et de sa propre moelle.»

Le jeune homme avance aussi un autre argument pour installer les amours incestueuses au plus haut de la hiérarchie. Il parle en effet, à propos de ce qu'il vécut avec son père, de cette « passion partagée que le commun des mortels tiendrait pour monstrueuse, et qui, si confusément que ce fût, me paraissait dès lors le plus haut degré d'intelligence et d'amour, par conséquent de vertu, où l'homme se puisse élever ». Les mots « dès lors » suggèrent que c'est le poids de la condamnation sociale qui fait de l'inceste la plus belle forme de l'amour, et donc de la vertu. Il faut être bien vertueux pour vivre ce qui ne peut pas, ce qui ne doit pas se vivre. Là encore, Alibert s'inscrit dans l'héritage de la culture classique : la vertu est synonyme de courage.

N'accordons pas trop d'importance à ces « théories » d'Alibert (ou de son personnage). Elles valent ce qu'elles valent, et il serait vain d'y chercher une quelconque cohérence. *Le Fils de Loth* n'a pas la prétention d'être un traité de morale. Ni un guide érotique à l'usage des jeunes gens (ou de leurs pères). C'est une expérimentation littéraire, qui tente d'aller aussi loin que possible dans l'exploration des fantasmes ou des réalités cachées du désir.

En fait, il serait plutôt loisible de lire ce livre comme une anti-théorie. Un rempart préventif contre l'emprise de la psychanalyse. Alibert avait-il lu Freud ? C'est peu probable. Gide lui-même, pourtant si ouvert intellectuellement, ne cessa d'exprimer ses réticences à l'égard de celui qu'il considérait comme un « imbécile de génie ». Mais le roman d'Alibert semble s'offrir d'une manière si évidente et si absolue aux filets de l'interprétation psychanalytique qu'on finit par penser qu'il ne peut fonctionner que comme un piège où elle viendrait se prendre avant d'être déjouée, défaite. C'est comme si Alibert avait voulu se rire par avance de la vulgate psychanalytique qui veut expliquer l'homosexualité par l'« œdipe inversé ». Dans ce cas, l'enfant masculin rêve de coucher avec son père et considère sa mère comme une rivale. Mais pour Alibert, cela va de soi, et il n'est pas besoin de se donner tant de peine pour fouiller les arcanes de l'inconscient, ni d'habiller toutes ces pseudo-découvertes de tant de notions pseudo-savantes : si l'enfant est attiré par le sexe des hommes, par leur corps et leurs muscles, bref, par leur masculinité, c'est sur la personne de son père, et sur sa nudité entr'aperçue, qu'il porte, pour ainsi dire naturellement, ses premiers regards érotiques. Et il suffit donc que le père consente aux désirs de son fils pour que l'événement innommable se produise (car ici, et Alibert y insiste, personne n'est contraint : «Il n'y a rien qui ressemble, même de loin, à une surprise ni à une violence, mais au contraire un consentement réciproque, un chemin à moitié parcouru de part et d'autre jusqu'à la rencontre finale»). Mais cela implique, bien sûr, qu'on se situe dans l'évidence qu'il existe des «enfants gays» déjà éveillés à leurs désirs et rêvant de les assouvir. Et que l'on admette, par conséquent, que dans le désir homosexuel, il n'y a rien à expliquer. C'est un désir naturel. Et naturel au point de s'accomplir souverainement dans la relation la plus immédiate que puisse offrir la nature : entre l'engendreur et l'engendré. C'est pourquoi cette parabole de la passion incestueuse n'est peut-être qu'un détour intrépide pour légitimer l'homosexualité, en poussant à l'extrême la tentative de *Corydon*, qui venait de susciter l'indignation générale. Geste inouï, geste d'une incroyable radicalité, et qui fait paraître bien ternes les références à la nature que Gide allait chercher dans la sexualité des animaux, et bien timoré son projet fantasmatique d'une réforme sociale fondée sur la réinstitution de la pédérastie pédagogique, inspirée de l'antiquité, mais dont, bien sûr, toute sexualité devait être exclue.

Ce livre suscitera certainement l'indignation des bien-pensants et déchaînera peut-être l'ire des censeurs. Se trouvera posée une fois de plus l'éternelle question : tout est-il possible en littérature? Jusqu'où peut-on aller? La réponse n'a cessé de varier historiquement : si l'on se souvient que Flaubert et Baudelaire durent affronter les foudres de la justice, avant d'être aujourd'hui enseignés dans les écoles, ou que, plus près de nous, Jean-Jacques Pauvert était encore condamné en 1956 pour avoir publié Sade, disponible désormais dans la Bibliothèque de la Pléiade, on voit que les frontières – celles posées par la justice et plus généralement par la société – n'ont cessé de se déplacer. Alibert fait partie de ceux qui se donnèrent pour tâche d'élargir le champ du possible, de repousser au maximum les limites de l'indicible. Ce qui impliquait pour lui, pour eux, d'aller bien au-delà de ce qui était admis par leur époque. Au point de se rendre impublia-bles. Mais lorsque Hervé Guibert raconte dans son jour-nal, *Le Mausolée des amants*, qu'il a rêvé d'une scène sexuelle entre son père et lui («J'ai envie qu'il m'encule, il vient derrière moi et en me pénétrant il me dit : "celui qui se fait remplir le cul est un damné", il dit cela en riant un peu, comme pour m'exciter[6]»), il n'est pas sans impor-tance de rappeler qu'il s'inscrit dans une tradition, une filiation, littéraire et érotique, si méconnue soit-elle, et que son droit d'écrire librement doit beaucoup à ceux qui l'ont précédé, à tous ces pères qui, d'une certaine manière, l'ont à la fois engendré et fécondé.

---

6. Hervé Guibert, *Le Mausolée des amants. Journal, 1975-1991*, Paris, Gallimard, 2001, p. 150.

# 5

# Les grenades d'Oscar Wilde

## *Une étude en rouge et vert*[1]

Une bonne partie de l'œuvre de Wilde est placée sous le signe des couleurs et de leur symbolique. Couleurs des tissus, des pierres, des bijoux, des fleurs et des fruits. Par exemple, le rouge profond et légèrement passé des grenades, qui, à côté des citrons trop mûrs, éclatent dans la chaleur espagnole, au début de *L'Anniversaire de l'infante* (d'où est tiré *Le nain*), l'un des quatre contes rassemblés dans le recueil intitulé, précisément, *Une Maison de grenades* (*A House of Pomegranates*). C'est donc dans un décor marqué par des nuances de pourpre que va se dérouler le drame du petit monstre, arraché à son monde de la forêt pour être livré aux regards amusés de la société normale et policée, de ce paria qui va mourir de honte, d'horreur de lui-même et de l'évidence insoutenable que l'amour lui sera à jamais interdit.

Dans *Une Tragédie florentine*, la tache de vin sur la nappe blanche posée sur la table est «aussi pourpre qu'une

---

1. Publié en novembre 2002 dans le programme du Grand théâtre de Genève pour les représentations des opéras d'Alexandre Zemlinski, *Le Nain* et *Une Tragédie florentine*, sur des livrets tirés d'une nouvelle et d'une pièce de théâtre d'Oscar Wilde.

plaie au flanc du Christ». Elle apparaît comme un écho au motif des grenades, dont chaque grain est orné d'une perle, dessiné sur la toge de velours que le marchand drapier veut vendre au riche seigneur qui a séduit sa femme. Et quand cette tache attire l'attention du mari bafoué et humilié, elle fait surgir en lui l'idée du sang, ce qui produit alors le brutal changement de ton dans la conversation qui va déboucher sur l'affrontement entre les deux hommes et conduire au dénouement final.

La couleur pourpre des grenades semblerait donc tirer, dans l'écriture wildienne, vers le sombre, vers le drame, vers la mort (un habit teint en pourpre, dit le marchand drapier, c'est ce que «le chagrin pourrait porter»). Mais la luxuriance de ce fruit qui s'ouvre de lui-même, sous le soleil, pour laisser apparaître la prolifération de ses grains est également liée au plaisir, à la sensualité, à la chair. Et notamment à cette sexualité que la loi condamnait à l'époque si durement – cette loi qui allait jeter Wilde en prison et l'astreindre à des travaux forcés si éprouvants qu'il allait en mourir peu de temps après avoir été libéré. Pourpres, en effet, sont les lèvres des beaux adolescents : dans le poème *La Sphinge*, le personnage éponyme, mi-femme mi-animal, entend, par une «verte et odorante soirée», le rire d'Antinoüs s'échapper de la «barque dorée d'Hadrien» qui passe sur le fleuve, et va contempler «d'un regard ardent, avide, le corps d'ivoire de ce jeune et bel esclave à la bouche de grenade (*pomegranate mouth*)».

Mais les lèvres d'une jeune fille étaient également rougeoyantes comme la grenade, à la dernière strophe de *Dans la chambre jaune*, un des poèmes de la période «whistlérienne» de Wilde, quand il s'essayait à rendre les effets de couleurs des tableaux du peintre avec qui il était, à ce moment-là, lié d'amitié :

« Et ses tendres lèvres rouges sur les miennes,
Brûlaient comme le feu rubis allumé
Dans la lampe vacillante d'un reliquaire,
Ou comme les blessures saignantes de la grenade,
(*the bleeding wounds of the pomegranate*)
Ou le cœur du lotus mouillé et trempé
Avec le sang versé du vin rose-rouge. »

Et dans *La Salle du jugement*, poème en prose d'une audace assez inouïe pour l'Angleterre de l'époque, « l'Homme » qui se présente devant le tribunal divin veut bien avouer tout ce dont Dieu l'accuse – que son « vêtement de pourpre était brodé des trois signes de la honte », qu'il a vénéré des « idoles » qui n'étaient « ni d'or ni d'argent » mais de « chair » et qu'il a « mis dans leurs mains des grenades (*put pomegranates in their hands*), peint leurs paupières avec de l'antimoine, oint leur corps avec de la myrrhe » – mais se permet d'objecter cependant à Dieu qui veut l'envoyer en Enfer que ce châtiment est impossible, pour la simple raison que, en Enfer, il y a « toujours vécu ». Certes, le sexe des « idoles » qu'il a adorées au cours de sa vie « mauvaise » n'est pas précisé, mais le lien n'en est pas moins étroitement tissé, ici comme dans *La Sphinge*, entre l'exaltation des sens et la couleur du fruit, entre le péché et la succulence juteuse de ses grains.

*

Le rouge fait contraste avec le clair : le fruit violet avec le « citron pale » ou avec l'antimoine, le drap de velours avec la perle fine, le vin avec la nappe blanche, les lèvres écarlates avec l'ivoire du corps, ou encore la rose rouge avec la rose blanche dans la *Ballade de la geôle de Reading*, long poème rythmé par l'éclat des mots invoquant le sang et le vin – *purple, crimson, scarlet*. Mais dans la gangue des grenades, bien d'autres couleurs et bien d'autres images attendent pour surgir, comme dans *Le Portrait de Dorian Gray*, où le fruit doux-amer se retrouve sur la couverture du livre que, au chapitre XIV, son sulfureux héros se met à lire. Il s'agit d'*Emaux et camées* de Théophile Gautier : «La reliure était en cuir vert citron, avec un motif treillissé doré, parsemé de grenades.» Les strophes consacrées à Venise font revenir à la mémoire de Dorian le souvenir d'un automne qu'il y passa, et d'«un amour extraordinaire, qui lui fit faire d'extravagantes, de délicieuses folies». Les vers de Gautier font naître en Dorian une explosion de «brusques éclairs de couleurs», qui lui rappellent «le miroitement des oiseaux à la gorge d'opale et d'iris qui volettent autour du haut campanile alvéolé», et il se voit «assis dans une gondole noire à la proue d'argent», avançant sur «les verts canaux de la cité rose et gris perle».

\*

Arrêtons-nous quelques instants à la couleur qui nimbe la nuit où la Sphinge dévore des yeux la barque sur laquelle ont pris place Hadrien et Antinoüs. Le rouge grenade est là pour souligner à quel point la beauté du jeune homme est affolante. La Sphinge le désire passionnément. Mais dans le «vert» qui règne à ce moment-là, elle ne peut que se tenir à l'écart, puisque c'est la couleur des amours entre hommes. Wilde le dira sans détour dans *La Plume, le pinceau et le poison* (*Pen, Pencil and Poison*) publié en 1891, la même année que *The Picture of Dorian Gray*. Ce texte se présente comme une étude sur Thomas Griffiths Wainewright, un homme de lettres et peintre du début du XIXe siècle, qui fut également un faussaire et un assassin. Il porte comme sous-titre : *Une étude en vert* (*A Study in Green*). Wilde décrit Wainewright comme un personnage «étrange et fascinant», en insistant sur le fait que l'on peut, bien sûr, «imaginer une personnalité intense créée à partir du péché». Et il tient à être explicite : «Le fait qu'un homme soit un empoisonneur ne dit rien contre sa prose […]. Il n'y a pas d'incompatibilité fondamentale entre le crime et la culture.» Wilde va même jusqu'à préciser : «Ses crimes ont eu un effet important sur son art. Ils ont donné une forte personnalité à son style.» Il est frappant, dès lors, que Wilde fasse de transparentes allusions à l'homosexualité de cet artiste empoisonneur. En effet, après l'avoir dépeint comme un dandy baudelairien avant la lettre («décidé à épater la ville», portant des gants beurre-frais et de magnifiques bagues), et insisté sur le fait qu'il fallait voir là le signe d'une «nouvelle manière en littérature», il ajoute : «Ses cheveux aux boucles épaisses, ses yeux fins et ses exquises mains blanches lui donnaient cette distinction dangereuse et délicieuse d'être différent des autres. Il y avait en lui quelque chose du Lucien de Rubempré de Balzac.» On comprend mieux le sens du sous-titre de cette étude. Car non seulement le vert est traditionnellement associé à la sorcellerie et aux maléfices – l'expression anglaise *poison green* atteste son lien avec l'empoisonnement –, mais, à cette connotation classique, Wilde en ajoute une autre : Wainewright, écrit-il, «avait ce curieux amour du vert qui, chez les individus, est toujours le signe d'un tempérament artistique subtil, et, dans les nations, passe pour dénoter un relâchement voire une décadence des mœurs».

Désignant donc l'artiste, le littérateur, l'empoisonneur, l'homosexuel, la connotation vénéneuse du vert est polysémique. Elle permet à Wilde de faire savoir à ses lecteurs qu'il conçoit l'artiste, et qu'il conçoit l'homosexuel – en un mot : qu'il se conçoit lui-même – comme un poison pour la société.

Dans sa biographie d'Oscar Wilde, Richard Ellmann souligne que l'auteur du *Portrait de Dorian Gray* était impressionné par «toute forme d'illégalité», en ajoutant d'ailleurs que l'art du faussaire était peut-être «le crime le plus proche de sa présentation sociale de soi», fondée sur son «goût invétéré de l'artificialité». En tout cas, tout au long de *Pen, Pencil and Poison*, mais aussi dans d'autres textes aussi importants que *Le Critique comme artiste* et *L'Âme de l'homme sous le socialisme*, Wilde s'efforce de donner une légitimité aux individualités singulières qui ne se plient pas aux codes de la morale établie. Et l'on pourrait aller jusqu'à dire que tout son intérêt pour les «illégalités» n'est ici qu'un détour pour rendre possible l'expression de l'homosexualité dans l'art et la littérature, et, puisqu'il n'y pas de plus bel art que la vie, dans la vie elle-même. Jean Lorrain, dans *Monsieur de Phocas*, paru en 1901, s'inspire sans doute de Wilde (de la même manière qu'il s'inspire, comme Wilde, du Des Esseintes de Huysmans). Son personnage, le Duc de Fréneuse (alias Monsieur de Phocas), est obsédé par une «chose bleue et verte» qui est révélée «dans l'eau morte de certaines gemmes et l'eau plus morte encore de certains regards peints». Il passe une journée au Louvre à contempler «le marbre de l'Antinoüs», et, pendant un moment, il voit comme des «lueurs vertes» dans ses «longs yeux morts» et il dit : «Si ce buste m'appartenait, je ferais incruster des émeraudes dans ses yeux.»

Le vert deviendra le symbole affiché en public de ce que l'on pourrait appeler aujourd'hui la «culture gay», en tout cas celle que voulait promouvoir le cercle des amis de Wilde, arborant à la boutonnière, lors des premières de ses pièces, dans les théâtres de Londres, le fameux œillet teint en vert, dont la signification ne s'éteindra pas de sitôt (quand Gide, bien des années après, en 1924, publiera *Corydon*, les frères Tharaud s'indigneront : «A qui M. André Gide fera-t-il croire qu'on doive préférer l'œillet vert à la rose?» Plus accueillant, François Porché engagera ses lecteurs, dans *L'amour qui n'ose pas dire son nom*, en 1927, à admettre que, «en bordure des roseraies, l'œillet vert a toujours occupé une place dans l'anthologie de l'amour humain. Il a même parfois envahi les parterres». Et George Chauncey raconte, dans *Gay New York*, que porter un costume vert était, pour certains artistes, une manière d'afficher ce qu'ils étaient, et que les journaux ne s'y trompaient guère, qui insistaient sur ce détail vestimentaire pour indiquer à leurs lecteurs ce qu'étaient les mœurs de la personne dont ils parlaient).

*

La couleur est essentielle à l'écriture de Wilde. Elle nourrit cette «profusion» dont se plaint André Gide, dans son *In memoriam* de 1901, lorsqu'il juge trop précieux, apprêté, surchargé d'ornements ce style dont le «chatoiement de la surface fait perdre de vue et d'esprit la profonde émotion centrale». Mais cette munificence même était nécessaire à Wilde. En fidèle héritier du symbolisme et du décadentisme, où le goût de l'étrange se mêlait à celui de tout ce qui passait pour «immoral», où la mise en question de l'art et de la littérature classiques était porteuse d'une contestation radicale des codes moraux en vigueur, en grand lecteur de Baudelaire, de Gautier, de Huysmans, il avait besoin de ces ornementations, de ces fleurs de rhétorique, de ces tableaux pleins de couleurs, pour pouvoir dire ce qu'il avait à dire, et faire éclore, dans l'esprit de ses lecteurs, des pensées, des associations d'idées, des sentiments, des désirs, des souhaits, et ainsi, peut-être, transformer le monde autour de lui. Car «la littérature anticipe toujours sur la vie, elle ne l'imite pas», écrit-il dans *Le Déclin du mensonge*. «Le XIXᵉ siècle, tel que nous le connaissons, est en grande partie une invention de Balzac. Nos Rubempré, nos Rastignac, nos de Marsay firent leur première apparition sur la scène de *La Comédie humaine*.»

Sans doute voulait-il être le Balzac du siècle qui s'annonçait, et contribuer à façonner les jeunes gens de l'avenir. Dans les pages du livre à couverture jaune par lequel il est littéralement «intoxiqué» et qui va lui servir de modèle dans l'existence (et qui, bien qu'il ne soit pas nommé, n'est autre que le *A rebours* de Huysmans), le personnage de son roman, Dorian Gray, découvre «l'histoire de sa vie, écrite avant qu'il l'ait vécue», racontée au travers de «métaphores aussi monstrueuses que des orchidées, et de couleurs aussi subtiles», dans lesquelles s'expriment, dans un style «orné comme des bijoux», les «révoltes naturelles que les sages appellent encore péché». De même Wilde voulait-il sans doute «intoxiquer» les jeunes gens, écrire leur vie avant qu'ils ne la vivent, et annoncer ainsi le monde futur, en utilisant comme métaphores les mille et un feux de couleurs que jettent les gemmes collectionnées par Dorian Gray pour imiter Des Esseintes, le héros de *A rebours*. Si Wilde s'attache si longuement à décrire l'infinie splendeur de leurs nuances, c'est parce qu'elles brillent comme des symboles de la vie libre, ouverte aux plaisirs des sens.

Gide finira par comprendre la nécessité de ce style fleuri, coloré, orné, et il le dira magnifiquement dans son *Journal*, en 1927, notant alors que tout cet «esthétisme d'emprunt» d'Oscar Wilde «n'était pour lui qu'un revêtement ingénieux pour cacher en révélant à demi ce qu'il ne pouvait laisser voir au grand jour... Ici, comme presque toujours, et parfois à l'insu même de l'artiste, c'est le secret du profond de sa chair qui dicte, inspire et décide... Toujours il s'arrangeait de manière que le lecteur averti pût soulever le masque et entrevoir, sous le masque, le vrai visage».

Mais, au fond, Gide ne l'avait-il pas toujours su? Lui-même n'avait-il pas eu recours, dès 1897, dans *Les Nourritures terrestres*, à une poésie pleine de couleurs et de saveurs de fruits pour exprimer la joie et le bonheur de s'adonner aux plaisirs? Dans ce livre, le narrateur entend transmettre à Nathanaël, un jeune homme qu'il ne connaît pas mais qui incarne l'avenir, la leçon que lui avait apprise autrefois son ami Ménalque, personnage qui représente la liberté et qui s'inspire à l'évidence d'Oscar Wilde. Plusieurs chants sont adressés à Nathanaël. L'un d'eux (encore qu'il ne soit pas facile de savoir qui est le Nathanaël dont il est question dans ces quelques strophes, puisque ce n'est pas le narrateur qui chante, mais un personnage nommé Hylas, devant le cercle des amis de Ménalque, au sein duquel il nous est dit que figure également un Nathanaël, qui serait alors une sorte de préfiguration du jeune homme à venir imaginé par l'auteur du livre). Et de quel fruit s'agit-il? Voici :

«Mais des fruits – des fruits – Nathanaël, que dirai-je?
Oh! que tu ne les aies pas connus,
Nathanaël, c'est bien là ce qui me désespère.
Leur pulpe était délicate et juteuse,
Savoureuse comme la chair qui saigne,
Rouge comme le sang qui sort d'une blessure.
[...]
Le désir de ces fruits nous tourmenta jusque dans l'âme,
Trois jours durant, dans les marchés nous les cherchâmes;

## HÉRÉSIES

La saison en était finie.
Où sont, Nathanaël, dans nos voyages
De nouveaux fruits pour nous donner d'autres désirs?
[…]
Nathanaël, te parlerai-je des grenades?»

# 6

# L'abjecté abjecteur

## *Quelques remarques sur l'antisémitisme gay des années 1930 à nos jours*[1]

Je prendrai pour point de départ des quelques remarques que je vais risquer aujourd'hui, et dont j'ai bien conscience qu'elles pourront paraître décousues ou aléatoires, la polémique déclenchée par la publication récente d'un volume du *Journal* de Renaud Camus intitulé *La Campagne de France*. On peut y lire, en effet, des paragraphes qui furent considérés par de nombreux commentateurs comme purement et simplement antisémites – et il serait assurément difficile de prétendre qu'ils ne le sont pas. Le diariste se plaint, par exemple, de la surreprésentation des Juifs dans une émission littéraire de France-Culture. Il fait valoir que des Juifs qui ne sont Français que depuis deux ou trois générations ne peuvent pas vraiment comprendre de l'intérieur la culture française qui s'inscrit dans un passé de quinze siècles. On retrouve là inchangées, et reproduites presque mot pour mot, les imprécations lancées par Maurras et ses disciples,

---

1. Communication au colloque *The Future of a Queer Past*, organisé par George Chauncey à l'université de Chicago, du 14 au 17 septembre 2000.

169

dont on sait à quel point elles ont marqué la vie politique et intellectuelle française pendant près d'un demi-siècle, avant la Seconde Guerre mondiale. L'antisémitisme maurrassien, en effet, ne relevait pas d'un racialisme biologique, mais d'un «nationalisme intégral», qui considérait qu'il fallait s'inscrire dans la tradition nationale et dans le passé multiséculaire du pays pour pouvoir en faire pleinement partie, manier correctement sa langue et comprendre sa culture.

Les remarques de Camus sur les Juifs ne sont évidemment pas isolées, mais font partie d'un vaste ensemble de considérations rétrogrades – et souvent racistes –, qui prolifèrent depuis fort longtemps dans ses livres, sur la fin de la culture et la débâcle du bien-parler, d'où la dénonciation itérative des gens du peuple et des immigrés qui massacrent la langue, de l'inculture généralisée, dont l'envers est la manière quelque peu ridicule dont il se présente lui-même comme étant au contraire un homme de goût et de culture[2]. Obsédé par la question de l'héritage culturel et sa transmission, il en vient à dénoncer tous ceux qui, à ses yeux, sont responsables de son délitement, d'où cette prolifération dans ses textes de propos racistes : racisme de classe ou racisme tout court (comme lorsqu'il s'étonne qu'un athlète puisse être désigné comme «Danois» alors qu'il est noir – comme si «Danois» était une couleur de

---

2. C'est sur cette obsession de la transmission du passé, de l'ancrage de la culture dans le passé, menacés par les barbares, qu'il peut se retrouver sur le même terrain qu'un imprécateur qui officie le samedi matin sur une chaîne de radio (et qui passe pourtant son temps à dénoncer avec des accents apocalyptiques «l'antisémitisme qui vient», dès lors qu'il s'agit de chercher à discréditer et à imposer le silence à toute personne qui s'indigne de la politique menée aujourd'hui par Israël). Mais leur néo-maurrassisme commun l'emporte sur ce qui pourrait les opposer, et l'on a pu assister à cette étrange alliance du Juif connu pour son homophobie véhémente et du gay antisémite, unis pour dénoncer le peuple et les immigrés, et communier dans leurs lamentations sur le thème du «Tout fout le camp» et du «Où va-t-on?».

peau et non une nationalité, et l'on voit sur de tels exemples que, malgré sa prétention affichée à l'élégance, il est souvent très proche de l'extrême droite la plus vulgaire, ou tout simplement des plaisanteries de comptoir).

On pourrait s'étonner que l'auteur de ces pitoyables radotages soit également celui de *Tricks*, publié en 1977, un livre qui, bien qu'assez médiocre littérairement, eut un certain écho à une époque où émergeait dans la littérature française un discours nouveau, ou qui pouvait sembler nouveau, sur la sexualité et l'homosexualité. Et ce d'autant plus qu'il était préfacé par Barthes, qui lui donnait ses lettres de modernité (il est vrai que Barthes n'était pas toujours très regardant, et qu'il a même pu soutenir un « philosophe » comme... Bernard-Henri Lévy !). D'ailleurs, dans les derniers volumes de son *Journal*, et notamment dans *La Campagne de France*, où on peut lire tant de considérations antisémites et racistes à côté de considérations sur la mort de la belle langue française à cause de la manière dont on parle dans les banlieues, on trouve des pages et des pages dans lesquelles l'écrivain nous raconte à peu près tout de sa vie sexuelle, son activité permanente de drague, ses nombreux partenaires, ses rencontres sur minitel (les deux registres s'entrechoquant d'ailleurs de manière involontairement comique quand il s'indigne que, dans les conversations sur minitel, les gens avec qui il dialogue ne parlent pas un français correct et lui demandent par exemple : « tu es d'où ? », au lieu de « où es-tu ? », ou lui demandent s'il est « sur Paris », pour savoir s'il habite « à Paris »). En tout cas, sa réputation, depuis *Tricks*, est celle d'un écrivain dont l'œuvre se construit autour d'un récit ininterrompu de sa vie sexuelle, et d'une manière de donner à voir la sexualité homosexuelle et les modalités à travers lesquelles elle se donne libre cours (drague, minitel, bars...). Au point d'ailleurs que, évoquant dans un volume récent le succès de *Tricks* et la polémique autour de *La Campagne de France*, Camus peut écrire qu'il n'a connu que deux moments de gloire dans sa vie, une fois comme «pornographe», une fois comme antisémite.

Cela pourrait sembler paradoxal et l'on serait tenté de se demander comment cette apologie de la liberté sexuelle peut coexister avec ces ratiocinations réactionnaires et racistes, la drague permanente avec ces considérations sur la nécessité de s'habiller de manière correcte lorsqu'on va au concert – c'est-à-dire au moins porter un costume sombre et une cravate –, la baise tous azimuts (et sans distinction de race et de nationalité, ce qui est mis en avant par ses défenseurs comme le signe qu'il n'est pas raciste) avec les jugements sur les étrangers qui s'installent dans notre pays et finissent par se croire chez eux…

Mais est-ce si paradoxal? N'y a-t-il pas, au contraire, toute une tradition dans laquelle Camus vient s'inscrire – et sans doute veut s'inscrire –, et qui nous enseigne que cette liberté dans la sexualité, ou en tout cas cette manière de vivre la vie sexuelle homosexuelle, peut parfaitement cohabiter avec les modes de pensée les plus rétrogrades et les plus sinistres? Chez Camus, on peut aisément y déceler une sorte de volonté d'ascension sociale par une appartenance fantasmée à la haute bourgeoisie et à l'aristocratie française. Jouer à être «vieille France» est une pose qui permet à un individu de s'imaginer qu'il appartient aux catégories sociales dont il cherche à singer les discours et les valeurs. Il est assez évident que Camus s'efforce de ressembler à un personnage de Proust, à l'imiter, et, pour cela, à en reproduire les postures et les jugements. Quand je dis «un personnage» de Proust, je veux dire, bien sûr, celui qui incarne tout au long d'*À la recherche du temps perdu* l'aristocrate homosexuel. Or, il ne faut pas oublier que Charlus n'est pas seulement celui passe son temps à draguer, à fréquenter des milieux interlopes (les «apaches» qu'on voit toujours dans son sillage, etc.), il est aussi celui qui, après avoir dit au narrateur, à propos de Bloch, qu'il avait raison d'avoir des amis étrangers, et le narrateur lui ayant fait valoir que Bloch était français, s'exclame : «Ah! j'avais cru qu'il était juif.» Avant d'ajouter qu'on ne peut pas accuser le capitaine Dreyfus d'avoir trahi sa patrie : «Il aurait commis un crime contre sa patrie s'il avait trahi la Judée, mais qu'est-ce qu'il a à voir avec la France[3]?»

Par conséquent, si, au début de *Sodome et Gomorrhe*, Proust compare les homosexuels et les Juifs dans leur destin de races maudites, et rapproche la condamnation d'Oscar Wilde de celle du capitaine Dreyfus, il faut cependant souligner que cette position commune et isomorphe de stigmatisés dans la société n'implique aucune forme de solidarité entre les deux groupes, puisque le roman nous montre qu'un homosexuel peut être aussi antisémite que les «normaux» des milieux sociaux ou politiques auxquels il appartient.

Erving Goffman y insiste dans son étude sur les individus stigmatisés – qu'ils soient «discrédités» ou «discréditables», c'est-à-dire porteurs d'un stigmate immédiatement visible ou non : ils peuvent parfaitement partager le point de vue, les valeurs et les comportements des gens «normaux», dès lors qu'il s'agit de stigmatiser un autre stigmate que le leur, dans la mesure où, par rapport à cette autre «particularité», ils appartiennent au monde «normal»[4]. En effet, dit Goffman, «normal» et «stigmatisé» ne désignent pas des personnes – il n'y a pas d'un côté des personnes normales et de l'autre des personnes stigma-

---

3. Marcel Proust, *Le Côté de Guermantes*, in *A la recherche du temps perdu*, Paris, Gallimard, «Bibliothèque de la Pléiade», t. 2, p. 584.

4. Cf. Erving Goffman, *Stigmate. Les usages sociaux des handicaps*, Paris, Minuit, 1975.

tisées –, mais des points de vue, des positions, qui sont toujours relationnelles. Ce qui fait que le stigmatisé, à tel égard, peut très bien être un stigmatiseur à tel autre, l'«anormal» dans un domaine être «normal» dans un autre.

On voit donc que, dans son effort naïf pour ressembler au personnage de Proust, Camus en arrive à adopter les valeurs de l'aristocratie française du début du XXᵉ siècle (au point d'acheter un château dans le sud de la France et de poser au châtelain, aimant à se décrire comme un «gentleman-writer»). Le petit-bourgeois qui joue à l'aristocrate en vient à écrire, comme le ferait sans doute le personnage qu'il voudrait être, qu'il y a trop de touristes à Rome (comme s'il était, lui, un occupant légitime des lieux touristiques que les autres fréquentent de manière abusive), à déplorer que la langue classique soit malmenée par le peuple et les immigrés, et à dire que les Juifs ne sont pas vraiment français, surtout lorsqu'ils sont fils d'artisans du Faubourg Saint-Antoine (car il excepte de son mépris les grands noms juifs de la culture, Proust ou Bergson, comme on le faisait déjà dans les années 1920 dans les colonnes de *L'Action française*). Ici, l'appartenance de classe – réelle ou fantasmée – est fondatrice d'une vision du monde où le racisme social et le racisme culturel sont liés à une conception élitiste et nationaliste de la transmission des valeurs et de l'héritage – l'inscription dans le passé multiséculaire – qui a pour corollaire le racisme tout court.

Il serait, je crois, très important d'étudier la mythomanie sociale chez les gays, qui est, assurément, l'un des facteurs explicatifs importants de leur inclination vers la droite et l'extrême droite, par un effet d'identification politique et culturelle qui leur donne l'illusion de l'identification sociale. Cette forme de mythomanie sociale a, me semble-t-il, été assez répandue jusqu'à une période récente, et si elle a largement disparu avec les formes actuelles de la sociabilité gay, on en trouve encore des vestiges éloquents.

Il n'y aurait pas lieu de s'attarder sur cet écrivain plus que mineur, s'il ne s'inscrivait dans la continuité d'une tradition de l'homosexuel de droite, voire d'extrême droite, qui a été représentée avant lui par nombre d'écrivains, dont certains avaient, eux, un très grand talent. Je pense notamment à Marcel Jouhandeau, dont l'œuvre me semble autrement plus intéressante et plus importante.

Jouhandeau est né en 1888 et il est mort en 1979. Il commença de publier dans les années 1920 et ses derniers livres datent des années 1970. Il n'est pas à proprement parler un romancier, mais plutôt un auteur qui s'est attaché à faire le récit de sa propre vie. Il a notamment fait paraître vingt-huit volumes de *Journaliers* qui couvrent les années 1957 à 1979. En 1955, il raconte dans *Du Pur Amour* sa rencontre amoureuse avec un jeune homme de vingt ans (lui en avait soixante à ce moment-là). Dès les années 1930, il décrivait longuement sa vie sexuelle, par exemple dans son *Algèbre des valeurs morales* en 1935. Et surtout, en 1939, il publia l'un de ses plus beaux livres, *De l'abjection*, qui parut sans nom d'auteur sur la couverture[5]. Il s'agit d'une sorte de traité théorique sur l'homosexualité, puisant dans l'expérience vécue et comportant de très nombreuses pages autobiographiques. Ce livre contient de magnifiques réflexions sur l'injure, sur la stigmatisation, sur l'infériorisation sociale.

Deux ans auparavant, Jouhandeau avait publié un autre livre, et cette fois sous son nom, *Le Péril juif*. Il

---

5. Anonyme [Marcel Jouhandeau], *De l'abjection*, Paris, Gallimard, 1939.

s'agissait en fait d'une mince plaquette dans laquelle il avait choisi de réunir trois articles publiés en 1936 et 1937 dans *L'Action française*[6].

Arrêtons-nous un instant sur chacun de ces deux livres. *De l'abjection* commence par ces phrases :

> «Je suis parfois de la part des hommes, des inconnus mêmes, victime d'une incompréhension, d'une aversion spontanée qui m'exile à la fin définitivement. Certains trouvent suspecte ma présence sur la terre et leur attitude hostile me rejette dans mon Secret[7].»

L'ouvrage entreprend alors d'analyser l'«exil» qui est le sien, et ce qu'en sont les conséquences sur la vie, la personnalité, le rapport au monde de l'individu que les autres considèrent comme un «lépreux», un «malade». Dans le dernier chapitre, Jouhandeau décrit le pouvoir constituant de l'injure :

> «Bonheur des injures. C'est une révélation que d'être insulté, méprisé publiquement. On fait la connaissance de certains mots qui n'étaient jusqu'alors que des accessoires de tragédie et dont on se voit tout d'un coup affublé, accablé. On n'est peut-être plus celui qu'on croyait. On n'est plus celui que l'on savait, mais celui que les autres croient connaître, reconnaître pour tel ou tel. Si quelqu'un a pu penser cela de moi, c'est qu'il y a quelque vérité là-dessous. On essaie d'abord de prétendre que ce n'est pas vrai, que ce n'est qu'un masque, une robe de théâtre qu'on vient de jeter sur vous par dérision

---

6. Marcel Jouhandeau, *Le Péril juif*, Paris, Sorlot, 1937. Sur l'histoire de ces articles, voir Jacques Roussillat, *Marcel Jouhandeau, le diable de Chaminadour*, Paris, Bartillat, 2002, p. 223 suiv.

7. Marcel Jouhandeau, *De l'abjection*, op. cit., p. 11.

et on veut les arracher, mais non; ils adhèrent tellement qu'ils sont déjà votre visage et votre chair et c'est soi-même qu'on déchire, en voulant s'en dépouiller[8].»

Et, un peu plus loin (il est à remarquer que Jouhandeau ne nomme pas l'injure dont il est question, et lorsqu'il parle ici d'un «nom odieux», il ne nous dit pas duquel il s'agit) :

«L'injure, l'insulte est perpétuelle. Elle n'est pas seulement dans la bouche de celui-ci ou de celui-là, explicite mais sur toutes les lèvres qui me nomment; elle est dans "l'être" même, dans mon être et je la retrouve dans tous les yeux qui me regardent. Elle est dans tous les cœurs qui ont affaire à moi; elle est dans mon sang et inscrite sur mon visage en lettres de feu. Partout et toujours elle m'accompagne en ce monde[9]...»

L'injure grave au fer rouge sur notre corps ce que nous sommes pour les autres, et qui devient ce que nous sommes pour nous-mêmes :

«Certains vocables infamants nous convenaient peut-être, mais quelle qu'ait pu être notre gouverne, jamais nous n'avions songé à nous les appliquer, jusqu'au jour où nous les voyons sur notre épaule imprimés au fer rouge et acco-lés à notre nom. Ainsi c'est là notre parure la plus intime et inaliénable, notre escorte naturelle, notre cortège, le Char ignominieux de la Confusion, tout le triomphe que nous avons mérité dans le regard des autres[10].»

---

8. *Ibid.*, p. 145.
9. *Ibid.*, p. 145-146.
10. *Ibid*, p. 146.

C'est assurément l'une des plus belles réflexions qu'on puisse lire sur l'action performative du langage. Jouhandeau, tout au long de ce livre, réfléchit sur les mécanismes de l'infériorisation sociale qui opèrent par le moyen des mots; et sur la manière dont cette infériorisation est découverte, à travers la nomination injurieuse, par l'individu visé, au moment même où elle est inscrite dans sa chair par le langage porteur de hiérarchies sociales, sexuelles, raciales... Le monde dans lequel nous évoluons est un monde insultant qui inscrit sur mon corps et dans mon corps le stigmate d'infamie que ses hiérarchies, ses valeurs inégalitaires, ses discriminations, ses mécanismes d'«abjection» ne cessent de produire et de reproduire. La marque sur mon épaule me définit : aux yeux des autres, et à mes propres yeux.

On peut alors se demander comment un auteur qui propose une si remarquable analyse du processus par lequel une catégorie d'individus est «abjectée» par la société, peut reproduire un processus identique sur une autre catégorie de personnes, et s'appuyer sur les clichés les plus communs de l'antisémitisme pour dénoncer le «péril juif». Dans le premier de ses articles dans *L'Action française*, publié quelques mois après l'arrivée au pouvoir du Front populaire, Jouhandeau veut expliquer «comment il est devenu antisémite». Quand il a quitté sa province à dix-neuf ans, il ne savait pas ce qu'était un Juif. Et depuis trente ans qu'il habite Paris, il en a plusieurs fois rencontré, et n'a trouvé chez eux «que des sympathies et amitiés». Ce n'est donc pas un problème personnel avec les Juifs qui l'anime, dit-il, ni l'envie, ni la rancune; c'est simplement son souci de l'intérêt national qui lui fait déclarer : «J'en suis arrivé à considérer le peuple juif comme le pire ennemi de mon pays, comme l'ennemi de l'intérieur[11]. » Il s'en prend alors à Julien Benda, qui constitue la cible principale de ce premier article et dont, nous dit-il, le patriotisme est suspect, car il lui manque « ce qui est essentiel à tout amour », à savoir « cet élément instinctif, charnel, irrationnel[12] », en un mot l'enracinement réel dans le passé de la France, en vertu duquel l'attachement au pays n'est pas uniquement intellectuel, comme c'est le cas chez ces « étrangers » que sont les Juifs[13]. Et si l'on peut admettre que certains Juifs aiment sincèrement la France, ajoute-t-il, c'est seulement d'un amour qui n'a d'autre fondement que l'« intérêt personnel ». Or, les Juifs que nous avons accueillis chez nous se croient désormais chez eux ; ils se sont emparés de « toutes les premières places » et, maintenant, « nous oppriment ». Ils occupent en effet la haute finance, l'industrie, le commerce, la Sorbonne, et surtout, bien sûr, avec Léon Blum, le pouvoir politique. C'est pourquoi Jouhandeau peut écrire : « C'est faire une injure grave à la France et aux Français que de considérer un Juif, quel qu'il soit, comme un citoyen français[14]. » Il va jusqu'à dire (n'oublions pas que c'est écrit en 1936 et republié en 1937) : « Je me suis toujours senti instinctivement mille fois plus près par exemple de nos ex-ennemis allemands que de toute cette racaille juive. » Et même : « Bien que je n'éprouve aucune sympathie personnelle pour M. Hitler, M. Blum m'inspire une bien autrement profonde répugnance[15]. »

De tels propos n'étaient pas rares à l'époque dans les journaux d'extrême droite, où l'on n'hésitait pas à proclamer « plutôt Hitler que Léon Blum ». Remarquons d'ailleurs que

---

11. Marcel Jouhandeau, *Le Péril juif, op. cit.*, p. 5
12. *Ibid.*, p. 8
13. *Ibid.*, p. 11.
14. *Ibid.*, p. 9
15. *Ibid.*, p. 11-12.

ce sentiment n'était pas nécessairement partagé par toute l'ultra-droite, puisque nombre de maurrassiens, même s'ils étaient hystériquement hostiles au Front populaire et à Léon Blum, ne cessèrent jamais de dénoncer la « menace allemande », dans laquelle ils voyaient la résurgence de la vieille barbarie germanique menaçant l'existence même de la civilisation latine. C'est sans doute la raison pour laquelle la phrase de Jouhandeau sur Hitler et Blum, rétablie dans la plaquette de 1937, avait été coupée par la rédaction de *L'Action française* dans l'article de 1936 [16].

Dans le second article, intitulé « Le péril juif », Jouhandeau, très proche en cela du Céline de *L'Ecole des cadavres*, publié en 1936, dénonce l'invasion de l'université française par les Juifs : « 450 000 Juifs à peine résident chez nous, c'est-à-dire que les Juifs représentent la quatre-vingtième partie de la population française et ils sont partout, on ne voit qu'eux, on n'entend qu'eux [17]. »

C'est donc au nom de la culture française que Jouhandeau entre en guerre contre l'université des « métèques » :

> « Qui n'admettra encore avec moi tout l'odieux pour des élèves français de se voir enseigner le français ou l'histoire de leur pays par des métèques et devenus candidats, de se trouver neuf fois sur dix à la Sorbonne ou au Conservatoire, les jours de concours ou d'examens, en face d'examinateurs sémites, j'allais dire, simiesques. Simiesque, le mot convient parfaitement. Un philosophe de profession me faisait remarquer, il y a quelques jours, à quel point la perfection apparente de la langue chez Bergson n'est due qu'à un mimétisme conscient, je

---

16. Cf. François Dufay, *Le Voyage d'automne. Octobre 1941, des écrivains français en Allemagne*, Paris, Plon, 2000, p. 66.
17. Marcel Jouhandeau, *Le Péril juif, op. cit.*, p. 15.

veux dire sans aucune spontanéité. Aussi de durabilité probable? Aucune[18].»

Comment, en effet, un Juif pourrait-il comprendre et expliquer les grands textes de la littérature?

«Ecrivain, il m'est particulièrement pénible, depuis que je m'en suis aperçu, de constater que les textes les plus précieux de notre littérature, qui sont le dépôt sacré de la tradition française et occidentale soient tombés [...] entre les mains [...] d'orientaux, que leur origine n'a nullement préparés à les comprendre et qui n'ont aucun mandat naturel pour les expliquer [...]. La tradition est un secret subtil qui ne se transmet pas latéralement, mais dans un ordre rigoureux de succession, de père en fils et la moindre ingérence des intrus, l'altère, la trahit[19].»

Pendant la guerre, Jouhandeau participera en 1941 au voyage des écrivains français à Weimar, avec notamment Pierre Drieu La Rochelle, Robert Brasillach, Jacques Chardonne et Ramon Fernandez[20]. Il a raconté à deux reprises ce périple au cœur de l'Allemagne nazie. D'abord dans un livre de 1949, diffusé à une centaine d'exemplaires, avec, en guise de nom d'auteur, l'indication : «Par l'auteur de *De l'abjection*.» Il ne s'agit nullement d'un traité politique, idéologique, ou historique. C'est le récit d'une histoire d'amour, ou plutôt d'une histoire d'amour qui n'eut pas lieu. Le narrateur consigne ses sentiments et ses émois dans un carnet et confie ce carnet à celui dont il est épris sans retour et sans espoir. Aucune date n'est donnée,

---

18. *Ibid.*, p. 18.
19. *Ibid.*, p. 17-18.
20. Sur ce voyage, voir l'étude de François Dufay, *Le Voyage d'automne*, *op. cit.*

aucun nom – ni de personnes, ni de lieux. On peut donc lire ce très beau livre sans savoir de quel voyage il s'agit, et sans comprendre que l'amoureux est un écrivain français qui voyage en Allemagne en 1941, et que l'objet de son amour n'est autre que l'organisateur du voyage, le lieutenant Heller, responsable de la surveillance de la littérature au sein de la *Propaganda Staffel* de Paris. La seule chose qui semble avoir marqué Jouhandeau dans ce voyage, c'est son impossible amour pour l'officier de l'armée allemande qui l'emmène dans le pays dont l'armée occupe le sien, un pays dans lequel la culture gay a été totalement anéantie, où les Juifs sont soumis à une violence sans nom (et même si Jouhandeau ne savait pas, à l'époque, à quel sort les Juifs étaient promis, il en savait suffisamment pour qu'un tel voyage ne puisse être mis sur le compte d'une simple «naïveté» de sa part).

C'est pourtant son apolitique naïveté que Jouhandeau mettra en avant pour se défendre, après la guerre, lorsqu'il sera mis en cause. Il n'était pas antisémite, dira-t-il, ni pro-allemand, mais il n'avait pas osé dire non lorsqu'on lui avait proposé de faire partie de cette équipée. C'est l'explication qu'il avance notamment dans le récit plus explicite de ce voyage qui figure dans son *Journal sous l'Occupation*.

Ce *Journal* n'a pas paru de son vivant : il avait en effet l'intention de le publier, mais Chardonne l'a supplié de n'en rien faire. Ce n'est donc qu'en 1980 qu'il fut rendu public. Mais la version que Jouhandeau avait préparée ne correspond pas tout à fait au carnet de notes prises au jour le jour qui figure dans ses archives : le texte est remanié et expurgé sur des points essentiels. Dans l'étude qu'il consacre à ce voyage, François Dufay écrit : «Jouhandeau n'hésite pas à écrire blanc là où il avait écrit noir. Dans le premier état du texte, il affirmait que son voyage en Allemagne n'était que la suite logique de ses violentes prises de position de l'entre-deux-guerres, en attendant que l'Allemagne règle enfin "négativement" le "problème juif". A la place de cet aveu sans fard, Jouhandeau soutient tranquillement dans la version expurgée : "Si l'on voyait dans mon voyage en Allemagne une suite à mes réflexions sur la question juive, on se tromperait lourdement[21]." »

Est-ce parce qu'il a bénéficié de la protection de son ami Jean Paulhan, le directeur de la *NRF*, qui avait d'ailleurs essayé de le dissuader en 1936-1937 de publier ses écrits antisémites? Toujours est-il que Jouhandeau échappera à la prison à la Libération. Il sera brièvement arrêté, se retrouvant dans la même pièce que Montherlant, afin d'être déféré avec lui devant un juge. Mais tous deux seront relâchés dans l'attente de la prise de fonction d'un nouveau magistrat. Et la procédure s'éteindra d'elle-même.

Après la guerre, il reviendra à plusieurs reprises sur cette «crise d'antisémitisme», déclarant que cela n'avait été chez lui qu'un moment d'égarement, dû en grande partie à l'influence de sa femme, férocement antisémite (car il était marié, et il ne cesse de reprocher à sa femme de ne pas avoir su le guérir de son homosexualité). Dans ses *Journaliers*, comme dans ses entretiens, il expliquera qu'il avait été pris en 1936 d'un accès de folie après l'arrivée au pouvoir du Front populaire et de Léon Blum, qui allaient conduire la France à sa perte. Son «goût de l'ordre» avait fait le reste. Il serait absurde de penser qu'il puisse être raciste, déclarera-

---

21. François Dufay, *op. cit.*, p. 213. Malheureusement, l'auteur ne cite pas les phrases intégrales du carnet de notes. Voir aussi Jacques Roussillat, *Marcel Jouhandeau, op. cit.*, p. 243. Roussillat cite ce passage du manuscrit initial : «Ce n'est que ce que j'ai éprouvé en 1936 qui me conduit ce soir logiquement à Bonn : tout plutôt qu'une victoire juive, tout plutôt qu'une domination juive et c'est à quoi nous destinait une défaite allemande dans cette guerre qui est une guerre juive. »

t-il, puisqu'il aime toutes les créatures de Dieu. Il est pourtant difficile de croire que les textes que je viens de citer puissent être rangés sous la rubrique de l'amour porté à toutes les créature de ce Dieu... Il semble plutôt évident que, à cette époque, Jouhandeau n'aimait pas les Juifs – bien qu'il ait été longtemps lié d'amitié avec Max Jacob (ce qui ne l'empêche pas de se moquer de lui dans *Le Péril juif*).

Mais il pouvait aimer *un* Juif. Car le plus surprenant dans cette affaire, c'est que Jouhandeau ait pu vivre, en 1938, c'est-à-dire au moment même où il écrivait ces textes hideux, une histoire d'amour passionnée avec un peintre, qui était juif (ce qui ne le dédouane en rien de ce qu'il écrit dans *Le Péril juif*, mais, au contraire, montre l'inanité de l'argument selon lequel telle ou telle personne ne saurait être considérée comme antisémite ou raciste au prétexte qu'elle a un amant juif ou couche avec des beurs).

Jouhandeau évoque cette histoire d'amour dans *Chronique d'une passion*, où il raconte comment sa femme essaya de tuer son amant en le poignardant et, n'y parvenant pas, détruisit avec fureur le portrait que le peintre avait fait de lui.

Ce qui est fort intéressant, pour notre propos, dans cette *Chronique d'une passion*, c'est qu'on voit bien, dans les insultes lancées par sa femme, et rapportées par Jouhandeau lui-même, que, aux yeux des dominants, des gens «normaux», les Juifs et les homosexuels appartiennent à un même ensemble honni. Jouhandeau écrit, en évoquant les tentatives de sa femme pour tuer son amant : «En lui, c'est Israël un peu qu'elle visait. En le frappant, elle espérait déchaîner un scandale qui éclabousserait la colonie entière[22].» Et il rapporte alors les propos qu'elle

---

22. Marcel Jouhandeau, *Chronique d'une passion* (1944), Paris, Gallimard, 1964, p. 161.

lui tint à ce moment-là : « Peut-être d'abord, c'est lui que j'ai haï lui-même, lui seul, mais bientôt, il n'était plus seulement question de lui ; il n'était plus aussi bien un être humain, un individu qu'on peut nommer par son nom ; il représentait sa race entière, ne faisant plus qu'un avec elle, et à la fin non pas seulement sa race, mais le vice en personne incarné, visible sous la figure d'un monstre que j'écraserais, chargée que j'étais d'une mission d'En-Haut et dont j'acceptais tout l'odieux[23]. » Ainsi la race et le vice, le Juif et l'homosexuel, sont fondus dans la figure unique du Monstre, que la femme de Jouhandeau se donne pour mission d'exterminer, en vertu d'un ordre reçu de Dieu, auquel, donc, elle ne peut se soustraire.

Tandis que le stigmatisé, l'insulté (Jouhandeau ne cesse de rappeler que sa femme ne se contente pas de dénoncer le « vice » de son amant, mais ne se prive pas de lui adresser, à lui aussi, les injures destinées à blesser l'homosexuel qu'il est), celui que la société ostracise parce qu'il est homosexuel, loin de ranger dans un même ensemble ces deux tares que sont le « vice » et la « race » pour penser les mécanismes de la stigmatisation et y réagir, peut se laisser aller, on l'a vu, à dénoncer, sans faire le moindre lien avec la manière dont il est lui-même dénoncé par d'autres, les représentants de cette « race » qu'il déteste : il appartient au monde des « abjectés » en tant qu'homosexuel, et au monde des abjecteurs en tant que catholique antisémite (tout en pouvant vivre son « vice » avec quelqu'un qui est à la fois juif et homosexuel).

Mais justement ! Comment comprendre qu'un insulté (qui de surcroît sait analyser l'insulte dont il est victime) puisse être en même temps un insulteur ? L'abjecté un

---

23. *Ibid.*, p. 175.

abjecteur ? Quels sont les mécanismes psychologiques à l'œuvre dans ce dédoublement des rôles ? Est-ce pour cette personne un moyen de réintégrer l'ordre social dont elle se sent exclu, en adoptant les valeurs du monde qui l'exclut ou l'infériorise, et en les affirmant d'autant plus fort qu'elle a quelque chose à se faire pardonner ? Une sorte de surenchère dans l'adhésion à un ordre dont on cherche à faire oublier – et notamment à soi-même – que l'on en trahit les lois et les valeurs ?

Jouhandeau, comme toujours, sait fort bien nous expliquer par quel processus les gens normaux en viennent à détester telle catégorie de personnes, dès lors qu'il s'agit de la catégorie à laquelle on pourrait le renvoyer lui-même. Dans un passage de ses *Journaliers*, il raconte cette scène, qui se produit alors qu'il fait la queue dans une boulangerie au moment où entre un garçon efféminé :

« Je me trouvais ce matin chez le boulanger Couton. Le pain n'était pas cuit un dimanche et le magasin regorgeait de gens impatients, quand un garçon entre, le type le plus marqué de l'inverti que j'aie vu : démarche dansante, jeux de mains affectés, cheveux décolorés, le visage pâli, déshonoré, flétri par de récentes débauches. Ce qui tout de suite me frappa, c'est le silence qui aussitôt plana sur sa présence et aussi longtemps qu'il mit à partir, nanti de deux babas à la crème. A peine fut-il dehors, un jeune homme du grand monde, fort beau, ma foi, qui revenait de la messe de midi, accompagné par son épouse, peut-être pour souligner aux yeux de celle-ci les avantages de sa virilité, accrocha le grelot : "Espérons qu'un jour est proche, s'écria-t-il, où l'on nous évitera le dégoût de frôler ce genre d'ordures. – Est-ce une maison de redressement que vous souhaitez ?

186

demanda quelqu'un. – Non, un camp de concentration."
Une commère : "Voilà qui presse. Autrefois, on les
comptait. Aujourd'hui, on ne peut plus. Il y en a trop. –
Le mieux, glapit un vieux monsieur grivois, serait de les
empaler à tous les paratonnerres des chefs-lieux.
Comme ça tout le monde serait content."»

Après avoir raconté cette scène, Jouhandeau commente :
«Rien ne réconforte les honnêtes gens comme la vue des
monstres. On allait oublier d'être fier, et voilà que le spectacle d'une malformation vous invite au mépris : "Ah
tiens! se dit-on, il y a plus ignoble que moi", et l'on se sent
rétabli dans un semblant de dignité[24].»

Il s'agit pour les majoritaires de se sentir «fiers» d'être
ce qu'ils sont en stigmatisant, en insultant une catégorie
minoritaire, catégorie dont les «défauts», les «tares», les
«malformations» constituent le négatif sur lequel la
société construit son positif, ses valeurs, et l'adhésion à ces
valeurs. Il s'agit surtout de sentir son appartenance à l'ordre naturel des choses, à ce qu'il convient d'être, par l'exclusion et le rejet d'une catégorie à laquelle on se déclare
satisfait de ne pas appartenir. Le racisme ne se contente
pas de naturaliser des identités dominées, ostracisées, il
naturalise aussi l'identité dominante, qui se donne pour
l'identité normale, non marquée, neutre, «universelle».
Dans le texte de Jouhandeau, la dénonciation de l'inverti
permet de stabiliser les valeurs dominantes, la norme et la
normalité, de réaffirmer le sentiment d'appartenance au

---

24. Marcel Jouhandeau, *Journaliers, 1957-1959*, Paris, Gallimard, 1961,
p. 18. Notons que cette scène dans la boulangerie évoque l'arrivée de Divine
à Paris, dans *Notre-Dame-des-Fleurs* de Jean Genet, où elle fait l'objet des
commentaires hostiles des clients attablés dans un café, qui la transforment
en monstre.

monde de ceux qui incarnent ces valeurs, et, plus fondamentalement encore, de définir quelles sont ces valeurs et
ce qu'est la normalité. Mais on se prend à penser, en lisant
ce beau passage, que, dans les années 1930, Jouhandeau
aurait pu être l'un des protagonistes d'une histoire analogue, soit comme objet de la vindicte discursive (en tant
qu'inverti, aussitôt après qu'il serait sorti du magasin,
n'étant plus là pour entendre ce qui se disait de lui), soit
comme l'un des acteurs du déchaînement verbal, si l'intrus avait été juif, dans la mesure où il se sentait «fier»
d'être non-juif, c'est-à-dire d'être un Français de souche,
héritant dans sa personne de tout le passé de la France,
etc.

Revenons à cette isomorphie sociale, dont le discours
raciste d'Elise Jouhandeau donne un excellent aperçu,
entre Juifs et homosexuels. Elle a souvent été évoquée par
les historiens. Par exemple George Mosse qui rappelle,
dans *L'Image de l'homme*, que les Juifs, de même que les
homosexuels, étaient toujours décrits, dans les années
1920 et 1930, par les antisémites comme des hommes
faibles, maladifs – et souvent comme des «femmes»[25].
Léon Blum était très souvent caricaturé dans la presse
d'extrême droite comme une femme hystérique, et l'on
parle très souvent de lui au féminin (la «chamelle»). En
outre, le grand thème qui structure le discours antisémite
(cette dénonciation du Juif comme ennemi de l'intérieur,
qui figure au cœur des textes de Jouhandeau dans les
années 1930) est également celui qu'on trouve au cœur
du discours homophobe.

---

25. George Mosse, *L'Image de l'homme. L'invention de la virilité moderne*,
Paris, Abbeville, 1997.

C'est l'argument qui fleurit contre Gide quand il publie *Corydon* en 1924. Les réactions violentes qui accueillent la parution du livre proclament que Gide est en train de miner la société, d'affaiblir la patrie, de ridiculiser le pays aux yeux des Allemands, etc. On pourrait prendre d'autres exemples : dans *Le temps retrouvé*, dernier volume de *À la Recherche du perdu*, Charlus est décrit pendant la guerre comme «pro-allemand» par ses ennemis et ridiculisé par Morel sous le nom de «Fraü Boche» ou de «la Tante de Francfort». Et dans les *Les Chemins de la liberté* de Sartre, le personnage gay, Daniel, applaudit à l'entrée des troupes allemandes à Paris, en 1940. Le gay est l'ennemi de l'intérieur, le traître à la patrie, exactement comme le Juif. D'ailleurs, ce qui s'est écrit dans les années 1990 à propos de la Lesbian and Gay Pride, du quartier du Marais, du «communautarisme homosexuel», du Pacs, de l'homoparentalité, etc., ne fit, à bien des égards, que reproduire ce même schème idéologique homophobe du ver dans le fruit, du ferment de dissolution de la société, bref, de la menace intérieure.

Lorsque, dans son détestable article de 1945, «Qu'est-ce qu'un collaborateur?», Sartre décrit la collaboration comme «féminine», comme une soumission à l'ordre masculin des nazis, et affirme, en reprenant les poncifs homophobes sur l'homosexuel efféminé, qu'il n'est donc pas étonnant que de nombreux homosexuels y aient pris part, il serait assez simple et tout à fait justifié de répondre qu'il y avait aussi beaucoup d'hétérosexuels parmi les collaborateurs, et probablement en bien plus grand nombre, et que personne ne songe pour autant à établir un lien entre collaboration et hétérosexualité[26]. Ou

---

26. Jean-Paul Sartre, «Qu'est-ce qu'un collaborateur?», in *Situations*, III, Paris, Gallimard, 1949, p. 43-61. Citation p. 58.

encore qu'il y avait probablement la même proportion d'homosexuels dans la collaboration que partout ailleurs (y compris dans la Résistance). Mais ce serait esquiver le problème, et il vaut sans doute mieux l'affronter.

Sans entrer ici dans une discussion sur la nature de la collaboration, et en limitant mon propos à la question de l'engagement pro-fasciste d'un certain nombre de gays et de lesbiennes, on peut se demander pourquoi certains d'entre eux et d'entre elles furent attirés par les régimes autoritaires, et parfois même par le nazisme. Peut-on suivre Sartre jusqu'à un certain point ? Il est indéniable qu'il y a eu, de la part de nombreux gays et lesbiennes, une fascination pour l'ordre masculin, pour le masculinisme, et notamment pour le masculinisme incarné par les fascistes, non pas en fonction d'une nature supposée « féminine » de l'homosexualité, mais peut-être au contraire en raison d'un surinvestissement dans les valeurs de la masculinité (et c'est l'hypothèse que fait Shari Benstcok pour expliquer l'adhésion des grandes figures lesbiennes de la Rive gauche à des positions d'extrême droite – mais il est vrai que Sartre ne parle pas des lesbiennes [27]). Sartre mentionne les « curieuses métaphores » qui émaillent les articles de Drieu, Brasillach, Chateaubriant, etc. pendant l'Occupation, « qui présentent la France et l'Allemagne sous l'aspect essentiel d'une union sexuelle où la France jour le rôle de la femme ». Il en déduit que la « liaison féodale du collaborateur à son maître a un aspect sexuel [...]. Le collaborateur parle au nom de la force, mais il n'est pas la force [...]. Il me paraît qu'il y a là un curieux mélange de masochisme et

---

27. Shari Benstock, « Paris Lesbianism and the Politics of Reaction, 1900-1940 », in Martin Duberman, Martha Vicinus, George Chauncey (dir.), *Hidden from History. Reclaiming the Gay and Lesbian Past*, New York, Meridian, 1989, p. 332-346.

d'homosexualité[28] ». Mais cela ne signifie-t-il pas plutôt
que les auteurs dont il parle ont pensé le rapport du
nazisme à la démocratie, d'un régime fort à un régime
faible, dans les termes de la virilité et de l'efféminement,
dans ceux d'une polarité homme-femme, et qu'ils souhai-
taient que leur propre pays redevienne viril et martial,
après s'être abandonné à la mollesse féminine ? A moins de
penser, comme le fait Sartre, que l'homosexualité serait
toujours, selon un modèle caricaturalement proustien, le
désir d'un homme-femme pour un vrai homme, qui, étant
un vrai homme, n'est pas un homosexuel. Ce qui explique
la remarque qui vient après la dernière phrase citée : « Les
milieux homosexuels parisiens, d'ailleurs, ont fourni de
nombreuses et brillantes recrues[29]. » Les homosexuels
auraient donc été des faux hommes se donnant à de vrais
hommes, et les fantasmes de Sartre ne sont donc pas, au
fond, si différents de ceux qu'il croit déceler dans les articles de Brasillach, Drieu, Chateaubriant, etc. Mais si l'on
prend au sérieux le problème qu'il pose, et qu'on laisse de
côté l'homophobie que recèle son analyse, on peut imaginer que c'est une politique masculiniste, une idéologie de
l'ordre viril qui travaille les textes des collaborateurs qu'il
mentionne.

Dans le mouvement gay allemand des années 1920 et
1930, le rapport au féminisme (et aux femmes en général)
a constitué l'un des grands axes de la coupure entre une
branche démocratique ou socialiste (incarnée par
Hirschfeld, qui était juif et qui développa une théorie de
l'homosexualité comme troisième sexe, fit alliance avec les
mouvements féministes, soutint le mouvement socialiste,
etc.) et une branche fortement misogyne, pour laquelle

---

28. Jean-Paul Sartre, *op. cit.*, p. 58.
29. *Ibid.*

l'homosexualité est fondamentalement masculine, et qui prônait donc une organisation de l'Etat fondée sur la communauté des hommes, les femmes n'étant là que pour s'occuper du foyer et assurer la reproduction de l'espèce. Une partie de ce courant sera un moment attirée par le mouvement nazi, ou, au moins, par les thèses nazies, à la fin des années 1920 et au début des années 1930, malgré les prises de position publiques, dès 1928, du parti nazi si violemment hostiles à l'homosexualité et aux homosexuels.

Comme l'ont suggéré Shari Benstock (pour les lesbiennes de Paris) ou George Mosse (pour les gays), cette fascination pour l'ordre masculin, la volonté des lesbiennes d'échapper aux rôles «féminins» prescrits (qui explique la misogynie de certaines d'entre elles), le culte de la virilité chez les gays (avec l'idéalisation du corps sportif chez un écrivain gay comme Montherlant, dans *Les Olympiques,* ou même du monde de la guerre opposé au monde féminin, dans *Le Songe*), peuvent avoir conduit certains d'entre eux et elles à l'aspiration à un ordre «fort» et à une adhésion, plus ou moins marquée, à l'idéologie fasciste. Non pas que l'idéal «masculiniste» soit nécessairement lié au fascisme : après tout, un auteur comme Daniel Guérin pouvait, dans les années 1930, admirer la simplicité virile des jeunes ouvriers et imaginer l'avenir de la société fondé sur leur solidité et leur fraternité tout en se situant à l'extrême gauche et en combattant le fascisme. Mais il est évident néanmoins qu'aux yeux d'un certain nombre d'apôtres du masculinisme, la société démocratique moderne devait paraître bien «efféminée» et ayant perdu le goût de l'effort et du sacrifice; et leur horreur du «désordre» les conduisit à prôner la restauration d'un ordre «fort» et stable.

Il ne faut évidemment pas négliger la dimension de classe : l'appartenance à la haute bourgeoisie ou à l'aristocratie, la haine du communisme, du Front populaire, du mouvement ouvrier et, tout simplement, des ouvriers, sont assurément l'un des éléments les plus déterminants de cette adhésion à l'extrême droite. Gays et lesbiennes vivant dans des milieux où l'antisémitisme et l'hostilité au Front populaire occupaient quotidiennement et banalement les conversations partageaient souvent les valeurs et la politique de leur classe. D'autant que les comportements non conformistes des gays et des lesbiennes des années 1920 ou 1930 se construisaient (ou se pensaient comme se construisant) dans la mise à distance de la morale commune, des modes de vie de la masse, des valeurs vulgaires, de la vie ouvrière, etc.[30]

Pour ce qui est de la collaboration, il est également possible qu'un certain nombre de gays ou de lesbiennes aient perçu la défaite française comme une vengeance sur ceux qui les opprimaient. C'est ce que dira Genet après la guerre, et c'est également ce que Sartre fait dire à Daniel, dans *Les Chemins de la liberté* : la défaite française, c'est la défaite de la « morale bourgeoise » et des « pères de familles[31] ». Dans la suite inachevée du cycle romanesque, Daniel devenait un collaborateur.

*

Je sais bien qu'en évoquant ainsi les liens entre fascisme et homosexualité, je m'expose au reproche de ratifier la construction idéologique homophobe du gay comme fasciste. Tout le monde connaît le film de Visconti, *Les*

---

30. Il suffit de lire les journaux tenus par Mireille Havet en 1918 pour voir comment une jeune fille fréquentant les grandes figures lesbiennes de l'époque façonnait sa personnalité et son discours autant sur la fascination exercée sur elle par la liberté rendue possible par l'aisance financière et le mode de vie bourgeois ou aristocratique que sur le dégoût que lui inspirait la masse ouvrière (Mireille Havet, *Journal, 1918-1919*, Paris, Claire Paulhan, 2003).

31. Jean-Paul Sartre, *La Mort dans l'âme*, in *Œuvres romanesques*, Paris, Gallimard, « Bibliothèque de la Pléiade », p. 1286.

*Damnés*. Et tout le monde a plus ou moins en tête ces images montrant des membres des troupes d'assaut au cours d'une fête qui va tourner à l'orgie, le tout dans une atmosphère morbide où décadence, homosexualité et montée de la barbarie semblent aller de pair. Il ne fait aucun doute que cette œuvre a largement contribué à imposer l'idée aujourd'hui si largement répandue qu'il y aurait une sorte de lien consubstantiel entre nazisme et homosexualité. Certes, le massacre des SA, perpétré lors de la Nuit des longs couteaux, sur les ordres d'Hitler qui voulait se débarrasser de Röhm, y est présenté comme un meurtre massif d'homosexuels surpris au cours d'une nuit de débauche. Mais il n'empêche que l'idée selon laquelle le nazisme a partie liée avec l'homosexualité ne pouvait que se trouver renforcée par la vision – largement fantasmatique – proposée par ce film. Visconti était assurément très fier d'être communiste mais l'était moins d'être homosexuel, et c'est plutôt la vision du nazisme par un communiste que par un homosexuel qu'il nous donne[32]. Encore que toute la fantasmagorie qu'il déploie dans ce film soit évidemment ancrée dans l'appartenance à une culture homosexuelle dont il connaît à merveille les ressorts et la mythologie, même s'il la transpose dans un univers où elle n'avait évidemment pas cours. En effet, comme le souligne Richard Plant, l'idée saugrenue que des miliciens nazis en uniforme «auraient pu frayer publiquement avec des travestis donne une idée du niveau de distorsion auquel nous sommes confrontés[33]».

---

32. C'est ce que fait remarquer Lawrence Mass dans une de ses questions lors d'une interview avec l'historien Richard Plant, l'auteur de *The Pink Triangle*. Voir «The Swastika and the Pink Triangle : Nazis and Gay Men. An Interview with Richard Plant», in Lawrence Mass, *Homosexuality and Sexuality. Dialogues of the Sexual Revolution*, vol. 1, New York et Londres, Harrington Park Press, 1990, p. 194.

33. C'est la réponse que donne Plant à la question de Lawrence Mass, *ibid.*

Certes, Visconti a précisé que son film n'était en rien une reconstitution historique et qu'il ne fallait pas le prendre pour une description de la réalité. Mais la force des images est telle que la mise au point n'a rien changé à leur impact. Et l'on ne peut s'empêcher de penser avec Richard Plant que ce film a été l'un des véhicules de l'idée si couramment répandue que les crimes des nazis s'expliqueraient par le fait qu'ils n'étaient qu'une bande de pervers homosexuels[34].

L'idée d'un lien entre nazisme ou fascisme et homosexualité n'a certes pas été inventée par Visconti. Elle fut un des grands thèmes de la propagande communiste. Dans un film intitulé *Les Traîtres*, tourné en 1936 en URSS par un émigré communiste allemand, Gustav von Wangenheim, les dirigeants nazis sont présentés comme des homosexuels. Mais lorsque le Pacte germano-soviétique fut signé, le film fut bientôt rangé sur les étagères et ne fut jamais présenté au public[35]. Après la guerre, on retrouvera l'idée d'un lien entre le fascisme et l'homosexualité, par exemple dans le célèbre roman de Moravia, *Le Conformiste*, paru en 1951[36], et évidemment dans le film que Bertolucci en a tiré en 1971. Et elle a été thématisée par Theodor Adorno, dans ses réflexions aphorisistiques publiées en 1951 sous le titre *Minima Moralia*[37]. Il y écrit en effet que «homosexualité et totalité vont ensemble», dans un passage fort brumeux d'où il ressort néanmoins que «totalité» (*Totalität*) doit s'entendre au sens de «totalitarisme»[38].

---

34. Richard Plant, *The Pink Triangle. The Nazi War Against Homosexuals*, New York, Henry Holt, 1986.

35. «The Swastika and the Pink Triangle», art. cit., p. 194-195.

36. Alberto Moravia, *Le Conformiste* (1951), Paris, Flammarion, coll. «GF».

37. Theodor Adorno, *Minima Moralia. Réflexions sur la vie mutilée*, trad. française, Paris, Payot, 1980.

38. Theodor Adorno, *op. cit.*, section 24, p. 43. L'édition anglaise traduit d'ailleurs plus clairement : «*Homosexuality and totalitarianism belong together.*» Pour une analyse de l'idéologie homophobe d'Adorno, voir le livre

Il faudrait alors évoquer d'autres images, moins connues certes que celles du film de Visconti, mais plus proches de la réalité historique. Plus proches en effet puisqu'il ne s'agit pas de fantasmes portés à l'écran, mais de photos. L'une d'entre elles a été prise le 10 mai 1933 à Berlin : on y voit une cohorte de nazis porter un buste de Magnus Hirschfeld afin de le jeter dans les flammes où brûlent déjà les livres pillés quelques jours plus tôt dans les locaux de son Institut pour la recherche sexuelle [39].

On évoque souvent les autodafés, et ils sont même devenus l'un des symboles de la barbarie totalitaire dévastant la culture, les Lumières, la connaissance. Mais on oublie trop souvent de signaler quels livres étaient voués au bûcher, notamment ce jour-là, et pourquoi les nazis les jetaient au feu. Il faut donc le rappeler. Le 10 mai 1933, c'est l'homme qui avait passionnément dévoué sa vie au combat en faveur des droits des homosexuels dont on jetait le buste dans les flammes (heureusement, il n'était pas en Allemagne à ce moment-là), au milieu de sa bibliothèque qui était déjà en train de brûler. Cet autodafé fut le premier acte d'une vaste campagne d'anéantissement non seulement des mouvements homosexuels qui avaient fleuri depuis la fin du XIXe siècle mais aussi de toute la culture homosexuelle qui s'était construite dans

---

d'Andrew Hewitt, *Political Inversions. Homosexuality, Fascism and the Modernist Imaginary*, Stanford, Californie, Stanford University Press, 1996, et notamment le chapitre intitulé «The Frankfurt School and the Political Pathology of Homosexuality», p. 38-78. Voir aussi le premier chapitre, «The construction of homo-fascism», p. 1-37 (avec des remarques sur Walter Benjamin, qui, sur ce plan, ne valait pas mieux qu'Adorno).

39. Cette photo est reproduite dans le livre de James Steakley, *The Homosexual Emancipation Movement in Germany*, *op. cit.*, p. 107. Christopher Isherwood racontant qu'il a assisté à cette scène, fait preuve d'une certaine auto-ironie : «Christopher qui était présent dans la foule dit "Honte!" ; mais à voix basse» (Christopher Isherwood, *Christopher and his Kind*, New York, Norton, 1976, p. 129).

l'Allemagne wilhelmienne et sous la république de Weimar : bars, cabarets, vie littéraire et artistique, vie sociale, etc. disparurent ainsi du paysage urbain. Ce fut le début aussi de l'internement des homosexuels dans les camps de concentration, où on les désigna par un triangle rose cousu sur leur vêtement à la violence de leurs gardiens – et souvent également à celle des autres détenus. Les nazis avaient décidé d'exterminer physiquement cette «sous-race», en extirpant aussi bien «les branches que les racines», selon la formule de Himmler, et ils mirent en application leur programme dès leur arrivée au pouvoir[40].

Si ces images sont encore peu connues, c'est parce que cet «holocauste caché[41]», pour reprendre le titre donné à l'édition anglaise du livre de Günter Grau, n'a été étudié que très tardivement par les historiens. Quant aux rares survivants, ils ont préféré garder le silence et mentir sur les raisons pour lesquelles ils avaient été déportés. Le premier à publier un long témoignage fut Heinz Heger, en 1972. Il faut dire que, après la guerre, les lois qui réprimaient l'homosexualité et condamnaient à la prison ceux qui la pratiquaient étaient restées en vigueur dans l'Allemagne de Konrad Adenauer et elles ne furent adoucies qu'en 1969 avant de n'être définitivement abolies

---

40. Michael Burleigh et Wolfgang Wippermann soulignent à quel point la «purification» de la race passait, aux yeux des nazis, par l'élimination des homosexuels autant que des Juifs (cf. Michael Burleigh, Wolfgang Wippermann, *The Racial State : Germany, 1933-1945*, Cambridge University Press, 1991). Ce qui ne veut évidemment pas dire que la mise en œuvre de ce programme ait pris le même caractère systématique et la même ampleur contre les homosexuels que contre les Juifs. Voir sur ce point l'article «Nazisme et déportation» de Michel Celse, in Didier Eribon (dir.), *Dictionnaire des cultures gays et lesbiennes*, Paris, Larousse, 2003.

41. Günter Grau, *Homosexualität in der NS-Zeit : Dokumente einer Diskriminierung und Verfolgung*, Francfort, Fisher Verlag, 1993. Traduit en anglais sous le titre *Hidden Holaucaust? Gay and Lesbian Persecution in Germany, 1933-1945*, Londres, Cassell, 1995.

qu'en 1994[42]. De la même manière, le premier déporté français – alsacien – à avoir témoigné ne l'a fait qu'en 1994[43]. Il a fallu attendre la publication, en 1977, des travaux de Rüdiger Laumann et de son équipe de l'université de Brême[44] et surtout du livre de Richard Plant, *The Pink Triangle,* pour que des études d'ensemble voient le jour[45].

\*

Mais ce n'est pas parce que la propagande communiste, et, plus largement, une certaine *doxa* homophobe de gauche, ont construit une image du gay comme fasciste qu'il faut renoncer à étudier les rapports entre l'homosexualité et l'extrême droite, entre homosexualité et fascisme. On peut, en effet, tout à la fois rejeter cette assimilation homophobe et réfléchir sur des réalités historiques que l'on aurait tort de laisser de côté parce qu'on les trouve gênantes ou déplaisantes.

L'histoire de l'homosexualité n'est pas seulement l'histoire des «bons» homosexuels, mais aussi celle des «mauvais» (d'autant que telle ou telle personnalité peut avoir eu une importance considérable dans la production

---

42. Heinz Heger, *Die Männer mit dem Rosa Winkel,* Hambourg, Merlin, 1972. Trad. française : *Les hommes au triangle rose. Journal d'un déporté homosexuel,* Paris, Persona, 1981. Sur ce retard des historiens à étudier l'extermination des homosexuels, voir les remarques de Richard Plant dans l'introduction de son livre, *The Pink Triangle. The Nazi War Against Homosexuals, op. cit.,* p. 13-19. Il est assez incompréhensible qu'un ouvrage si important n'ait pas été traduit en français.

43. Pierre Seel, *Moi, Pierre Seel, déporté homosexuel,* Paris, Calmann-Lévy, 1994.

44. Rüdiger Lautmann, *Seminar. Gesellschaft und Homosexualität,* Frankfort, Suhrkamp, 1977.

45. Sur l'absence de travaux et de témoignages avant cette date, voir Richard Plant, *op. cit.,* p. 13-19. Sur les difficultés à obtenir des témoignages des survivants, voir l'épilogue du livre, p. 188-205.

d'un discours homosexuel, d'une image de l'homosexualité à un moment donné, tout en développant par ailleurs,
et souvent en même temps, une politique réactionnaire ou
fascisante : il suffit de mentionner les noms de Natalie
Barney, Gertrude Stein, ou Marcel Jouhandeau...). Bref,
il ne s'agit pas d'écrire une histoire dont on puisse être
«fier» – sinon on se contentera d'édifier des mythologies –
mais une histoire exacte, et donc complexe et contradictoire (et qui pousse à s'interroger : qu'est-ce que cela signifie d'avoir «honte» de l'histoire qu'on écrit, et de l'histoire
dans laquelle, d'une certaine manière, on s'inscrit?).

La phrase de Sartre sur le nombre d'homosexuels dans
la collaboration est certes scandaleuse, mais elle soulève
malgré tout des questions historiques qui sont loin d'être
négligeables. Et c'est pourquoi l'on peut regretter que,
dans son livre très important sur *La Guerre des écrivains*,
Gisèle Sapiro, qui s'efforce de comprendre pourquoi
certains ont collaboré tandis que d'autres sont devenus
résistants, néglige de prendre en considération la sexualité
comme un facteur explicatif possible[46]. Il serait utile en
effet se demander si des manières différentes de vivre et
de penser l'homosexualité, notamment, purent conduire
des individus à des choix politiques opposés, ou si des
affinités amoureuses ou amicales nouées avant la guerre
purent constituer un facteur déterminant[47].

*

---

46. Gisèle Sapiro, *La Guerre des écrivains, 1940-1953*, Paris, Fayard, 1999.

47. Corinne Bouchoux pose la question dans l'article sur la «Résistance»
du *Dictionnaire des cultures gays et lesbiennes*, *op. cit.*, le problème n'étant pas
de savoir s'il y eut des homosexuels résistants, car cela va de soi, mais si leur
homosexualité peut expliquer, ne serait-ce que partiellement, leur entrée dans
la Résistance. La difficulté pour ce genre d'analyse, comme elle le souligne,
étant que les informations biographiques manquent souvent – l'homosexualité était fréquemment dissimulée à l'époque. Et lorsqu'elles sont disponibles,

J'en reviens enfin à Jouhandeau. Il peut y avoir plusieurs explications à son antisémitisme, à son collaborationnisme. On pourrait d'abord dire que les homosexuels sont comme les autres. Sauf à tomber dans une sorte de mythologie du gay ou de la lesbienne comme nécessairement révolutionnaire ou subversif (et encore : cela voudrait dire qu'on prend la « subversion » comme une attitude globale qui s'exprimerait dans tout ce qu'est et fait telle ou telle personne, alors qu'on peut être subversif dans un domaine, celui de l'ordre sexuel, et réactionnaire dans un autre, celui de la politique, ou de la culture), il n'y a aucune raison de s'étonner qu'un gay ou une lesbienne soit réactionnaire, antisémite ou fasciste. Après tout, il est si évident que les gays et les lesbiennes se distribuent d'un bout à l'autre du spectre politique qu'il peut sembler vain de chercher des facteurs explicatifs aux engagements de tel ou tel. Mais si l'on essaie de dépasser ce stade de l'évidence et si l'on essaie de comprendre comment le même auteur qui analyse avec une telle pertinence le racisme sexuel peut se faire le porte-parole du racisme antisémite le plus vulgaire, il me semble néanmoins que l'on peut avancer un certain nombre d'éléments d'analyse.

Des études sociologiques ont montré que les homosexuels refoulés, honteux, développent souvent une attitude de surinvestissement dans l'ordre social, et donc des positions politiquement plus conservatrices ou réactionnaires que la moyenne. Mais il faut surtout noter que l'idée selon laquelle l'homosexualité aurait nécessairement partie liée à la gauche, au progressisme, à la subversion, etc., est assez récente : disons qu'elle date des années 1970.

---

il est à peu près impossible d'en faire état : on peut dire sans problème qu'un collaborateur était homosexuel (cela semble être dans l'ordre des choses), mais il apparaîtrait choquant, voire diffamatoire, de dire que tel grand résistant l'était…

Auparavant, en France en tout cas, les homosexuels les plus visibles, ceux et celles qui pouvaient prendre la parole en tant qu'homosexuels, étaient souvent marqués à droite ou à l'extrême droite. Ce ne sont assurément pas des homosexuels de gauche – loin de là! – qui fondèrent en 1954 le premier grand mouvement «homophile» français, Arcadie, même si ce mouvement attira des hommes et des femmes de tous bords politiques par la suite. Et les porte-parole de l'homosexualité dans l'espace public que furent des personnalités proches de ce mouvement, telles que Roger Peyrefitte ou Jacques de Ricaumont (qui finira par présider, dans les années 1980, le comité de soutien à Jean-Marie Le Pen aux élections présidentielles), se situaient résolument à l'extrême droite de l'échiquier politique.

Il serait même loisible de se demander si, à certains moments, un mouvement politique comme l'Action française ne fonctionna pas comme un cercle gay. Je n'ai certes aucun document ou témoignage précis à avancer qui confirmerait ce qui n'est qu'une intuition, mais il suffit de se souvenir que Pierre Gaxotte et Georges Dumézil, qui s'étaient connus à l'Ecole normale supérieure et avaient entretenu une relation amoureuse, firent partie au tout début des années 1920 des proches de Maurras, et le côtoyèrent à la rédaction du journal, pour s'interroger sur l'entourage du «maître» : peut-être n'est-ce là qu'un fait isolé, sans signification particulière – Dumézil converti au maurrassisme par un amant déjà très engagé dans le mouvement –, mais il serait assurément fort intéressant de se pencher plus avant sur cette question, et d'étudier sous cet éclairage le fonctionnement du petit cénacle que constituait l'équipe de l'organe monarchiste.

Certes, l'influence de Maurras et de *L'Action française* était considérable à cette époque, et largement répandue dans la jeunesse intellectuelle, et ce n'est pas parce qu'il est attesté que Cocteau a écrit « des chansons royalistes pour les camelots du roi » et professé « la plus grande admiration » pour le journal que l'on peut faire de sa rédaction un foyer de sociabilité gay[48]. Mais, par exemple, lorsque Dumézil décrit, dans son livre publié en 1984, « ... *Le moyne noir en gris dedans Varennes* », un petit groupe d'amis en train de décrypter en 1925 un quatrain de Nostradamus, et dans lequel figure, outre Dumézil lui-même, son compère en politique, Pierre Gaxotte, il est permis d'en déduire que ces formes de la relationnalité gay (les cercles d'amis, se réunissant entre eux, et parfois autour d'un maître plus âgé – il s'agit ici de l'orientaliste Claude-Emile Maître, dont j'ignore quelles étaient les opinions politiques) pouvaient être très fortement ancrées à droite et, même, plus ou moins liées à l'extrême droite. En dehors des cercles directement politiques, les cercles d'amis gays qui constituaient, avec les bars de Montmartre tels qu'ils sont décrits par Jean Lorrain ou Francis Carco, l'une des modalités le plus importantes de la vie gay et de fonctionnement de ce que Chauncey appelle « le monde gay », pouvaient être très marqués à droite, et ce d'autant plus qu'ils réunissaient des gens issus de milieux bourgeois ou aristocratiques. Cela ne signifie évidemment pas que tous les homosexuels, toutes les formes de la sociabilité homosexuelle étaient de droite, mais que les cercles élitistes qui se constituaient autour d'artistes, d'écrivains ou de mouvements politiques l'étaient fréquemment. Il ne fait aucun doute, par exemple, que le groupe d'admirateurs et disciples qui se réunissait autour

---

48. Sur Cocteau, voir la lettre de Pampille (surnom de Marthe Allard, la seconde femme de Léon Daudet) à Charles Maurras, 23 août 1913, in *Cher Maître. Lettres à Charles Maurras*, édition établie, préfacée et annotée par Pierre-Henri Deschodt, Paris, Bartillat, 1995, p. 601.

de Stefan Georg en Allemagne formait l'un de ces cercles gays, élitistes et anti-démocratiques[49].

Peut-être faut-il rappeler ici le fait que la référence à la Grèce et à l'idéal hellénistique ont joué un rôle fondamental dans la légitimation du discours homosexuel. Or, cette référence à la culture grecque et à l'antiquité classique était fortement ancrée à droite à l'époque, et ce fut même l'un des aspects du maurrassisme ou d'autres traditions élitistes de droite qui séduisit bien des intellectuels gays.

Mais ce ne fut sans doute pas le cas de Jouhandeau : il était très catholique, et ses textes, et notamment ceux qui portent sur l'homosexualité, comme *De l'abjection*, sont hantés par la religion et par le rapport personnel et direct à Dieu – beaucoup plus que par telle référence historique à l'antiquité grecque. C'est pourquoi la notion d'«abjection» est si centrale dans ses analyses. Certes, il se reproche, dans *Chronique d'une passion*, d'avoir dénigré l'homosexualité en employant ce terme : «Toute la nuit, je me reprochai d'avoir calomnié dans mon dernier livre l'homosexualité, qui ne conduit pas nécessairement à l'abjection, du moment que le sentiment y a part[50].» L'abjection ne serait donc que l'homosexualité vécue sans amour, sans sentiments, celle que, précisément, vivait Jouhandeau, si l'on en croit les descriptions qu'il en donne par exemple dans son *Algèbre des valeurs morales* en 1935, et dont l'histoire passionnelle avec le jeune peintre juif l'aurait fait sortir (très provisoirement) en 1938. Mais, réduire le mot «abjection» à cette signification triviale revient à renoncer à l'effort de réflexion qu'il avait entrepris pour se comprendre lui-même, à retomber au niveau

---

49. Mais Georg n'a jamais pactisé avec le nazisme et a même préféré s'exiler.
50. Marcel Jouhandeau, *Chronique d'une passion, op. cit.*, p. 189-190.

des catégories de la morale dominante contre laquelle il avait essayé de construire son analyse. Cela revient à annuler la force même de son livre et de cette notion qui lui servait de foyer heuristique pour penser à la fois les mécanismes sociaux de la stigmatisation et de la production de la honte et ceux, fondamentalement liés aux premiers, de la réinvention de soi-même à partir de l'être « abjecté ». Genet ira jusqu'au bout des implications théoriques et littéraires de cette notion dans son *Journal du voleur* en 1948. Et malgré sa tentative pour en annuler la signification et la portée dans sa *Chronique d'une passion*, il apparaît que toute la réflexion de Jouhandeau aura été et sera restée façonnée par cette idée : l'abjection est un parcours et une ascèse. Dès son *Eloge de l'imprudence* en 1931, et encore dans son *Eloge de la volupté* en 1951, ou dans ses *Journaliers*, sa réflexion sur ce qu'il appelle le Mal, le péché, etc., dont il veut précisément faire l'« éloge », s'adosse à son catholicisme, l'ancre en celui-ci. L'abjection est une sainteté à l'envers, et le « pervers » suit le même chemin que le saint. Par exemple, dans *Eloge de l'imprudence* : « Je rends cet hommage à Dieu en effet que lui seul réalise un Absolu, l'absolu du Bien, si aucun être jusqu'ici ne m'a paru capable d'un absolu comparable, de l'absolu du Mal, à moins que je ne sois moi-même Satan[51]. » Et dans *Eloge de la volupté* : « Eh bien ! soit, je veux bien admettre que la Foi dans le Péché est en moi indéracinable, à moi plus intime que moi-même, que j'en suis imbu, que je ne saurais m'en délivrer ; je l'accepte, je l'adopte[52]…. »

Or, il ne fait aucun doute que ce catholicisme fervent, quasi mystique, qui organise toute sa pensée sur l'homo-

---

51. Marcel Jouhandeau, *Eloge de l'imprudence*, Marseille, Les Cahiers du Sud, 1931, p. 66.

52. Marcel Jouhandeau, *Eloge de la volupté*, Paris, Gallimard, 1951, p. 84.

sexualité, en fournit le cadre et les concepts, a également joué un rôle important dans sa dérive antisémite. Et l'on peut donc constater que c'est un même cadre intellectuel – catholicisme bigot et politique réactionnaire – qui détermine et l'affreux discours raciste et antisémite et la magnifique analyse du racisme dont sont victimes les homosexuels.

La question que je voudrais poser, pour conclure, et qui nous conduirait à l'inverse de ce que je suggérais plus haut – à savoir que Jouhandeau serait devenu antisémite parce qu'il voulait réaffirmer son appartenance au monde dominant, à l'ordre social dont il était par ailleurs exclu en tant qu'homosexuel – serait la suivante : ne peut-on pas dire, au contraire, que c'est précisément parce qu'il était profondément réactionnaire, qu'il adhérait pleinement aux valeurs dominantes, à celles de l'« ordre », du monde dans lequel il vivait et dans lequel il aurait été parfaitement à l'aise s'il n'avait pas été homosexuel, qu'il fut conduit à s'interroger sur cette « anomalie » qui était la sienne ? Autrement dit, la belle lucidité de ses analyses sur l'homosexualité ne serait pas en contradiction paradoxale avec son antisémitisme, mais étroitement liée à celui-ci. C'est parce qu'il était catho, bigot, facho, etc., qu'il lui fallait s'interroger sur sa déviance, sur son « exil ». Ce rapport d'imbrication est évidemment beaucoup plus difficile, et surtout beaucoup plus désagréable, à penser que l'idée qu'il y aurait une contradiction entre les deux registres, mais l'hypothèse ouvre, me semble-t-il, des perspectives plus fécondes à l'analyse et à la réflexion sur ce phénomène de l'abjecté abjecteur que les considérations rassurantes sur la complexité humaine ou sur les différents niveaux de conscience susceptibles de cohabiter chez un même individu.

*

Quoi qu'il en soit, tout ceci doit nous inciter, dans nos réflexions et nos actions d'aujourd'hui, à ne jamais isoler les processus d'infériorisation les uns des autres, et à toujours nous souvenir de la nécessité de les penser ensemble, comme des productions d'un ordre social fondé sur des hiérarchisations multiples, sur des processus d'abjection que l'on ne peut analyser dans leur efficacité sociale que si on les appréhende dans leur globalité et leur interdépendance. A ne jamais oublier, par conséquent, qu'une réflexion politique et culturelle sur l'homosexualité, qu'un projet politique fondé sur le combat mené contre le processus d'infériorisation dont les gays et les lesbiennes sont l'objet («la lutte contre l'homophobie») et sur l'«exaltation» de la différence honnie dont parle Jouhandeau au début de *De l'abjection* (la politique de la «fierté») ne saurait faire l'économie d'une réflexion sur l'infériorisation des autres catégories et sur l'ordre social en général comme producteur d'infériorité et de racisme. Car si elles ne sont pas marquées par la transversalité, et par le souci de l'universalisation, la réflexion et l'action politique courent toujours le risque de retomber dans les ornières bien connues, où l'on dénonce, chacun de son côté, le racisme dont on est victime, tout en ignorant, ou pis, en ratifiant, voire en pratiquant, celui dont d'autres catégories de personnes sont l'objet.

II

# 1

# Le Pacs de Lacan et Mounier

*Un couple réactionnaire et ses enfants*[1]

J'ai été très étonné, pendant les débats sur le Pacs, le mariage homosexuel, l'homoparentalité, de constater qu'une notion comme celle d'«ordre symbolique» s'était répandue – en général dans des versions vulgarisées à l'extrême et qui reviennent souvent à n'être que des synonymes d'«ordre établi», ou même d'«ordre naturel», voire de «bon sens» – dans toutes les sphères du discours intellectuel et politique, de gauche comme de droite, pour servir d'argument d'autorité contre la reconnaissance juridique pleine et entière des couples de même sexe. Ce qui m'a frappé, surtout, c'est qu'elle était invoquée aussi bien par les personnalistes chrétiens que par les psychanalystes lacaniens (d'un bon nombre d'entre eux en tout cas). A première vue, un tel rapprochement entre des courants intellectuels que tout semblerait devoir séparer, et qui, de fait, se sont longtemps considérés comme radicalement opposés l'un à l'autre, pourrait paraître assez surprenant. Mais si nombre des surprises qui nous ont été réservées

---

1. Version augmentée d'une communication présentée au colloque «Des lois pour les âmes, des âmes pour les lois» organisé par l'Ecole lacanienne de psychanalyse à la Maison de l'Europe, les 16 et 17 mars 2002.

par les controverses récentes (et notamment le conservatisme foncier et l'homophobie profonde de la gauche intellectuelle et politique qui se sont révélés à cette occasion) ont été soulignées et commentées par les meilleurs observateurs[2], l'apparent paradoxe que je voudrais évoquer aujourd'hui semble avoir été assez peu remarqué. Il mérite pourtant qu'on s'y arrête.

Pour les psychanalystes lacaniens comme pour les personnalistes chrétiens, la notion d'«ordre symbolique», telle qu'ils l'utilisent aujourd'hui, semble désigner un ensemble de règles inconditionnées sur lesquelles reposerait la vie même de la société, et, plus profondément encore, l'accès des sujets humains à la culture et au langage. Les règles qu'imposerait cet «ordre» ne sauraient être modifiées par ce qui se passe dans la société, puisque, précisément, elles sont les conditions mêmes de la culture et donc de toute vie sociale. Elles constituent un fondement à la fois antérieur et transcendant, qui n'est pas susceptible d'être transformé par l'action humaine : et il ne sert à rien, par conséquent, de lui opposer des réalités sociales ou culturelles existantes, puisque celles-ci ne peuvent suffire à altérer le caractère intangible et inéluctable de cette structure structurante, qui, en revanche, semble pouvoir être invoquée pour dire qu'un certain nombre de réalités que nous avons sous les yeux sont tout simplement impossibles, et même impensables, au sens le plus fort du terme, et ne devraient donc pas exister. D'où la nécessité de s'y opposer. Mais par un étrange renversement de l'argumentation, dans la mesure où ce qui ne devrait pas exister existe

---

2. Voir notamment Daniel Borrillo, Eric Fassin, Marcela Iacub (dir.), *Au-delà du Pacs. L'expertise familiale à l'épreuve de l'homosexualité*, Paris, PUF, 1998 ; Daniel Borrillo et Pierre Lascoumes, *Amours égales ? Le Pacs, les homosexuels et la gauche et les homosexuels*, Paris, La Découverte, 2002.

malgré tout, les règles structurantes et intangibles, les «grandes références symboliques», comme le dit une idéologue personnaliste mobilisée contre le Pacs, sont menacées par les «revendications frénétiques» des homosexuels, et l'avenir de la civilisation devient incertain. Ce qui fait qu'on ne comprend plus très bien si ces règles sont instituantes, et donc nécessaires et inéluctables, ou bien s'il faut les instituer, et les défendre contre ceux qui les mettent en question, auquel cas elles perdent ce caractère d'inéluctabilité qui justifie pourtant le fait qu'on veuille y adosser toutes les formes de la vie sociale et qu'on puisse les présenter comme excluant nécessairement un certain nombre de possibilités dans les choix que peut faire la société.

Les règles semblent se résumer, dès lors qu'il est question de l'alliance et de la filiation (et c'est à peu près le seul domaine où elles sont invoquées), au grand principe fondamental de la «différence des sexes». Elles exigeraient, par conséquent, que la loi ne reconnaisse pas d'autres formes de relations affectives, d'autres formes de vie familiale ni d'autres modèles de parentalité que ceux représentés par le couple hétérosexuel. La filiation ne peut être qu'hétérosexuelle, sous peine de mettre en péril les fondements de la société. Et les enfants qui ne seraient pas élevés dans un tel cadre se révéleraient bientôt – *horresco referens* – incapables d'accéder au statut de sujet humain – et même au langage articulé.

Il n'est pas utile de s'attarder trop longuement sur ces bavardages pseudo-savants. Ils disent tous la même chose, et relèvent de ce que Foucault appelait les discours «ubuesques», c'est-à-dire «grotesques», en donnant un sens très précis à ce terme : le discours ubuesque ou grotesque, c'est le discours d'un expert qui entend exercer des effets de pouvoir au nom d'un savoir, mais qui ridiculise et discrédite ce savoir au moment même où il exerce ce pouvoir, en recourant à un «savoir» qui n'a rien à voir avec aucun savoir... Il s'agit, dans les exemples donnés par Foucault, d'exercer un pouvoir judiciaire au nom d'un pseudo-savoir psychiatrique[3]. Cette définition s'applique à merveille aux discours que je viens d'évoquer : discours grotesques, ubuesques, qui entendent exercer un pouvoir – juridico-politique – au nom d'un pseudo-savoir dont les énoncés sont tout simplement risibles, aussi risibles que les expertises psychiatriques citées par Foucault, et énoncées sur le même ton d'assurance «scientifique».

Mais ce qui me frappe dans toutes ces interventions à la fois infra-théoriques et éminemment politiques, c'est que l'on y voit se réconcilier des courants que tout avait semblé opposer jusqu'alors. Lacan ne vouait-il pas le plus profond mépris au livre de Ricœur sur Freud (*De l'interprétation*), qu'il qualifiait de «saleté spiritualiste»? Il peut sembler paradoxal, en effet, de voir les personnalistes chrétiens communier aujourd'hui avec les lacaniens (pas tous, bien sûr!) dans l'invocation de la sacro-sainte notion d'un «ordre symbolique» considéré comme un ensemble de règles régissant la culture et instituant le psychisme[4].

Comment les discours des uns et des autres peuvent-ils s'être à ce point rejoints, après s'être tellement opposés? Par quelle étrange force de dérangement des positions intellectuelles apparemment les mieux établies, la question des droits des gays et des lesbiennes – et plus généralement tout ce qui a trait à l'homosexualité – peut-elle conduire à un tel rapprochement du personnalisme chrétien et du

---

3. Michel Foucault, *Les Anormaux, op. cit,* p. 14.

4. Quand je parle de «personnalisme chrétien», cela n'implique pas que tel ou telle idéologue de ce courant soit personnellement croyant(e), mais que son cadre de pensée, ses références (Ricœur, etc.), sont ceux du personnalisme chrétien.

lacanisme, ou du moins d'un bon nombre de lacaniens? Quel trouble, ou quelle perturbation, provoque donc le mouvement gay et lesbien dans la vie intellectuelle pour que les ennemis d'hier se réconcilient ainsi au nom de la défense du privilège hétérosexuel?

Je ne vous apprendrai rien, en effet, en vous rappelant que l'opposition du personnalisme au lacanisme, et plus généralement au structuralisme, à l'idée qu'il puisse y avoir des règles qui régiraient les comportements des individus, fut extrêmement virulente dans les années 1960. La mort – conceptuelle – de l'«homme» dans les sciences structurales (ce que Foucault, dans *Les Mots et les choses*, appelle les «contre-sciences», qui servent de point d'appui à sa tentative historico-théorique dans ce livre) avait provoqué l'émoi de tout un courant qui se revendiquait de l'«humanisme», de la «personne», et qui n'a cessé de dénoncer (et les auteurs des pamphlets contre la «pensée 68» ou contre le structuralisme dans les années 1980 et 1990 n'ont fait que répéter ce discours vingt ans ou trente ans plus tard) l'horrible atteinte à l'autonomie et à la liberté de la personne que représentaient à leurs yeux des pensées qui n'accordaient plus le primat au sujet ou à la conscience. S'il n'y avait plus d'«homme», disaient-ils, mais des règles, des structures, des systèmes inconscients régissant le langage ou les comportements, qu'en était-il de la liberté humaine, et qu'en était-il de la «personne», et comment allait-on pouvoir agir politiquement, et fonder les «droits de l'homme»? Ces objections étaient assez absurdes, il faut bien le dire, dans la mesure où l'on ne voit pas très bien en quoi l'action politique serait entravée par le fait que les linguistes étudient les règles du langage ou les ethnologues la structure des mythes, mais, en tout cas, c'est le genre d'arguments qui furent avancés contre la pensée structurale (et qui le sont toujours, par les mêmes ou par leurs descendants, contre la sociologie bourdieusienne, accusée de «déterminisme» et de négation du rôle des «acteurs» sociaux). C'est le projet même des sciences sociales, selon la définition qu'en a donnée Claude Lévi-Strauss, qui se trouvait en fait accusé de n'être qu'une «philosophie du soupçon» attachée à penser qu'il se trouverait une vérité cachée sous les phénomènes, une détermination par des lois, par des règles ou par des régularités assignables, des agents et de leurs actions qui se présentent comme «libres» à un regard immédiat. L'idée, par conséquent, d'un «ordre symbolique» régissant la culture et le psychisme humain devrait être, comme elle l'était naguère, étrangère et même insupportable aux personnalistes (dont il est bien évident qu'ils se réfèrent, par-delà ce terme, à une transcendance d'un autre ordre, puisqu'il se situent toujours dans un horizon religieux : il va de soi que ce qu'ils appellent désormais «ordre symbolique» n'est qu'une manière plus présentable aujourd'hui de parler de loi divine ou de loi naturelle [5]).

Voici donc que les personnalistes se sont désormais emparés des concepts structuralistes (de l'anthropologie et de la psychanalyse), et, en les transformant en notions idéologiques destinées à l'usage politique, se sont lancés, en faisant alliance sur ce point avec des lacaniens considérant eux-mêmes la psychanalyse comme une doctrine chargée de maintenir la société dans le droit chemin, dans un combat

---

5. Il est vrai cependant que Pierre Bourdieu soulignait déjà, au début des années 1970, que le structuralisme pouvait parfaitement tenir lieu de doctrine à des tenants d'un teilhardisme qui n'osait pas se présenter comme tel : «En fait, ce plan sans planificateur n'est pas moins mystérieux que celui d'un planificateur suprême et l'on comprend que la vulgate structuraliste ait pu jouer pour certains le rôle d'un teilhardisme intellectuellement acceptable, c'est-à-dire acceptable dans les milieux intellectuels» (Pierre Bourdieu, *Esquisse d'une théorie de la pratique*, Genève, Droz, 1972, p. 215).

frénétique contre la liberté effective des personnes à choisir leur vie, au nom de règles intangibles, de structures immuables qui régiraient l'esprit humain et la vie en société.

Mais le paradoxe n'est qu'apparent. En réalité, la complicité profonde qui s'est établie entre lacaniens et personnalistes s'ancre dans une longue histoire et, une fois cette histoire rétablie, apparaît plutôt comme relevant de l'évidence. Il suffit en effet de comparer les textes de Lacan et ceux du fondateur de la revue *Esprit*, Emmanuel Mounier, dans les années 1930 et 1940. On les voit tous les deux obsédés par la perte de virilité des hommes et la dévirilisation générale de la société ; par la nécessité de maintenir une stricte polarité sexuelle entre hommes et femmes ; et par le souci permanent et acharné de lutter avec fermeté contre le fléau de l'homosexualité qui risque de se développer si on laisse se déliter la polarisation des sexes.

Mounier et Lacan ? Les deux font la paire. Ils sont bien accordés. Ils font couple. Et les enfants qu'ils ont produits, loin d'être infidèles à l'héritage de leurs pères spirituels (si j'ose dire) lorsqu'ils s'apparient, le font vivre et assurent sa postérité, avec une ardeur dont leurs géniteurs auraient pu être fiers. L'accouplement d'apparence contre nature, aujourd'hui, des lacaniens et des personnalistes est au contraire tout à fait naturel : il est dans l'ordre des choses (cet ordre qu'ils aiment à défendre, et qu'ils défendent si bien, ensemble).

Dans *Une morale du minoritaire*, j'ai commenté un certain nombre de textes de Lacan, afin de faire apparaître son projet fondamental comme une tentative de sauver le « Père » mis à mal par les évolutions historiques. J'ai pris comme point de départ un passage du *Séminaire* sur *Les formations de l'inconscient* dans lequel Lacan propose son analyse de l'homosexualité masculine afin de montrer que si on ne « guérit » pas les homosexuels, bien qu'ils soient « guérissables », dit-il, c'est qu'on n'a pas compris que l'homosexualité n'était pas l'effet d'un « œdipe inversé », mais d'un « œdipe normal » : les enfants deviennent homosexuels quand la mère fait la loi au père[6].

L'idée de guérir les homosexuels, l'idée même, d'ailleurs, qu'il faille chercher une explication de l'homosexualité doit nous inciter à relire Lacan à partir de ce foyer problématique que l'homosexualité a toujours représenté pour la psychanalyse, et notamment pour lui. Et l'on voit d'emblée que cette préoccupation, chez Lacan, s'articule à la question de qui fait la « loi » dans la famille. L'article de 1938 sur « Les Complexes familiaux... » est particulièrement éclairant, dans la mesure où c'est l'un des tout premiers textes publiés par Lacan, qu'il est rédigé dans un style très clair et que les enjeux culturels et politiques y sont soulignés avec insistance et netteté[7]. Dans ce texte, il s'agit tout simplement pour lui de mettre en garde contre les ravages que l'émancipation des femmes est en train de produire sur la société : la fin de la « polarisation sexuelle » va entraîner, dit-il, une dévirilisation des hommes, une inversion psychique généralisée dont l'homosexualité n'est qu'une forme extrême. Et si l'homosexualité est si intéressante à étudier (avant et afin de chercher à la guérir) pour le psychanalyste – et pour le « moraliste », ajoute-t-il –, c'est parce qu'elle constitue une sorte de miroir grossissant qui permet de comprendre les mécanismes plus généraux de la dévirilisation à l'œuvre

---

6. « Les homosexuels, on en parle. Les homosexuels, on les soigne, on ne les guérit pas. Et ce qu'il y a de plus formidable, c'est qu'on ne les guérit pas malgré qu'ils soient absolument guérissables » (Jacques Lacan, *Le Séminaire*, V, *Les formations de l'inconscient*, Paris, Seuil, 1998, p. 207).

7. Jacques Lacan, « Les Complexes familiaux dans la formation de l'individu », in *Autres écrits*, Paris, Seuil, 2001, p. 23-86.

dans la culture des années 1920 et 1930 – mécanismes qui risquent de conduire à la disparition des vrais hommes. En se reportant aux travaux des historiens et historiennes de cette époque, il est assez facile de voir contre quoi voulait mettre en garde Lacan : contre les progrès de l'autonomie des femmes. L'arrivée massive des femmes sur le marché du travail pendant et après la Première Guerre mondiale, l'irruption de la «garçonne» dans les années 1920, qui suscita de violentes réactions, puis l'institution juridique, par le Parlement, au moment du Front populaire, d'une autonomie juridique pour les femmes mariées, la revendication par les femmes de l'accès au droit de vote, constituèrent de véritables traumatismes pour les hommes qui voyaient progressivement s'écrouler tout ce à quoi ils croyaient et même, plus fondamentalement, la manière dont ils s'étaient constitués en tant qu'hommes. Et c'est pourquoi Lacan entend inscrire son analyse de l'étiologie des «névroses», et de la «grande névrose contemporaine», sous le chapitre de la «carence du père», du «père humilié» (référence explicite, comme l'a souligné Markos Zafiropoulos, à une pièce de Claudel[8]). La névrose, dit Lacan, vient d'une «atypicité du couple». Et le couple «atypique» est celui où ce n'est plus le père qui fait la loi (il n'emploie pas encore ce vocabulaire). Il s'agit donc de mettre en garde contre l'effacement de la polarité des sexes – c'est-à-dire la distribution hiérarchisée des rôles – au sein du couple, de la famille, et, plus généralement, dans la société puisque c'est cette polarisation qui détermine l'institution du psychisme individuel – et notamment la fabrication d'hommes dignes de ce nom. Cette subversion dangereuse, qu'il attribue à ce qu'il appelle la «protestation virile» de la femme, c'est-à-

---

8. Markos Zafiropoulos, *Lacan et les sciences sociales*, Paris, PUF, 2001.

dire à la femme qui ne respecte pas sa place naturelle dans le couple et la société, doit être combattue. (Il faudrait s'arrêter un instant sur cette dernière expression : «protestation virile de la femme». Car on ne la trouve pas seulement sous la plume de Lacan : elle est, au contraire, un véritable lieu commun du discours de la psychiatrie – et sans doute de bien d'autres discours. Simone de Beauvoir, dans *Le Deuxième sexe*, en 1949, s'insurgera à ce propos contre le fait que la volonté d'émancipation et d'indépendance des femmes soit systématiquement décrite comme l'affirmation d'une volonté d'imiter les hommes[9]. Lacan ne dit donc rien d'original sur ce point.)

La lecture que j'ai proposée de ce texte de Lacan a, semble-t-il, provoqué un certain émoi chez les psychanalystes. En général, la seule réponse a consisté à multiplier les points d'exclamation (du côté de Miller-Milner, par exemple) : «Lacan homophobe, quelle sottise!» est à peu près le seul argument que l'on m'ait opposé. Comme s'il suffisait d'un point d'exclamation pour se dispenser d'un réexamen sérieux des textes et se prémunir soi-même contre toute nécessité de mettre à l'épreuve ses propres croyances! Le seul effort de discussion, à ma connaissance, est venu d'Elisabeth Roudinesco (et il faut lui savoir gré précisément d'accepter d'engager la discussion au lieu de se contenter de s'indigner ou de repousser dédaigneusement les critiques). Elle me reproche d'avoir mal lu les textes (mais elle évite soigneusement de prendre en consi-

---

9. Simone de Beauvoir, *Le Deuxième sexe* (1949), Paris, Gallimard, coll. «Folio», p. 197 : «L'homme représente aujourd'hui le positif et le neutre, c'est-à-dire le mâle et l'être humain, tandis que la femme est seulement le négatif, la femelle. Chaque fois qu'elle se conduit en être humain, on déclare donc qu'elle s'identifie au mâle. Ses activités sportives, politiques, intellectuelles, son désir pour d'autres femmes sont interprétés comme une "protestation virile".»

dération les phrases que j'avais citées), d'y avoir vu des choses qui ne s'y trouvaient pas... Dans un entretien publié dans le numéro spécial consacré à l'homosexualité de la revue *Cliniques méditerranéennes*, elle déclare que j'évoque des liens (qu'elle conteste) de Lacan avec l'Action française, « pour lire *a contrario* le texte de 1938[10] ». Mais *a contrario* de quoi? Même si Lacan, malgré ce qu'indique clairement la lettre de 1924 à la femme de Léon Daudet, n'avait pas (ou pas longtemps) été maurrassien (ce que pourtant même Jacques-Alain Miller reconnaît), est-ce vraiment lire l'article de 1938 *a contrario* que d'y lire tout simplement ce qui y est écrit? C'est certes *a contrario* de la lecture habituellement proposée dans le cercle enchanté des croyants de la religion lacanienne, mais pas *a contrario* de ce que dit le texte. Elisabeth Roudinesco nous invite, Michel Tort et moi-même, à être « justes, honnêtes et objectifs avec le texte de Lacan ». Mais il me semble que si l'on se débarrasse du voile de religiosité qui embrume l'approche des écrits de Lacan, il est difficile, je dirais même impossible, de le lire autrement. Par exemple : quelles sont donc ces « utopies sociales » auxquelles Lacan nous dit qu'il faut s'opposer, et qui sont responsables de la grande névrose contemporaine, si ce n'est le féminisme et l'évolution historique vers l'émancipation (fût-elle relative) des femmes[11] ?

Que le sens de la « polarisation sexuelle » qu'entend défendre Lacan dans le texte de 1938 soit bien celui d'une prééminence du père et de la fonction paternelle, et d'une

---

10. Elisabeth Roudinesco, « Psychanalyse et homosexualité. Réflexions sur le désir pervers, l'injure et la fonction paternelle », in *Cliniques méditerranéennes*, numéro spécial sur « Les homosexualités aujourd'hui : un défi pour la psychanalyse? », n° 65, mars 2002, p. 27.

11. « *Ce n'est pas par hasard* que nous achevons sur l'inversion psychique cet essai de systématisation des névroses familiales. Si en effet la psychanalyse

subordination de la mère à la loi du père, est attesté par de nombreux textes ultérieurs. Lacan va même jusqu'à opposer le père, qui assure l'entrée de l'enfant dans la culture, à la mère qui le rattache à la nature, le premier étant «le représentant, l'incarnation, d'une fonction symbolique qui concentre en elle ce qu'il y a de plus essentiel dans d'autres structures culturelles», et la seconde étant le «pôle à quoi le sujet est lié par un lien, lui, incontestablement naturel[12]». C'est même, semble-t-il, dans cette opposition père-mère, c'est-à-dire culture-nature, que Lacan voit la «situation la plus normativante du vécu originel du sujet moderne, sous la forme réduite qu'est la famille conjugale[13]».

C'est cette polarité «structurante» que Lacan entend préserver. Et l'on peut se demander pourquoi certains veulent absolument protéger Lacan du recours, pour interpréter son œuvre et sa politique, à ce qu'il a écrit, au point qu'il semble presque interdit de lire et comprendre ce que disent des textes comme ceux-ci, dont l'objectif est pourtant évident, et d'ailleurs énoncé comme tel par Lacan lui-même avec une grande franchise et une absolue certitude de soi, pour la raison simple que ce qu'il écrit correspond à la *doxa* intellectuelle et politique des milieux psychiatriques des années 1920 et 1930, et ne fait que répéter les lieux communs de la culture de son temps contre le féminisme et la fin de la «différence des sexes».

---

est partie des formes patentes de l'homosexualité pour reconnaître les discordances psychiques plus subtiles de l'inversion, c'est en fonction d'une antinomie sociale qu'il faut comprendre cette impasse imaginaire de la polarisation sexuelle, quand s'y engagent invisiblement les formes d'une culture, les mœurs et les arts, la lutte et la pensée» (Jacques Lacan, « Les Complexes familiaux… », *op. cit.*, p. 84.)

12. Jacques Lacan, «Le mythe individuel du névrosé» (1953), *Ornicar*, n° 17-18, 1979, cité par Markos Zafiropoulos, *op. cit.*, p. 198.

13. *Ibid.*

J'ajouterai d'ailleurs que cette lecture est confirmée par Lacan lui-même, dans un texte de l'immédiat après-guerre, récemment réédité par Jacques-Alain Miller dans les *Autres écrits* à la suite de l'article sur «Les Complexes familiaux...». Lacan y parle de son expérience en tant que médecin mobilisé en 1940. Et il décrit «l'effet macérant pour l'homme d'une prédominance psychique des satis-factions familiales, et cet inoubliable défilé, dans le service spécial où j'étais attaché, de sujets mal éveillés de la chaleur des jupes de la mère et de l'épouse, qui, par la grâce des évasions qui les menaient plus ou moins assidû-ment à leurs périodes d'instruction militaire, sans qu'ils y fussent l'objet d'aucune sélection psychologique, s'étaient trouvés promus aux grades qui sont les nerfs du combat : du chef de section au capitaine. Le mien ne me permettait pas d'accéder autrement que par ouï-dire aux échantillons que nous avions de l'inaptitude à la guerre des cadres supérieurs. J'indiquerai seulement que *je retrouvais là à l'échelle collective l'effet de dégradation du type viril que j'avais rapporté à la décadence sociale de l'imago paternelle dans une publication sur la famille en 1938*[14]».

Dégradation du type viril liée à la décadence de l'imago paternelle. C'est donc bien de cela qu'il était question dans l'article de 1938. Et que quelques relents de pétainisme idéologique se fassent sentir dans ce viri-lisme nationaliste et misogyne qui cherche à expliquer la défaite militaire par l'efféminement des hommes, me semble peu contestable. Nous ne sommes pas si loin des discours de 1940 attribuant la défaite à la mauvaise influence de Gide sur la jeunesse française.

---

14. Jacques Lacan, «La psychiatrie anglaise et la guerre», in *Autres écrits*, *op. cit.*, p. 112. C'est moi qui souligne. Ce texte, qui date de 1947, montre bien que Lacan adhère encore à l'époque à cette politique de défense de la virilité et de dénonciation de l'efféminement des hommes.

Michel Tort affirme dans un article retentissant, dans *Les Temps modernes*, en se référant au livre de Françoise Hurstel qui met en parallèle certains énoncés de Lacan avec ceux de la droite catholique des années 1930, inquiète de la «carence du père», que le projet de Lacan s'inscrivait dans un horizon idéologique fort réactionnaire et caractérisé par une hostilité fondamentale au féminisme, comme les discours d'une bonne partie de ses disciples aujourd'hui le sont par une hostilité au mouvement gay et lesbien (et au féminisme également, d'ailleurs, comme on l'a vu lorsque certains psychanalystes lacaniens se sont opposés à la transmission du nom par la mère en invoquant comme une règle d'évidence – ce qui est «évident» pour eux l'est de moins en moins dans la société – que «la mère transmet la vie, le père transmet le nom [15]»).

---

15. Voir Michel Tort, «De la différence "psychanalytique" des sexes», *Les Temps modernes*, juin-juillet-août 2000, p. 177-215, notamment p. 197. Et Françoise Hurstel, *La déchirure paternelle*, Paris, PUF, 1996. Hurstel écrit : «Ce ne sont ni les psychanalystes, ni les psychiatres, ni les psychologues qui s'intéressent d'abord au rôle du père, ce sont les chrétiens catholiques et particulièrement le clergé catholique dans sa frange la plus conservatrice.» Elle cite des textes des années 1940 sur les effets de la «démission du père» et la nécessité de rétablir l'autorité de ce dernier, ainsi que la soumission de la femme dans le couple, puisque c'est ainsi que le veut le dessein de Dieu (voir p. 22-25). Elle souligne à quel point la théorie lacanienne du Nom du Père et de l'inscription du sujet dans l'œdipe se situe à l'évidence dans le cadre de ces déplorations de la «carence paternelle». Mais il me semble que son analyse historique se limite par trop à une période de quelques années. Dès le XIXᵉ siècle, les psychiatres ont travaillé à cette défense de l'ordre familial conjointement avec les idéologues catholiques, et l'on peut même dire, en suivant Foucault, que la psychiatrie est devenue autonome au XIXᵉ siècle en se constituant comme une branche de l'hygiénisme social chargée d'assurer le maintien de l'ordre familial (voir Michel Foucault, *Les Anormaux*, *op. cit.*). Comme le dit Foucault, la psychiatrie opère alors une transposition de la chair chrétienne dans le lit conjugal et l'espace familial (p. 249). Et puisque, comme il le dit encore, la psychiatrie se donne pour tâche de faire la «chasse aux dégénérés» (p. 300) pour éliminer tout ce qui est «anormal» par rapport aux comportements des enfants, on voit bien que Lacan, avec son article de

Dans *Une morale du minoritaire*, j'ai moi-même affirmé, en suivant Michel Tort et Françoise Hurstel, et en versant au dossier une pièce supplémentaire qui n'avait pas été utilisée jusqu'ici (la lettre de la femme de Léon Daudet à Charles Maurras, en 1924, à propos du jeune Lacan), que le texte de Lacan s'inscrivait dans ce mouvement de réaction de la droite française à la crise de la famille traditionnelle et à la mise en question du rôle du père au sein de celle-ci.

Mais en fait, cette obsession de la dévirilisation de la société et la hantise, le fantasme de l'efféminement généralisé et donc d'une ressemblance de plus en plus grande de tous les hommes avec les hommes homosexuels (qui, pour Lacan, sont nécessairement efféminés), sous l'effet de la « décadence de l'imago paternelle » comme fondement symbolique de la structuration psychique, n'était pas l'apanage des milieux de droite. Ces craintes étaient partagées par la gauche chrétienne, et ratifiées, confortées, par les psychiatres et psychanalystes de l'époque. C'est donc une des grandes anxiétés des années 1930 qui se donne à lire dans le texte de Lacan. La panique provoquée par les transformations de la famille, l'angoisse liée à la crise de la masculinité induite par les progrès de l'égalité des droits pour les femmes dans les années 1930 (et notamment, je l'ai dit, au moment du Front populaire), et, dès les années 1920, par le traumatisme créé par les

---

1938, s'inscrit parfaitement dans cette filiation. A la fin de ce cours, Foucault annonce d'ailleurs qu'il reprendra l'année suivante l'analyse de la « psychiatrie comme défense sociale » à partir du problème du « désordre social » et de l'« anarchie », de la « psychiatrisation de l'anarchie ». Là encore, on voit, en poursuivant les analyses de Foucault, à quel point la psychanalyse contemporaine (avec les explications qu'elle contribue à propager du « désordre social » comme effet du « désordre familial » et de la carence du père) s'inscrit dans le sillage de la psychiatrie du XIX<sup>e</sup> siècle et de l'hygiénisme social le plus réactionnaire.

«garçonnes», traversaient les frontières politiques et provoquaient de nombreuses réactions idéologiques de la droite à la gauche, dont le familialisme, l'anti-féminisme et l'homophobie semblent avoir été le fonds commun et les caractéristiques majeures (une homophobie qui semblait, et qui semble toujours, aller tellement de soi qu'elle passe le plus souvent inaperçue, alors qu'elle est obsessionnelle, ressassée, et bien antérieure à toute émergence d'un mouvement gay et lesbien organisé ; mais il est vrai que l'œuvre de Gide marquait si profondément les esprits que son influence apparaissait comme responsable de bien des maux et comme devant être exorcisée…).

Je voudrais, pour le montrer, m'arrêter quelques instants à un livre d'Emmanuel Mounier (le fondateur de la revue *Esprit*) publié en 1946, et intitulé *Traité du caractère*. C'est un gros ouvrage indigeste d'idéologie christiano-psychologisante, tout au long duquel la psychanalyse est très souvent convoquée, et Freud fort souvent cité au milieu des psychiatres de l'époque, pour définir les cadres sociaux et psychiques de la fabrication des individus normaux.

Le ton est donné d'entrée de jeu : «La famille est notre donnée sociale élémentaire[16].» Et, après avoir indiqué qu'elle produit des «complexes et des fixations», Mounier poursuit :

---

16. Emmanuel Mounier, *Traité du caractère*, Paris, Seuil, 1946, p. 45. Dans son petit livre d'introduction au personnalisme, il écrit également : «L'homme et la femme ne s'achèvent que dans le couple. Le couple ne s'achève que sur l'enfant.» Peu avant, il a déploré que «l'indiscipline croissante des mœurs et les derniers sursauts de l'individualisme sapent dangereusement l'institution familiale dans ce qu'elle a de plus valable» (E. Mounier, *Le personnalisme*, Paris, PUF, coll. «Que sais-je?», p. 123). Ces péroraisons contre la permissivité qui sape l'institution familiale, contre l'i«ndividualisme» (c'est-à-dire contre le fait que les individus vivent comme ils l'entendent) se retrouvent aujourd'hui quasiment à l'identique dans nombre de livres ou articles de revues qui entendent combattre l'héritage de mai 1968 et

« Le complexe le plus courant est celui qui a pour objet le père, la fixation la plus courante, celle qui a pour objet la mère. Réunis chez le garçon, ils forment le complexe d'Œdipe. Cette cristallisation affective est souvent d'indice positif. Normale dans la première enfance et maximale dans la première année, elle doit se résorber ensuite[17]. »

Pourquoi doit-elle se résorber ? Parce que « la fixation maternelle entraîne le garçon à l'impuissance, elle l'écrase sous une sollicitude excessive qui lui enlève toute initiative, le détourne de la lutte et de l'insertion sociale, en fait pour la vie un être passif, douillet, diminué [...]. Imprégné de sensibilité féminine, il peut manquer la crise de virilisation jusqu'au bord des sexualités aberrantes. Parfois, il ne pourra jamais aimer la femme, pour n'avoir pas franchi le seuil de la mère à la femme, ou bien il exprimera la même impuissance par une instabilité érotique, en volant de femme en femme, toujours insatisfait[18] ».

Ah, Seigneur ! Prémunissez les garçons de ces « aberrations » que sont l'homosexualité et les partenaires multiples.

Je vous fais grâce des passages, pourtant succulents, sur les dangers de l'« athéisme » et de l'« anarchie », produits par la « révolte » des fils contre leurs pères (que je vous

---

de la libération sexuelle. Toute affirmation de la liberté est ainsi dénoncée comme le fruit de l'« individualisme », perçu lui-même comme une dérive de la démocratie (et l'on se demande comment et pourquoi tel ou telle idéologue peuvent se sentir habilités, au nom d'un intérêt collectif supérieur, à fixer les limites du possible démocratique et à refuser des droits à des individus ou à des groupes qui les réclament, et surtout habilités à définir ce qu'est cet intérêt collectif sans se soucier de ce que veulent les individus et les groupes qui appartiennent à la collectivité). Que ce genre de propos, si profondément réactionnaires, puissent être présentés comme la marque d'une rénovation de la pensée de gauche en dit long sur la réussite politique (sinon intellectuelle) de la restauration conservatrice qui a déferlé sur la France depuis une vingtaine d'années.

17. *Ibid.*, p. 97-98.

18. *Ibid.* La même angoisse quant à la « dévirilisation » des hommes et de la société traverse le « Que sais-je ? » sur le personnalisme (*op. cit.*).

laisse le soin et le plaisir de découvrir par vous-mêmes, si vous avez le courage de vous reporter au texte, ce qui n'est d'ailleurs pas sans importance, puisque ce type de discours a connu un tel regain de vitalité au cours des dernières années qu'il serait assez crucial d'en faire la généalogie), et je poursuis ma lecture :

> « Le Dr Laforgue a esquissé dans une étude sur les "névroses familiales" quelques processus de transmission aux enfants des déséquilibres des parents ou de leurs mésalliances. Soit un père passif et soumis uni à une mère virile et autoritaire. La mère détourne le garçon de la virilité d'autant qu'avec le père il a sous ses yeux mêmes un modèle de passivité masculine : il glissera vers des formes plus ou moins larvées, plus ou moins affir-mées, d'homosexualité, avec une tendance à la dissimula-tion [dans un monde dominé par les Mounier et Cie, on ne voit pas en effet comment il eût été possible de ne pas chercher à se dissimuler], et un pesant sentiment de culpabilité. La fille est moins menacée, mais elle tend à se masculiniser. Le même glissement vers la fuite du sexe se produit sous le couple père sévère écrasant de sa supério-rité une épouse effacée et pleurnicheuse [19]. »

Là encore, nous sommes si proches du texte de Lacan qu'on peut se demander si Mounier ne l'a pas lu. Mais il est plus probable qu'ils ont puisé tous les deux dans le même fonds des traités psychiatriques de l'époque, qui, comme la référence au Dr Laforgue et à quelques autres semble l'indi-quer, devaient tous dire à peu près la même chose que Lacan. La menace qui pèse sur les enfants, et qu'il faut donc leur éviter à tout prix, c'est bien l'homosexualité :

---

19. *Ibid.*, p. 102.

« La phase de tendance homosexuelle est la plus dangereuse de toutes. L'individu est devant un pas définitif à
faire, une adaptation qui lui coûte de gros efforts
physiologiques et psychologiques [...]. Le léger repli
qu'il marque toujours alors dans la recherche homosexuelle est normal, s'il ne se stabilise pas. On le reconnaît, bien qu'il varie énormément en importance d'un
sujet à l'autre, à certains attachements passionnés des
élèves pour un professeur ou pour un camarade. La
masturbation y est très répandue et bien qu'elle doive
rapidement disparaître pour ne pas devenir anormale, il
est dangereux d'éveiller à son sujet, en un moment aussi
fragile, des sentiments de culpabilité accablante [20]. »

Mais il faut, en revanche, tout mettre en œuvre, dès le
plus jeune âge, pour que l'homosexualité ne puisse s'installer, en préservant la polarité des sexes, et l'attribution à
chacun d'eux de la place, du rôle et des vêtements qui lui
conviennent :

« Plus tôt le garçon se sentira garçon, et la fille se sentira
fille, nous dit le Dr Pichon [en voilà un autre !], plus tôt
le premier aura les cheveux coupés et sera habillé en
garçon, plus tôt la fille sera en robe, mieux cela vaudra.
Les mères ont souvent à ce sujet des aveuglements
coupables, et pour de puériles fantaisies, il leur arrive de
compromettre définitivement l'équilibre affectif de leur
enfant. La mère de Wilde le gardera longtemps près
d'elle avec un soin jaloux en lui imposant jusqu'aux
approches de la puberté, des vêtements féminins : on
sait ce qu'il en advint [21]. »

---

20. *Ibid.*, p. 149.
21. *Ibid.*, p. 150.

Il faut donc que chaque sexe reste à sa place, et se conforme à sa «condition», mais aussi que les enfants soient élevés dans l'idée que leurs «conditions» sont nécessairement complémentaires :

> «Rien n'est plus pernicieux que d'exciter un sexe contre sa condition, ou les sexes l'un contre l'autre, comme font ces mères révoltées qui braquent la sensibilité de leurs filles contre les hommes en général, et ces adultes qui se plaisent à éveiller déjà le mépris réciproque entre petits garçons et petites filles. Les jeux communs ont l'avantage d'apprendre aux deux sexes à s'admettre l'un l'autre et à ne pas chercher à jouer le rôle de l'autre. Les détourner l'un de l'autre pour les "préserver" c'est ouvrir la porte à toutes les anomalies.»

Bref, la clé de l'harmonie se trouve dans la complémentarité... et le respect par chaque sexe de sa «condition» et de son «rôle». Sinon, gare aux «anomalies»! Et par «anomalie», il entend, bien sûr, car c'est chez lui une véritable obsession, l'homosexualité, que l'on peut, que l'on doit essayer d'éradiquer avant qu'elle ne se développe. Car, nous dit-il, «si l'homosexualité comporte des prédispositions congénitales, elle est loin d'être fatale et des éducations aberrantes en portent souvent la responsabilité[22]».

Il convient, bien entendu, que ceux qui auraient des dispositions congénitales à l'homosexualité soient amenés à les brimer par une éducation répressive. Et c'est à une guerre des parents contre leurs enfants déviants qu'appelle ici Mounier : contre les garçons efféminés et les filles trop masculines, afin de contrecarrer ce qui pourrait se déve-

---

22. *Ibid.*, p. 151-152.

lopper en eux si l'on n'y prenait garde. La responsabilité en incombe aux parents.

En effet, conclut-il, « le choix hétérosexuel, contrairement à cette fuite du réel, représente la victoire définitive du principe de réalité, il consacre l'adaptation conjuguée à autrui et au monde extérieur. Tout le caractère en est affirmé[23] ».

J'en terminerai ici avec ce *Traité* de Mounier (en signalant tout de même que ce volume contient quelques considérations tout simplement racistes sur le fait que les Noirs vivent dans le présent alors que les Blancs se projettent dans l'avenir).

Le plus grave dans tout cela, c'est que nous ne sommes pas en présence de textes dont tout le monde s'accorderait à dire qu'ils renferment des vieilleries dépassées depuis longtemps et qu'il vaudrait mieux oublier. Non ! Le *Traité du caractère* a été réédité en collection de poche en 1974, et il est toujours disponible aujourd'hui (expurgé, cependant, de nombreux passages — et notamment des considérations racistes). Et plus récemment, d'autres œuvres de Mounier ont été publiées dans la même collection de poche, avec des préfaces rédigées par des membres du comité de rédaction de la revue *Esprit* (Paul Ricœur et un certain Guy Coq, celui-là même qui s'est spécialisé dans les diatribes hystériques et répétées contre le Pacs — il prophétise ainsi la « mort » prochaine de la société si l'on ne prend pas les mesures propres à l'empêcher de tomber sous la « domination » de la « culture gay[24] » — mais qui trouve néanmoins le temps d'écrire des articles sur « La philosophie de Jean-Paul II »).

---

23. *Ibid.*, p. 153.
24. Et ces propos haineux et injurieux sont évidemment accueillis régulièrement dans *Libération*, au nom du « débat nécessaire ».

Mounier est présenté par ses préfaciers (en 2000) comme le penseur fondamental de la démocratie à venir. Ils exaltent même sa «force d'attraction[25]». Pour ce qui me concerne, les textes que je viens de citer m'inspireraient plutôt une profonde répulsion. Mais cette attitude éclaire, s'il en était besoin, la conception qu'ont ces gens-là de ce qu'ils appellent la «démocratie». Et il faut bien avouer que nous sommes un certain nombre à redouter de les voir un jour en mesure de, comme le dit le titre d'un des volumes récemment publiés, «refaire la Renaissance». Au sens où ils semblent l'entendre, cela reviendrait plutôt à refaire le Moyen Age, ou le XIXᵉ siècle...

La double archéologie de la pensée lacanienne et de la pensée personnaliste permet de révéler une proximité fondamentale entre les deux courants, liés par un souci commun de lutter contre l'homosexualité et de préserver la cellule familiale comme ciment de la société, et la polarisation sexuelle, la différence des sexes, comme fondement de cette cellule familiale. Peut-être un certain nombre de disciples de Lacan et de Mounier manifesteraient-ils aujourd'hui une plus grande tolérance à l'égard des homosexuels en tant qu'individus ou personnes (ce qui n'est certainement pas le cas de tous, car beaucoup de psychanalystes lacaniens – comme beaucoup de ceux qui relèvent d'autres obédiences – considèrent toujours l'homosexualité comme une pathologie, et il en va de même chez les personnalistes, dont l'homophobie primaire est le plus souvent digne de celle leur maître). Mais les uns et les autres ont déplacé sur le couple homosexuel leur vindicte d'hier contre les homosexuels en tant

---

25. Guy Coq, préface à Emmanuel Mounier, *Refaire la Renaissance*, p. 19-20. Le préfacier parle également de «la synthèse remarquable qu'est *Le personnalisme*», p. 15.

qu'individus. Ce sur quoi ils s'accordent, c'est sur l'idée d'un ordre transcendant qui impose à la société les « règles » qu'elle doit suivre. Et si les personnalistes parlent aujourd'hui le langage lacanien de l'« ordre symbolique », c'est pour évoquer cette « transcendance » en évitant de donner à leur politique une coloration trop évidemment religieuse. C'est une stratégie déjà mise en œuvre par Mounier. Commentant Mounier, et la référence à « un ordre hiérarchique de valeurs », Ricœur évoque ainsi « la transcendance verticale, que Mounier tenta toujours de maintenir dans l'indécision, afin de ne point contraindre les personnalistes à choisir entre la lecture chrétienne et la lecture agnostique », ces deux versions étant, hélas, attaquées ensemble par le « nihilisme »[26]. Il va de soi que cette manière de laisser dans l'indécision la transcendance à laquelle s'adosse le personnalisme est assez relative, tous les textes de Mounier étant de toute évidence ancrés dans le sol d'un discours profondément religieux, et il ne cesse de délimiter la portée de l'« engagement » qu'il appelle de ses vœux par la nécessaire référence à un « ordre » de « valeurs supérieures » dont il n'est pas difficile (on le voit aujourd'hui) de savoir de quelle nature elles sont, et quelles limites elles imposent[27]. Ricœur est d'ailleurs en général plus explicite, quand il affirme à longueur d'articles et d'interviews que la politique doit se ressourcer au religieux,

---

26. Paul Ricœur, préface à Emmanuel Mounier, *Ecrits sur le personnalisme*, Paris, Seuil, coll. « Points-Essais », 2000, p. 9. Dans la même préface, avec le comique involontaire qui caractérise nombre de ses énoncés, Ricœur décrit le personnalisme comme le fruit d'un « amour des différences » (*ibid.*).

27. Voir par exemple le chapitre « Les droits de la transcendance » dans *Qu'est-ce que le personnalisme ?* : « Toujours maintenir engagées notre pensée et notre action, craindre l'utopie et le conformisme du non-conformisme [il y a tout de même peu de chances pour qu'il tombe dans ce travers !] » (Emmanuel Mounier, *Ecrits sur le personnalisme, op. cit.*, p. 331).

et que les valeurs auxquelles se réfère le personnalisme sont évidemment adossées à celles de la religion[28].

Et si les lacaniens disent très exactement la même chose que les personnalistes, c'est tout simplement que la notion d'ordre symbolique, telle qu'elle a été forgée par Lacan, et remaniée par Pierre Legendre (car les personnalistes ne citent pas directement Lacan, mais se réfèrent abondamment à Legendre, qui a assuré la médiation entre la pensée lacanienne et l'idéologie personnaliste), n'est rien d'autre qu'une version (à peine) sécularisée de la « transcendance verticale » de Mounier.

De tout ceci, il ressort clairement que la question de l'homosexualité est inscrite au cœur même des deux doctrines, celle de Lacan et celle de Mounier, et le souci de déterminer les moyens, les recettes, pour l'éradiquer et maintenir l'ordre hétérosexuel fait partie intégrante et constitutive des deux projets intellectuels. Il s'agit de maintenir la bonne santé de la société en garantissant son hétérosexualité.

Et de même que la crise de la famille et de la masculinité provoquée par les transformations du travail, par le déplacement qui en découla de la frontière entre les sphères spécifiquement masculine et féminine (le travail et le foyer, l'extérieur et l'intérieur, le public et privé...), par la revendication féministe d'un droit d'accès à la politique et au vote avait entraîné un violent mouvement de réaction idéologique chez Lacan et Mounier parmi tant d'autres, de même la crise de la famille et de la domination masculine (la place du Père dans la polarité Père-Mère), et la crise de l'hétérosexualité

---

28. Il le dit sans détour dans sa préface aux écrits de Mounier. Le projet philosophique de Ricœur n'est évidemment qu'un projet religieux, comme l'est tout le projet personnaliste. Sartre l'avait dit depuis longtemps, lorsqu'il déclarait que Ricœur était « un curé égaré dans la phénoménologie ».

suscitée, accentuée ou mise en lumière par la revendication gay et lesbienne ont provoqué dans les années 1990 et 2000 une mobilisation identique et convergente de leurs disciples pour essayer d'entraver, comme l'avaient fait leurs inspirateurs spirituels, les bouleversements historiques en cours.

Ce qui d'ailleurs conduit les uns et les autres non seulement à dénoncer la menace homosexuelle, mais à s'en prendre également, dans un mouvement de rejet de plus en plus rétrograde de tout ce qui s'est instauré dans la culture depuis les années 1960, à ce que le féminisme a changé dans la vie sociale et familiale. Si, du côté des psychanalystes, on déplore que le père soit devenu aussi doux que la mère, renonçant au rôle qui lui est imparti (le « nom du père », c'est aussi le « non du père », disent volontiers les lacaniens d'aujourd'hui, manifestant ainsi leur proximité avec les représentations les plus archaïques de la famille hétérosexuelle et de la domination masculine), du côté des personnalistes, une essayiste membre du comité de rédaction d'*Esprit* a publié un livre contre le féminisme, qui est assurément l'un des plus bêtes et des plus rétrogrades qui ait été publié au cours des trente dernières années et qui fut, bien sûr, applaudi par l'idéologue de cette revue la plus acharnée contre le Pacs et l'homoparentalité comme un livre « magnifique »[29].

C'est pourquoi il me semble que Félix Guattari avait tort lorsqu'il attribuait la dérive réactionnaire de Lacan et du lacanisme à la fermeture « structuraliste » de la notion d'inconscient, comme le fait également Judith Butler dans un texte récent[30]. Si, dit-elle, après le structuralisme, une

---

29. Claude Habib, *Le Consentement amoureux*, Paris, Hachette-Littérature, 1999.

30. Voir notamment, entre tant d'autres textes de Félix Guattari : « Les temps machiniques et la question de l'inconscient », in *Les années d'hiver, 1980-1986*, Paris, Barrault, 1986, p. 125-137. Et Judith Butler, « Is kinship

anthropologie s'est faite plus accueillante aux transformations historiques des formes de parenté, il serait nécessaire
qu'un même mouvement se dessine au sein de la psychanalyse. Or, il me semble que ce n'est pas, ou pas seulement, le
structuralisme qui est en question : Lacan n'est pas encore
structuraliste quand il écrit son texte de 1938 sur la famille.
Et le tournant structuraliste de sa pensée n'est qu'un tour
de passe-passe théorique pour placer dans une structure
transcendante (un «ordre symbolique» apparenté à l'ordre
du langage), qui précède l'entrée des sujets humains dans la
culture et n'est donc pas susceptible d'être atteint par le
changement historique, ce qu'il situait, en 1938, dans le
registre du social et des structures politiques à défendre
contre les «luttes» féministes et les évolutions historiques.
Son tournant structuraliste de 1953 ne modifie pas fondamentalement son programme politique. Il est avant tout
l'occasion de présenter ce qui relevait d'un projet conservateur comme la pure et simple description de Lois symboliques intangibles, à travers le fonctionnement desquelles
l'inconscient apparaît structuré comme un langage, et le
langage structuré par la polarité des sexes. En fait, on ne
voit pas pourquoi la mise en œuvre d'une psychanalyse
structurale, pas plus que d'une anthropologie structurale
d'ailleurs, pourrait avoir pour conséquence (et encore
moins se donner pour objectif) d'empêcher les innovations
sociales en décrétant celles-ci non conformes aux structures
immuables de l'esprit humain – comme si l'extrême diver-
sité des réalités humaines n'interdisait pas précisément à
l'ethnologue et au psychanalyste de prescrire quelle solution
est bonne et laquelle est mauvaise (ce qui risque toujours,
on le sait, d'entraîner sur des chemins douteux). Lévi-

always already heterosexual», communication au colloque *Feminism and the
Shifting Boudaries of Private end Public*, Fondation Rockefeller, Bellagio
(Italie), 6-8 décembre 2000.

Strauss, d'ailleurs, souligne que «de nombreuses sociétés pratiquent, à l'occasion même du mariage, la confusion des générations, le mélange des âges, le renversement des rôles, et l'identification de relations à nos yeux incompatibles[31]». Ramener les situations existantes et répertoriées à un petit nombre de règles ne signifie assurément pas que toutes les possibilités ont été épuisées et que de nouvelles seraient impossibles. Le phonologue (auquel Lévi-Strauss compare l'anthropologue) analyse les structures phonologiques d'une langue, il serait absurde qu'il cherchât à prescrire comment elle doit ou ne doit pas évoluer (tout au plus peut-il dégager la logique interne des évolutions). On n'a peut-être pas assez remarqué, d'ailleurs, que dans *Les Structures élémentaires de la parenté*, en 1949, Lévi-Strauss, loin d'exclure l'homosexualité de ses analyses, les incluait explicitement dans sa modélisation en écartant l'idée que les relations homosexuelles pourraient être invoquées comme des objections à ses démonstrations[32].

Bref, le rôle de l'ethnologue (qu'il soit structuraliste ou non, d'ailleurs), et celui du psychanalyste (*idem*), consiste à étudier, analyser, expliquer ce qui est – certainement pas à décréter ce qui doit être.

Le problème n'est donc pas que la pensée de Lacan ait opéré, à partir des années 1950, un tournant structuraliste. C'est qu'elle ait été, dans les années 1930, si profondément façonnée par l'idéologie psychiatrique, et que celle-ci ait été politiquement si proche de l'idéologie chrétienne la plus attardée : la psychiatrie (et la psychanalyse)

---

31. Claude Lévi-Strauss, *Les Structures élémentaires de la parenté*, Paris, PUF, 1949, p. 558.

32. Ce point a été remarquablement mis en évidence par Sharon Marcus dans son exposé sur les «Mariages modernes et familles primitives dans les discours de l'époque victorienne en Angleterre», présenté au séminaire «Sociologie des homosexualités», EHESS, 6 mai 2003.

a partie liée avec l'ordre familial, comme l'idéologie chrétienne. On conçoit dès lors que ces deux courants se soient également retrouvés dans la dénonciation, souvent haineuse, de la sociologie critique, et notamment de la sociologie critique de la famille et de l'ordre masculin, que précisément ils travaillent à perpétuer. Et si je range ici la psychanalyse avec la psychiatrie, c'est parce que l'on voit bien, dans le cas de Lacan, que les catégories de la psychiatrie des années 1930 (et donc celles de la médecine mentale du XIXᵉ siècle) ont continué de vivre, à peine reformulées, dans la pensée psychanalytique des années 1950 à nos jours. Et aussi parce que la psychanalyse, comme la psychiatrie, est intrinsèquement liée à l'ordre familial. Sa naissance, sa conceptualité, son projet d'élaborer une science du psychisme sont consubstantiels à une réalité familiale historiquement située dont les retombées psychiques ont été transformées, par les psychanalystes et par le «savoir» qu'ils ont construit autour de ces formes familiales, en principe nécessaires de la structuration psychique et du «bon» fonctionnement des psychismes individuels et de la vie en société. La psychanalyse est toujours, et fondamentalement, une psychanalyse de la famille. Et loin qu'elle soit obligée d'évoluer avec la transformation actuelle des formes familiales, comme le suggère généreusement Jacques Derrida[33], elle s'appuie au contraire sur ses concepts familialistes (c'est-à-dire sur ses concepts tout court, qui sont toujours, à commencer par l'œdipe, adossés, indexés à l'ordre familial hétérosexuel traditionnel) pour décréter que ces changements sont impossibles, impensables, et de toute façon néfastes, dangereux, catastrophiques, etc. Mais on peut légitime-

---

33. Voir ses remarques dans son livre de dialogues avec Elisabeth Roudinesco, *De quoi demain…*, Paris, Fayard, 2001, p. 63 suiv.

ment penser que, lorsqu'une théorie est incapable de rendre compte de ce qui se passe dans la société, au point de déclarer impossible ou impensable ce qui existe, la conclusion qui s'impose n'est pas qu'il faut changer la réalité ou essayer de l'empêcher d'être ce qu'elle est, mais de changer la théorie, ou, si cela se révèle à ce point impossible ou impensable, la remiser dans les poubelles de l'histoire.

Contre les psychanalystes lacaniens (et les autres, bien sûr), contre leurs alliés personnalistes, contre tous ceux qui veulent figer l'ordre des choses, et même le faire revenir en arrière, il faut défendre aujourd'hui les possibilités d'élargir l'espace des modes de vie possibles, d'accroître la liberté des personnes. Contre ces forces conservatrices coalisées, il faut défendre le droit des individus à vivre les vies qu'ils se choisissent et s'inventent. Contre les lois de la transcendance et contre les gourous qui s'en font les interprètes et les promoteurs pour mieux imposer leurs conceptions de la société, il faut affirmer les droits de l'immanence : ce qui passe dans la société et les situations concrètes qui ne cessent de se transformer.

# 2

# Comment on s'arrange

## *La psychanalyse, le couple et les homosexuels*[1]

Les homosexuels peuvent-ils se marier? Cette question hante aujourd'hui les sociétés occidentales et met en émoi les représentants de certaines disciplines intellectuelles. A commencer par les psychanalystes, qui furent nombreux à se précipiter vers les tribunes médiatiques pour rappeler les dogmes de la «différence des sexes» et de la structuration «nécessairement» hétérosexuelle du psychisme humain et dire, pour cette raison, leur hostilité à l'égard de la reconnaissance juridique des couples de même sexe, et surtout, bien sûr, à la possibilité pour ceux-ci d'exercer la parenté.

Il est vrai que tous les psychanalystes ne se sont pas enfermés dans de telles attitudes grossièrement normatives et prescriptives. Plusieurs ont même suggéré qu'il serait temps de repenser la psychanalyse à partir des questions

---

1. Version augmentée d'un article paru dans la revue *Cliniques méditerra- néennes*, numéro spécial sur «Les homosexualités aujourd'hui : un défi pour la psychanalyse?», n° 65, mars 2002. J'en avais présenté une première esquisse lors du colloque *Feminism and the Shifting Boundaries of Public and Private*, organisé par Joan Scott, du 5 au 8 décembre 2000, à la Fondation Rockefeller, à Bellagio (Italie).

nouvelles aujourd'hui posées au savoir par les innovations culturelles et sociales et les mouvements qui les font exister dans l'espace public et politique. Mais, même chez ces psychanalystes progressistes, à l'exception d'un tout petit nombre d'entre eux, la volonté d'accueillir les transformations historiques coexiste souvent avec un souci de conserver le privilège discursif – et politique – grâce auquel ils peuvent se sentir autorisés à définir le sens et fixer les limites de l'innovation. Et si j'ai choisi de m'arrêter aujourd'hui sur le texte d'un psychanalyste, pour le commenter et lui adresser quelques questions, c'est précisément parce qu'il me semble exemplaire de cette démarche, en ce qu'il se présente comme le manifeste d'un *aggiornamento* de la psychanalyse destiné à amener celle-ci à coller à ce qui se passe dans la société un siècle après Freud, mais qu'il s'arrête à mi-chemin de son projet, pour la simple raison qu'il veut absolument maintenir l'idée que la psychanalyse est une « science » à laquelle reviendrait la tâche de conférer leur « signification » aux transformations historiques.

Dans les quelques paragraphes qui constituent sa contribution au numéro spécial que *La Cause freudienne* a consacré à « L'inconscient homosexuel », en 1998, Jacques-Alain Miller écrit en effet, avec le sentiment évident de produire une rénovation audacieuse du discours analytique :

« Nous vivons aujourd'hui, sur un rythme haletant, aux Etats-Unis, et plus lentement en France, une période d'extraordinaire plasticité des représentations sociales. C'est une véritable métonymie des significations qui défilent : de l'homosexuel est né le gay, et on en est maintenant à la *queer-nation*[2]. »

---

2. Jacques-Alain Miller, « Discussion de l'article d'Eric Laurent, "Normes nouvelles de l'homosexualité" », *La Cause freudienne*, 1997, p. 12.

Il poursuit :

« Freud avait affaire à un Autre consistant, qui dit non, qui classe, juge, punit, qui invente la catégorie, et essaie ensuite de réprimer, qui s'inquiète de la fréquence, etc. Nous sommes à la fin de ce même siècle et sociologiquement, historiquement, l'Autre n'est plus le même. C'est ce que nous essayons d'appeler *L'Autre qui n'existe pas*. Dans la mesure même où l'Autre n'existe pas, on trouve à sa place une certaine disposition à la reconnaissance, à l'accueil, d'une façon certes contrastée, hésitante, mais sinon le sens de l'histoire, du moins le sens de l'Autre qui n'existe pas va dans cette direction. Cette reconnaissance signifiante tend à gommer un certain nombre de traits fondamentaux de la perversion. »

Miller évoque alors la réaction des psychanalystes face à ces transformations sociales. Ils ne peuvent évidemment pas ignorer ce qui se passe dans le monde qui les entoure, et dont, inévitablement, ils entendent l'écho, ne serait-ce qu'en étant confrontés à des gens qui viennent les voir pour leur parler des problèmes qu'ils rencontrent dans leur vie quotidienne. Mais les analystes redoutent parfois les bouleversements que cela ne peut manquer de provoquer aussi bien dans leur pratique que dans leur réflexion théorique :

« Les modifications aussi sensationnelles de ce que nous appelons l'Autre ne restent pas sans conséquence dans la pratique analytique. Pourtant, dès lors que nous faisons pénétrer le discours universel dans notre espace de réflexion et que nous le chamboulons, il y a de l'inquiétude, voire de la panique. »

Le constat que faire pénétrer la réalité dans la réflexion analytique provoque de l'inquiétude ou de la panique est pour le moins surprenant et mériterait qu'on s'y attardât plus longuement dans la mesure où il en dit long sur l'état actuel (ou sur la vérité profonde) de la psychanalyse. Mais relevons simplement que c'est contre cette inquiétude que Miller entend réagir. Il faut d'ailleurs signaler au passage que c'est l'ensemble de ce numéro de *La Cause freudienne* qui se donne pour tâche de promouvoir un renouvellement du discours analytique, en s'appuyant à la fois sur ce qu'enseigne l'expérience clinique contemporaine et sur une lecture freudienne de l'actualité afin de coller aux transformations culturelles et sociales provoquées depuis quelques années par le mouvement gay. Dans sa présentation du dossier, la rédactrice en chef de la revue, Catherine Bonningue, le dit très clairement lorsqu'elle désigne ainsi les enjeux de ce numéro spécial : « Quelle était la position de Freud par rapport à l'homosexualité ? Quelles sont les nouvelles normes qui nous viennent des États-Unis en matière d'homosexualité ? Quelle est la clinique actuelle des analystes concernant l'homosexualité ? » Et elle affirme sans ambages : « L'actualité a pris la tête du peloton, suivie de près par une lecture freudienne, qui n'en est que l'envers[3]. »

Il serait assurément utile, pour tempérer son enthousiasme, de retracer l'histoire des rapports entre la psychanalyse – et notamment de la psychanalyse lacanienne – et le mouvement homosexuel au cours du XXe siècle et jusqu'à

---

3. Catherine Bonningue, éditorial, *ibid.*, p. 3. Bizarrement, tout au long de ce numéro spécial, les questions posées par le mouvement gay et lesbien semblent n'être pensées que comme une émanation de ce qui se passe aux États-Unis, comme si elles n'avaient pas leur histoire propre en France, et comme si cette tradition française (Gide, Foucault...) n'avait pas depuis longtemps posé problème à la psychanalyse.

nos jours (il faudrait évoquer également ses rapports avec le féminisme). Le tableau serait certainement plus contrasté qu'elle ne feint de le croire, et, assurément, pas toujours à la gloire de la psychanalyse, et, en tout cas, pas à celle de la psychanalyse lacanienne. Mais je me contenterai, dans le cadre de cet essai, de constater que certains psychanalystes, aujourd'hui, loin de s'effrayer des bouleversements qui interviennent dans la culture, et loin de se faire un devoir de chercher à les entraver, comme l'ont fait la majorité de ceux qui se sont exprimés sur ces questions, veulent au contraire y lier étroitement la démarche analytique elle-même, comme l'endroit et l'envers d'un même processus.

Le geste est salutaire! On a trop souvent entendu les psychanalystes, en France en tout cas, ressasser des articles de foi et psalmodier des listes de notions qui ne correspondent plus aux réalités d'aujourd'hui (si tant est qu'elles aient jamais été autre chose que des mythologies pseudo-scientifiques). Comment ne pas se réjouir, dès lors, que l'Ecole de la Cause freudienne se donne pour objectif de retrouver le geste inaugural de Freud qui «ne se voila pas la face devant les conséquences du *tout homme est pervers*», et de reformuler le savoir analytique en le confrontant à ce qui se passe dans la société? Il s'agit d'affirmer, ajoute Catherine Bonningue, que «la question fondamentale reste, pris cas par cas, ce que chacun fait de son fantasme fondamental, à savoir tel ou tel choix d'objet d'amour qui se rit de la différenciation du sexe biologique [...]. L'analyste, quant au choix sexuel, suspend son jugement. Ce qui permet aux analystes, forts de leur expérience, de soutenir un choix possible pour ledit sujet au-delà de la morale ambiante».

La psychanalyse aurait donc pour tâche de soutenir les individus dans leur «fantasme fondamental» concernant le choix de l'objet sexuel, et c'est ainsi qu'elle pourrait accompagner les évolutions culturelles et sociales, en s'assignant le noble objectif d'aider les individus à surmonter les problèmes et les difficultés que ne peuvent manquer de faire surgir les modes de vie en rupture avec la «morale ambiante». Voilà un beau programme, on en conviendra volontiers, dont on pourra simplement regretter qu'il n'ait pas été adopté par toutes les écoles psychanalytiques. Programme qui, d'ailleurs, est sans doute la seule voie possible pour la psychanalyse aujourd'hui, si elle veut relever les défis qui lui sont lancés par des formes de vie sexuelle, affective, familiale, nouvellement advenues à l'existence, ou déjà anciennes mais nouvellement advenues à la visibilité publique ou au débat politique, et qu'elle ne peut continuer d'ignorer ou de condamner sous peine de se retrouver elle-même prochainement ignorée et définitivement condamnée, renvoyée aux oubliettes de l'histoire intellectuelle par des réalités désormais si évidentes et si largement installées qu'elle se ridiculiserait et se ruinerait à vouloir les combattre plus longtemps. On ne voit pas, en effet, comment elle pourrait continuer de faire la guerre à la réalité, et notamment à des réalités viables, et désormais bien établies, sans risquer de perdre à plus ou moins long terme la crédibilité qui lui est encore parfois reconnue.

*

En tout cas, il est évident que ce numéro de *La Cause freudienne* traduit une nette inflexion du discours lacanien sur l'homosexualité. Nous sommes loin des propos que tenait Lacan lui-même, quand il déplorait qu'on ne sût pas guérir les homosexuels – alors même que, précisait-il, ils sont «guérissables» – parce qu'on n'avait pas, jusqu'à lui, bien compris l'énigme de l'homosexualité, dont il avait l'ambition de donner la clé à ses auditeurs (afin de les rendre plus efficaces dans leur travail de guérison des «pervers» – j'emploie ce mot puisque Lacan a également beaucoup insisté sur le fait que l'homosexualité était et restait une «perversion»[4]). Certains de ses héritiers ont donc évolué. Tant mieux. Et il est assez remarquable de voir que l'on assiste aujourd'hui à une tentative de refondation du discours analytique à partir de l'affirmation, très fermement énoncée, que la psychanalyse n'a pas pour fonction de dire la norme et de faire rentrer les individus dans le droit (*straight*) chemin, mais plutôt d'aider les individus à vivre au mieux leurs désirs et leurs choix.

Aussitôt après avoir annoncé que la psychanalyse devait accueillir les perturbations qui lui viennent de l'extérieur, regarder sans se voiler la face ce qui se produit dans la réalité culturelle et sociale et dans les représentations, Miller se pose la question des «unions du même sexe» : «Il y a sans doute matière à prendre parti du point de vue de la psychanalyse, à se sentir interpellé, comme dirait Boswell, par la question posée par les *unions du même sexe.*»

Et j'en viens donc au passage sur lequel je voudrais m'arrêter ici et qui s'ouvre sur cette question :

«La clinique a-t-elle quelque chose à dire en faveur ou en défaveur de la reconnaissance juridique et sociale du concubinage homosexuel?»

---

4. Voir notamment les propos incroyablement homophobes de Jacques Lacan dans *Le Séminaire*, V, *Les Formations de l'inconscient, op. cit.*, et *Le Séminaire*, VIII, *Le Transfert*, Paris, Seuil, 2001. J'ai commenté ce texte, et quelques autres du même genre, dans *Une morale du minoritaire, op. cit.* C'est tout le projet de Lacan qui me semble, comme je crois l'avoir montré, travaillé par ses pulsions profondément misogynes et homophobes.

Tous les développements précédents conduisent, on l'aura compris, à une attitude fort accueillante devant la revendication d'une reconnaissance juridique des couples du même sexe. Tout à son souci d'ouvrir la psychanalyse aux nouvelles réalités, aux nouvelles représentations, de «chambouler» la réflexion analytique, Miller énonce très clairement sa position :

> «A mon avis, il existe, chez les homosexuels, des liens affectifs de longue durée qui justifient parfaitement, selon des modalités à étudier, leur reconnaissance juridique, si les sujets le souhaitent. Savoir si cela doit s'appeler mariage c'est une tout autre question. Ces liens ne sont pas du même modèle que les liens affectifs hétérosexuels. En particulier, quand ils unissent deux hommes, on ne trouve pas l'exigence de fidélité érotique, sexuelle, introduite pour le couple hétérosexuel par un certain nombre de facteurs – du côté féminin dans un certain registre, dans un autre registre par les exigences du partenaire masculin. Je ne vois pas en quoi l'authenticité du lien affectif pourrait être mise en cause par l'acceptation du partenariat sexuel multiple.
> Je ne suis pas qualifié pour inventer le nom, les espèces de reconnaissance sociale et juridique du lien, mais je suis pour – pour avoir cliniquement constaté l'authenticité de ces liaisons entre homosexuels[5].»

On remarquera tout d'abord que Miller court-circuite la question qu'il a lui-même posée au début de ses considérations sur les unions. Il se demandait en effet *si* la psychanalyse en tant que clinique avait quelque chose à dire sur la reconnaissance juridique et sociale de ces

---

5. Jacques-Alain Miller, art. cit., p. 13.

«unions». Or, aussitôt après avoir formulé cette interrogation, il se prononce sur *ce que* la clinique peut dire sur ce point, comme s'il allait de soi qu'elle était fondée à dire quoi que ce soit sur des problèmes qui ressortissent à la politique et au droit. La question de savoir si la psychanalyse est fondée à se prononcer sur des questions juridiques est donc évacuée aussitôt après avoir été posée. Or, même si de nombreux psychanalystes ont considéré, tout au long du débat sur le Pacs, qu'il leur incombait de s'auto-instituer les experts de ce que doivent et ne doivent pas être le couple, la famille, la parentalité, et pour exprimer, dans leur immense majorité, leur hostilité – souvent violente – aux innovations culturelles, politiques et juridiques en cours, on peut légitimement se demander si la vocation de la psychanalyse est de dire le droit et de faire la loi[6]. Que tant de psychanalystes se soient précipités pour répondre à la demande sociale d'«expertise» qui leur était adressée ne signifie pas que leur démarche ait été justifiée, ni que le caractère collectif, disciplinaire, pourrait-on dire, de cette occupation du terrain médiatique et de cette prise du pouvoir culturel et politique puisse valoir comme une légitimation théorique – et non pas simplement comme un symptôme social (et, puisque la plupart de ces psychanalystes se présentent comme des hommes et des femmes de gauche, un symptôme également de ce qu'est devenue la gauche intellectuelle française). J'entends bien que Miller se distingue de la plupart de ses collègues en ce qu'il exprime ici une position très nettement favorable à la

---

6. Sur les prises de position des psychanalystes sur des sujets de société dans les journaux et dans la sphère politique (bioéthique, Pacs, homoparentalité, etc.), voir Dominique Mehl, *La bonne parole. Quand les psys plaident dans les médias*, Paris, La Martinière, 2003 ; et, plus spécifiquement sur l'homosexualité, voir Eric Fassin, «L'inversion de la question homosexuelle», *Revue française de psychanalyse*, t. XVII, n° 1, 2003, p. 264-284.

reconnaissance juridique. Il a d'ailleurs signé, avec Judith Miller, un manifeste intitulé « Pour une reconnaissance juridique du couple homosexuel », publié dans *Le Nouvel Observateur* en mai 1996, qui demandait au gouvernement français et aux partis politiques de respecter la recommandation votée par le Parlement européen d'assurer l'égalité des droits entre les couples homosexuels et les couples hétérosexuels (et comme c'est moi qui avais sollicité leur signature, je serais évidemment malvenu de leur reprocher de l'avoir fait).

Il est par ailleurs loisible de penser qu'il n'est pas tout à fait équivalent de se prononcer, du point de vue d'un savoir ou d'une discipline, en faveur de droits nouveaux accordés à de nouvelles catégories d'individus ou de se prononcer contre ces droits. Dans ce dernier cas, il s'agit de faire comme si le savoir permettait de faire le tri entre ceux qui peuvent bénéficier des droits et ceux qui doivent en être privés (ce qui revient à dire que le savoir pourrait discriminer entre des groupes à l'égard desquels la société et le droit seraient fondés à entretenir des rapports différents). Dans le premier cas, il s'agit tout simplement de dire que le savoir ne permet pas de faire de telles distinctions, ce qui ne peut donc déboucher que sur l'indifférence du droit devant les différentes sexualités et orientations sexuelles. Par conséquent, ce n'est pas le même rapport qui s'instaure entre un savoir et une prise de position extrinsèque à l'ordre du savoir lorsque ce savoir est invoqué pour élargir l'espace de la liberté possible ou au contraire pour la limiter. Ce ne sont pas des démarches symétriques. Après tout, c'est au nom des enseignements de la psychanalyse que Freud intervenait dans des débats politico-juridiques, lorsqu'il demandait qu'on décriminalisât l'homosexualité. Sa prise de position n'eût pas revêtu la même signification quant à la constitution d'un savoir en tant que savoir, et quant au rapport de ce savoir avec le monde social et avec la vie des individus en société, s'il avait soutenu le point de vue inverse. Mais je n'insiste pas sur ce point, qui relève d'une autre discussion que celle que je voudrais mener ici. Je remarque simplement que Jacques-Alain Miller ne s'arrête pas à la question qu'il soulève, et qui n'est pas sans importance (car, au fond, ce qui est en jeu, c'est la définition même de la psychanalyse, et de sa place dans la société). Mais je remarque surtout que Miller, après avoir court-circuité ce problème majeur, et après avoir émis un avis favorable, au nom de la «clinique», sur la reconnaissance juridique des couples homosexuels, néglige d'aller jusqu'au bout de sa logique égalitaire et progressiste en persistant à vouloir distinguer différents types de cadres juridiques en fonction des différents types de sexualités.

On pourrait évidemment s'étonner que Miller prenne comme point de départ le problème du «concubinage» (faut-il reconnaître le concubinage homosexuel?), pour nous dire, après avoir répondu positivement, que cela ne peut sans doute pas s'appeler mariage. Car même chez les hétérosexuels, le «concubinage», pour autant que l'on sache, n'est pas le «mariage». Il eût été plus logique de poser une double question : faut-il reconnaître le droit au concubinage et le droit au mariage pour les homosexuels? Or, la manière dont il formule sa question semble impliquer dès le départ qu'il ne s'agit nullement pour lui de se situer dans une logique de l'égalité des droits, mais d'octroyer une sorte de reconnaissance au rabais, concédée à condition qu'elle reste limitée. Je ne voudrais cependant pas faire un mauvais procès à Miller sur ce point, car son texte date de 1997 et, à cette époque, en France, les associations gays et lesbiennes (ou de lutte contre le sida) en étaient tout juste à élaborer cette revendication de l'égalité des droits, et donc du droit au mariage, et il est évident que Jacques-Alain Miller fait ici référence au projet de loi sur le Contrat d'union sociale, première formulation de ce qui allait devenir le Pacs[7].

En tout cas, dans ce texte, Jacques-Alain Miller semble rejeter – encore que ce rejet soit formulé sous forme interrogative – la possibilité du mariage pour les couples homosexuels, alors même qu'il annonce qu'il faut suivre les mouvements de l'histoire et que la psychanalyse doit se modeler sur l'évolution sociale et culturelle, ce qui aurait dû le conduire à ne fermer aucune porte, l'évolution étant, par définition, inachevée et imprévisible. Il est d'ailleurs étonnant qu'il puisse dire qu'il n'est pas qualifié pour définir quel type de cadre juridique pourrait être offert aux couples de même sexe, ni quel nom pourrait lui être donné, alors qu'il s'estime manifestement qualifié pour dire quel type de cadre juridique et quel nom ne peuvent ou ne doivent pas l'être. Ce qui revient à dire qu'il ne se sent pas qualifié pour définir une nouvelle forme juridique, mais qu'il estime l'être pour refuser l'accès aux formes déjà existantes.

Mais ce qui est assez nouveau ici, c'est le type d'argument invoqué. Pour expliquer pourquoi il est favorable à une reconnaissance juridique de couples de même sexe, Miller met en avant le fait que ces couples sont capables de sentiments authentiques. Quelle découverte formidable, en 1997, sous la plume d'un psychanalyste, tout armé de son savoir clinique ! Cet argument ressemble beaucoup, même si le ton adopté par Miller est plus mesuré,

---

7. Le rapport élaboré par Daniel Borrillo pour l'association Aides, et prônant le droit au mariage et la stricte égalité des droits, a été rendu public en juin 1997.

en tout cas plus sympathique, à tous ces bavardages compatissants et condescendants dont nous avons été récemment accablés sur les homosexuels «capables d'amour» et auxquels, parce qu'ils s'aiment (ou dans une variante tout aussi détestable : parce qu'ils meurent du sida), il serait charitable de reconnaître quelques droits, mais à condition, bien sûr, de ne pas aller trop loin, et de savoir contenir les revendications «radicales» et «extrémistes» des irresponsables qui revendiquent «frénétiquement» l'égalité juridique.

Mais après avoir constaté l'«authenticité des sentiments» des homosexuels (et je n'insiste pas sur l'objection qui pourrait lui être immédiatement adressée : depuis quand les droits se fondent-ils sur l'authenticité des sentiments de ceux qui y ont accès? Comment se constate-t-elle? Qui en est le juge?), Miller ne recourt pas à l'argumentation habituellement développée par les psychanalystes qui cherchent à en limiter les conséquences et à exclure les homosexuels de l'accès au mariage : il ne parle pas du nécessaire respect de la «différence des sexes», il ne brandit pas l'épouvantail de la crise de la civilisation qu'entraînerait inéluctablement la transgression des normes prescrites par l'«ordre symbolique» rendant impossible ou impensable qu'un couple institué par le droit puisse être autre qu'hétérosexuel.

D'autres ne se sont pas privés de brandir ces totems. On trouve par exemple un magnifique échantillon de cette invocation de la «différence des sexes» chez André Green, dans *Les Chaînes d'Eros*. Après avoir exprimé, comme le font de manière rituelle tous les auteurs désireux de refuser l'égalité des droits aux gays et aux lesbiennes, un jugement bienveillant sur le «mouvement d'opinion bien compréhensible» qui tend à combattre les préjugés et l'opprobre dont les homosexuels ont été si longtemps victimes, il en vient à s'inquiéter que cela ne finisse par déboucher sur un « déni de la différence des sexes » :

> « Il semble bien que les homosexuels ne se contentent pas de faire reconnaître leur choix d'objet mais qu'ils sont amenés à refuser toute différence avec les hétéro-sexuels. Ainsi revendiquent-ils le droit de se marier et d'adopter des enfants. Ce qui doit être compris comme traduisant un mouvement de balancier après des années et des années de persécution, et sans que l'on puisse affirmer que la réprobation sociale ait pris fin, prend maintenant la forme d'un déni de la différence des sexes. Deux parents du même sexe ou de sexes différents, quelle différence ? L'idée de la nécessité de la double identification pour l'enfant ne vient même pas à l'esprit. Ou alors on prétendra qu'il suffira que l'un des deux parents adoptifs "mime" le sexe qui n'est pas représenté dans le réel pour que cela revienne au même. Les homo-sexuels paraissent adopter les projections de leurs adver-saires. Ils veulent la non-différence avec les hétérosexuels comme s'ils partageaient l'opinion de ces derniers qu'il suffit d'être hétérosexuel pour être normal[8]. »

Le sophisme qui conclut ce galimatias se donne pour un paradoxe ingénieux et un questionnement progressiste. Mais ce n'est qu'une pitoyable ânerie (les Noirs américains qui se battaient pour l'égalité des droits reconnaissaient-ils par là qu'il fallait être blanc pour être « normal » ?) qui n'a d'autre fonction que masquer la brutalité du propos. Pour André Green, il y a deux différences à préserver : la diffé-rence sexuelle dans le couple parental et la différence entre

---

8. André Green, *Les Chaînes d'Eros*, Paris, Odile Jacob, 1997, p. 212.

hétérosexuels et homosexuels dans le droit. Il est d'ailleurs amusant de constater que, quand les homosexuels revendiquent leur différence, on leur dit que la « différence » dans la société représente un mal absolu, une destruction de l'architecture nationale, un « communautarisme » affreux et dangereux... et quand ils revendiquent la non-différence (dans le droit), on leur répond que ça n'est pas possible, pas pensable, que ce serait un péril plus grave encore et qu'il est ridicule de leur part de vouloir abolir leur différence avec les hétérosexuels... Il est d'ailleurs permis de se demander ce que, dans un tel cadre de pensée, Green compte faire avec les familles monoparentales : qu'en est-il, par exemple, de la « nécessité » (comment le sait-il ? D'où lui vient ce savoir ?) de la « double identification », quand il y a un seul parent ? Loin d'être un constat, le mot « nécessité » n'est ici qu'un mot d'ordre politique. L'ordre familial lui-même, dans son ensemble, est un mot d'ordre politique et non une nécessité naturelle. Pierre Bourdieu le dit avec force lorsqu'il commente l'idée avancée par les sociologues de la tradition de l'ethnométhodologie selon laquelle « la famille est une fiction, construite notamment à travers le lexique que nous recevons du monde social pour la nommer ». Il écrit en effet : « S'il est vrai que la famille n'est qu'un mot, il est vrai aussi qu'il s'agit d'un *mot d'ordre*, ou, mieux, d'une *catégorie*, principe collectif de construction de la réalité collective » qui prend sa force de la « garantie que lui apportent l'Etat et la pensée d'Etat[9] ». La réaffirmation de ce qu'est et doit être une famille n'est donc qu'un des moments de la pensée d'Etat à laquelle certaines disciplines « scientifiques » prêtent obligeamment leur concours en cherchant

---

9. Pierre Bourdieu, « Esprit de famille », in *Raisons pratiques*, Paris, Seuil, 1994, p. 135-145.

à redonner à l'ordre social sa légitimité en le fondant sur la « nécessité », afin de mieux s'opposer aux mises en question dont ne cesse de faire l'objet la capacité de cet ordre et de cette pensée à se faire passer pour le simple enregistrement des réalités naturelles[10]. Ces discours qui se réclament de l'autorité scientifique de disciplines (psychanalyse, sociologie de la famille, anthropologie) pour exprimer des opinions politiques ou personnelles (mais socialement partagées) ne sont à l'évidence, en l'occurrence, que des expressions d'une pensée conservatrice, travaillant à maintenir l'ordre établi contre les contestations dont il fait l'objet en rendant au « mot d'ordre » familialiste sa force performative d'institution, ou plutôt de réinstitution, du couple hétérosexuel comme seule forme de couple habilitée à constituer ce qu'il est convenu d'appeler une « famille », et notamment la possibilité (et la possibilité reconnue par le droit) d'élever des enfants.

Le plus cocasse, c'est que Green se permette de qualifier de « positions militantes » la manière dont les homosexuels font entendre leur voix, ce qui semble impliquer que lui-même incarnerait un savoir neutre, qui n'aurait rien de politique, selon le schéma classique en fonction duquel ceux qui défendent l'ordre social seraient des représentants du « bon sens » (en fait la *doxa* la mieux partagée), de la « raison » ou de la « science », quand ceux qui le contestent seraient des « militants ». Il suffit pourtant de le lire : chaque ligne de son livre est imprégnée d'idéologie ; toute sa démarche est militante. Il est difficile de comprendre, dès lors, comment il peut s'étonner et d'indigner du fait que les gays et les lesbiennes refusent désormais de se soumettre aux « vérités » proclamées par

---

10. Sur l'histoire française de cette pensée d'Etat, voir Rémi Lenoir, *Généalogie de la morale familiale*, Paris, Seuil, 2003.

la psychanalyse et lui dénient toute valeur. Et ce qu'il y a finalement de vraiment surprenant dans cette affaire, c'est qu'ils et elles ne s'en soient pas détournés plus vite et plus massivement, après avoir eu sous les yeux tant d'exemples de cet insupportable terrorisme idéologico-politique [11].

On voit ici que la question des couples « a-normaux » fonctionne toujours comme un test de Rorschach pour savoir ce que les psychanalystes ont dans la tête. La conception du couple qu'ils aiment à considérer comme « normal » est si figée qu'ils peuvent même se laisser aller à dénoncer comme « perverses » les relations dans lesquelles les partenaires n'ont pas le même âge, le même statut social, le même poids, la même taille... Il suffit de lire ce que le lacanien Jean Clavreul écrivait dans le volume *Le Désir et la perversion*, publié en 1967 dans la collection « Le champ freudien », dirigée par Lacan en personne (ce qui devrait empêcher les lacaniens de m'objecter que Green n'est qu'un faux penseur attardé dans ses archaïsmes idéologiques, tandis que Lacan et les lacaniens au contraire, etc., etc.).

Clavreul donne des exemples de ce qu'il considère comme des « couples pervers » :

« On voit ainsi l'athlète uni au gringalet, l'intellectuel raffiné avec le rustre inculte, la femme massive liée à l'ange de féminité ; l'alcoolique immoral en couple avec une sainte, le vieillard vicieux et séducteur avec l'innocent impubère, le personnage social respectable avec le voyou. On n'en finirait pas d'énumérer la variété infinie de ces couples étranges qui semblent défier le tiers au

---

11. On peut lire des considérations encore plus dogmatiques, et souvent formulées de manière plus agressive, dans le numéro de *Clinique lacanienne* consacré aux « Homosexualités », n° 4, mai 2000.

moins virtuel qui les observerait, *tant leur boiterie, voire leur ridicule sont choquants.* Pourtant la signification de telles unions va bien au-delà de cette exhibition, scandaleuse pour le bourgeois, et l'alibi amoureux n'empêche pas de voir que quelque chose d'essentiel de la structure perverse trouve à se soutenir dans ces dissymétries où seule l'ambiguïté la plus radicale permet au pervers de poursuivre un jeu de corde raide, qui laisse toujours *deviner la proximité de l'effondrement dramatique*[12].»

A l'évidence, le discours du psychanalyste (malgré la distance, démentie par tout le reste de l'article, qu'il affecte de prendre avec le «bourgeois» scandalisé) n'est guère plus qu'une mise en forme pseudo-scientifique des propos sarcastiques ou injurieux que l'on peut entendre tous les jours dans la rue. Entre la brutalité spontanée des moqueries ou des insultes de la vie quotidienne et la péroraison psychanalytique qui se présente comme une élaboration savante, la différence n'est que de prétention et de lexique. L'étroitesse d'esprit et la normativité aussi agressive que simpliste qui se donnent à lire dans de tels jugements (contre les couples considérés comme «ridicules») ne peuvent que conduire le lecteur à s'interroger sur la valeur qu'il convient d'accorder aux proclamations de principe toujours réitérées par les psychanalystes selon lesquelles leur entreprise n'aurait rien d'une volonté de

---

12. Jean Clavreul, «Le couple pervers», in P. Aulagnier-Sparini, J. Clavreul, F. Perrier, G. Rosalato, J.-P. Valabrega, *Le Désir et la perversion*, Paris, Seuil (1967), coll. «Points», 1981, p. 93-126. Citation p. 99. (C'est moi qui souligne.) On fera sans doute remarquer que ce livre est déjà ancien. Mais, d'une part, il est disponible en livre de poche (et présenté comme un «classique» sur la couverture), quand tant d'autres livres pourtant magnifiques et novateurs sont souvent introuvables (les textes des antipsychiatres, les ouvrages de Félix Guattari...), et, d'autre part, il n'a jamais, à ma connaissance, été renié par les lacaniens.

rappel à la norme et que la notion de « perversion » ne contiendrait aucune connotation moralisatrice ou répressive. Aussi, quand Clavreul parle d'un goût du « défi » qui caractériserait les couples pervers, il ne fait que décrire – tout en le codant dans les termes terroristes de son système idéologique – le geste d'affirmation que doivent accomplir tous ceux qui sont ainsi l'objet de l'hostilité sociale omniprésente et que les grands prêtres de la normalité analytique ne font que transmuer en discours d'apparence savante (on voit clairement ici comment le « savant » installe son discours comme neutre, non marqué, non situé, universel, tandis que ceux dont on parle sont les objets de l'analyse, de la moquerie, de l'indignation – sans qu'il soit fait, dans ce texte, de différence entre ces trois registres : le psychanalyste est tellement enfermé dans la certitude de détenir la vérité sur les autres, et notamment sur les couples qu'ils forment, et de son droit à les juger, qu'il ne lui vient même pas à l'esprit que le questionnement pourrait s'opérer au contraire à partir de la position de ceux qui sont considérés par lui comme des « pervers », soumis à son arraisonnement discursif et à sa violence diagnosticante, et à qui il refuse le droit de parler en tant que sujet, et que ces derniers pourraient bien produire un diagnostic social, culturel, et politique sur ce qu'est la psychanalyse, et personnel sur ce qu'est le psychanalyste dont la tête est remplie de ces préjugés aussi stupides que grossiers). On notera d'ailleurs que les exemples qu'il donne de « dissymétries » particulièrement ridicules sont souvent, notamment lorsqu'il s'agit des couples d'hommes, des transgressions de classe et que son étonnement devant le couple formé par l'intellectuel raffiné et le rustre n'est pas très éloigné de celui des juges d'Oscar Wilde qui s'indignaient que celui-ci ait pu aimer à passer son temps avec des gens des « basses » classes.

On ne comprend pas très bien pourquoi le psychanalyste pense qu'il devrait y avoir de la «symétrie» dans le couple, mais dans la mesure où, à ses yeux, c'est la «dissymétrie» qui caractérise la perversion (ce qui veut dire que le couple non pervers, celui qui ne serait pas «ridicule», c'est celui dans lequel les deux partenaires sont les «mêmes» – même âge, même poids, même taille, même statut social, même niveau culturel…), on peut se demander si, logiquement, le couple le plus éminemment pervers ne devrait pas être, pour que sa doctrine soit cohérente, celui qui unit un homme et une femme (puisque ce couple est marqué par la *différence* des sexes). Mais on se doute que ce n'est pas cette conclusion que notre grand savant s'apprête à sortir de son chapeau. S'il n'a pas pensé à l'objection sous cette forme (tant ses structures mentales sont façonnées par la normalité sociale et l'évidence hétérosexuelle), il a malgré tout entendu dire que le couple homosexuel unit «le même au même», ce qui pourrait suggérer qu'il n'y a pas de «dissymétrie»… et donc pas de perversion. Mais ce n'est qu'une apparence par laquelle la psychanalyse ne se laisse pas tromper :

«On remarque volontiers que l'homosexualité unit le même au même, que les parties triangulaires [perverses elles aussi, bien sûr!] se jouent généralement indifféremment avec des tiers de l'un et l'autre sexe, que le sadisme se retourne en masochisme, l'exhibitionnisme en voyeurisme, etc. Ce qui est certain. Mais retournement possible ne signifie pas symétrie. Et il convient de noter plutôt combien sont différents l'un de l'autre les partenaires du couple pervers, précisément des couples les plus solides [13].»

---

13. Jean Clavreul, «Le couple pervers», *op. cit.*, p. 99.

Et que le couple homosexuel soit bien la figure la plus accomplie du couple «dissymétrique», et donc du couple pervers, cela ne fait aucun doute pour cet éminent psychanalyste. Pourquoi? Parce que – et c'est le seul argument qui sera avancé –, parce que Lacan a énoncé cette grande vérité : «Je ne peux manquer de rappeler ici que Lacan, pour son séminaire sur la "disparité subjective", s'était continuellement référé aux couples homosexuels du *Banquet*[14].» Les couples «homosexuels» du *Banquet*, et les formes grecques de la relation entre personnes du même sexe se voient donc ainsi promus au statut de modèle intemporel non seulement du couple homosexuel, mais aussi de la «disparité subjective» et de la «perversion»! Quelle bouillie intellectuelle! Mais puisque c'est Lacan qui vous le dit!

Et comme le volume collectif dans lequel figure cette contribution de Clavreul à la science du couple pervers est issu d'un séminaire, nous avons droit, en annexe, à la discussion de son texte par ses collègues, qui nous offrent quelques magnifiques échantillons du raisonnement psychanalytique. Dans un tel cadre – ils sont entre eux! –, ils se laissent volontiers aller à exprimer naïvement leur obsession de la défense de la «différence des sexes», et à tout rapporter au modèle d'une hétérosexualité conventionnelle et normative. Guy Rosolato, par exemple, déclare d'emblée : «La disparité du couple pervers que Clavreul a mise en évidence nous oblige à reprendre cette question de la différence des sexes [...]. Cette disparité pourrait, à mon sens, être vue comme le déplacement, la représentation, d'une *différence sexuelle* qui ne doit pas figurer en tant que telle [...]. La différence de culture, d'âge, de religion, de situation sociale peut fonctionner en

14. *Ibid.*

ce sens. Cette différence serait mise à la place de la différence sexuelle [15]. »

Ainsi, la perversion se caractérise par le fait qu'un
couple se constitue autour d'une différence qui n'est pas
celle qui unit normalement le couple normal, à savoir la
différence des sexes. Ce qui revient à dire que tout « couple
pervers », où la « différence des sexes » est absente « en tant
que telle » (on admirera ce « en tant quelle telle », c'est-à-
dire non masquée par des différences plus marquantes), est
une version faible du couple pervers par excellence qu'est
le couple homosexuel, où la « différence des sexes » n'est
pas présente du tout. Et ces assemblages bizarres, même
s'ils sont composés de partenaires de sexe différent, dès lors
que la différence de taille, de poids, d'âge, de statut social
devient plus importante que la différence des sexes dans
son aveuglante simplicité, se trouvent rejetés par le regard
psychanalytique du côté des anormaux dont la « boiterie »
est « ridicule ». Ce que ces couples ont en commun avec les
couples homosexuels, c'est que ce qui les caractérise n'est
pas d'abord la différence des sexes (qui pour être authentiquement la différence des sexes doit unir un homme et
une femme de même âge, même statut social, et de poids
et de taille raisonnablement différents selon les critères
conventionnels en vertu desquels l'homme doit être plus
grand et plus fort), mais une sorte de substitut pathologique à celle-ci, de la même manière que les couples de
même sexe sont fondamentalement pathologiques,
puisque, précisément, ils n'unissent pas des personnes de
sexe différent.

---

15. « Discussion », *ibid.*, p. 118. Cette « discussion » mérite d'être lue inté-
gralement : des psychanalystes dialoguant entre eux livrent leur pensée
profonde, c'est-à-dire leur adhésion aussi naïve qu'acharnée aux valeurs de
l'ordre social et sexuel le plus normatif, et se laissent aller à une violence
culturelle et sociale qui en dit long sur ce qu'ils sont.

On ne comprend pas très bien en quoi un couple qui unit des partenaires de même sexe serait plus marqué par la «disparité subjective» qu'un couple hétérosexuel, et le propos, aussi arbitraire que circulaire, n'a d'autre fondement que l'argument d'autorité et l'assurance qu'il peut être énoncé sans que personne se lève pour le désigner comme quelque peu «boiteux», voire «ridicule». Mais c'est ce même couple homosexuel, trop marqué par la «disparité psychique» pour être un couple normal (parce qu'il ne connaît pas la «vraie» différence, celle des sexes), qui sera, trente plus tard, décrit par les héritiers de cette idéologie psychanalytique comme trop marqué par la «mêmeté», puisqu'il unit le «même» au «même» (car il ne connaît pas la «vraie» différence, celle des sexes), dès lors qu'il s'agira de défendre le monopole juridique de la «différence des sexes» menacé par la revendication d'une reconnaissance légale des «unions de même sexe» et de l'homoparentalité. Couple fondamentalement marqué par la «dissymétrie», et donc nécessairement «pervers» aux yeux des psychanalystes des années 1960, couple fondamentalement marqué par la «symétrie» et donc inapte à accéder à la reconnaissance juridique et au droit à la parentalité, réservés aux couples régis par la différence, aux yeux de leurs successeurs des années 1990, le couple homosexuel est toujours trop ou pas assez : en fait, il n'est jamais… normal… car il n'est jamais hétérosexuel et il est tellement peu normal qu'il sert même de modèle pour juger et stigmatiser toutes les autres formes de couples hétérodoxes. Il trouble d'ailleurs l'esprit des psychanalystes (comme des juristes, des anthropologues, des «sociologues» de la famille…), au point de les conduire à dévoiler crûment leur inconscient, structuré comme un langage d'une grande simplicité hétérosexiste et homophobe.

Cet exemple d'un Clavreul et de ses acolytes pérorant de manière aussi grotesque sur le couple pervers devrait faire réfléchir les psychanalystes d'aujourd'hui (et les «sociologues» de la famille, les anthropologues, etc.) qui se sont donné pour mission de défendre la «différence des sexes» menacée par les homosexuels : dans vingt ans, dans trente ans, et sans doute bien avant, leurs discours auront subi le même effet de vieillissement, et le simple fait de citer ce qu'ils écrivent aujourd'hui provoquera l'hilarité.

*

Jacques-Alain Miller n'en est certes plus là (même si l'on trouve encore dans ce même numéro de *La Cause freudienne* de 1997 quelques exemples de ce que la psychanalyse peut produire de pire quand elle parle des homosexuels, ou, plus généralement, des modes de vie qui ne correspondent pas au modèle du couple hétéro-sexuel bien assorti, et qui montrent que les psychanalystes sont encore loin d'avoir renoncé à toute velléité de s'ériger en juges des comportements sexuels ou des modes de vie, comme cet article de Colette Soler qui assène que la «psychanalyse exclut toute complicité avec l'éthique du célibataire», catégorie dans laquelle sont rangés pêle-mêle les «homosexuels à la Montherlant», les «abstentionnistes ou les grévistes du sexe», et «certaines femmes hysté-riques», sans que l'on perçoive très bien pourquoi la psychanalyse devrait se donner pour tâche de combattre les célibataires ou ceux qui n'aiment pas le sexe). Quoi qu'il en soit, Miller semble avoir dépassé le niveau primaire, et assez pathétique, de la ratiocination psychanalyco-homo-phobe. Il est même très intéressant de constater qu'il essaie de rompre radicalement avec l'hétérocentrisme qui structure l'inconscient non analysé de la grande majorité des psychanalystes – et peut-être de la psychanalyse elle-même. Il se réfère, en effet, à la formule de Lacan selon laquelle l'inconscient est le «lieu de l'Autre» (le mot Autre ici n'a pas le même sens que dans la citation que j'ai donnée plus haut). Et, oubliant un peu vite, mais on le lui pardonnera, que cette affirmation, chez Lacan, avait pour corollaire que «l'Autre, c'est toujours l'autre sexe», Miller nous dit que cette formule avait pour but de souligner que l'inconscient est toujours «hétérogène», et toujours «transindividuel», mais que cela n'impliquait en rien qu'il fût seulement *hétéro*. L'inconscient est aussi *homo*, car, dit Miller, «dans l'imaginaire il aime le même, ce que l'on a appelé le narcissisme, ou le choix d'objet narcissique, si bien illustré par le stade du miroir; dans le réel, il est fixé au même; dans le symbolique il répète le même. Depuis toujours, on sait que la différence des sexes lui fait problème…».

Voici donc congédiée, du moins sur le papier, l'idée que le psychisme serait fondamentalement hétéro-structuré (tout au plus regrettera-t-on que ce qui n'est pas *hétéro* mais *homo* dans l'inconscient soit pensé à partir de la figure du «choix d'objet narcissique» dans le stade du miroir, c'est-à-dire de l'amour qu'on se porte à soi-même, alors que l'homosexualité, et donc ce qu'il y a d'homosexuel dans l'inconscient, c'est malgré tout l'amour d'un autre – n'en déplaise à tous les psychanalystes de toutes les obédiences confondues –, ou bien à partir de la répétition à l'identique de ce qui est prescrit par le symbolique, ce qui est une étrange manière, en effet, de faire place à l'homosexualité. Bref, si l'inconscient n'est pas toujours *hétéro*, la prédominance de l'hétérosexualité n'en demeure pas moins).

Mais, et c'est une très étrange et très paradoxale conséquence de cette affirmation présentée comme étant destinée à défaire l'hétérocentrisme de la psychanalyse, Miller va nous donner une tout autre définition de ce qu'il considère comme constitutif du mariage, et qui, selon lui, devrait conduire à en réserver l'accès aux couples hétérosexuels. Cette définition, c'est tout simplement l'exigence de fidélité. Elle a de quoi surprendre, et l'on a bien du mal à comprendre comment un psychanalyste peut, en 1997, définir le mariage par la fidélité ou l'« exigence de fidélité » (ce qui n'est d'ailleurs pas la même chose et devrait l'inciter à se demander s'il n'y a pas, dans les couples homosexuels également, une exigence de fidélité, du moins au départ, puis, par la suite, des accommodements, des arrangements, tacites ou formulés, acceptés, négociés ou imposés par l'un des deux partenaires, et d'ailleurs pas dans tous les couples, certains préférant s'en tenir à la fidélité parfaite[16]). Et Miller d'en conclure que seuls doivent avoir le droit de se marier les couples qui sont aptes à se conformer à un tel principe (principe dont on se demande s'il relève de la réalité, de l'idéal, de la représentation publique, de la liste des motifs qui régissaient les possibilités de divorce, etc.)! Faut-il dès lors refuser le droit au mariage aux hétérosexuels qui n'ont pas l'intention d'être fidèles (je me suis laissé dire que ça existait)? Ou à ceux qui, en ayant eu l'intention, ne seront pas capables de s'y conformer? Mais comment le saura-t-on à l'avance? Et finalement, comment ne pas s'amuser de l'étrange chassé-croisé auquel nous avons assisté au cours des dernières années, où l'on a pu voir les idéologues chrétiens, de droite ou de gauche, de l'Opus Dei à la revue *Esprit,* en passant par la Conférence des Evêques de France, invoquer de manière autoritaire – et totalitaire – les notions d'« ordre symbo-

---

16. Cf. Arnaud Lerch, *Les éthiques conjugales gaies à l'épreuve du multipartenariat,* Mémoire pour l'obtention du DEA de sciences sociales, Ecole normale supérieure/Ecole pratique des hautes études, 1999-2000.

lique» et de «différence des sexes» pour réglementer le mariage conçu comme le lieu de l'institution normée, normale et hétérosexuée du psychisme humain, quand certains psychanalystes lacaniens en arrivaient à invoquer l'exigence de fidélité dans le couple?

On pourrait évidemment renvoyer Miller à l'histoire, ou, si ces réalités lui semblent trop triviales, à l'histoire de la littérature, qui nous enseigne que l'idée de fidélité dans le mariage, si elle relève du principe, ne correspond à aucune réalité effective (on aimerait lui demander s'il a lu *Madame Bovary*). Je sais bien qu'on m'objectera qu'il ne faut pas confondre la définition juridique ou symbolique du mariage et la réalité des pratiques qui se vivent à l'intérieur de ce cadre institutionnel. Mais dans ce cas, pourquoi imaginer qu'il y aurait une telle différence entre les couples hétérosexuels et les couples homosexuels? Pourquoi supposer que les hétérosexuels sont fondamentalement fidèles, même quand ils ne le sont pas? Et que les homosexuels fondamentalement ne pourraient pas l'être, même quand ils le sont?

*

Dans un livre intitulé *Du Pur Amour*, publié en 1955 (et réédité avec trois chapitres supplémentaires en 1969), l'écrivain Marcel Jouhandeau – qui est l'auteur, rappelons-le, d'un des plus grands livres sur l'homosexualité publié en France au XXᵉ siècle, *De l'abjection* [17] – raconte comment il est tombé amoureux d'un jeune homme rencontré dans le train, en 1948. Jouhandeau avait alors soixante ans et le

---

17. Marcel Jouhandeau, *De l'abjection, op.cit.* Ce livre publié pour la première fois en 1939, sans nom d'auteur, a été réédité en 1951, je le rappelle, sous le nom de Jouhandeau.

jeune homme vingt. Dès le moment où l'amour s'installe entre eux, Jouhandeau renonce à sa quête permanente de partenaires sexuels (masculins). Dans ses *Ecrits secrets* des années 1930, ou dans son *Algèbre des valeurs morales,* en 1935, il a donné beaucoup de détails sur son activité quasi quotidienne de drague, de fréquentation des bordels, etc. Mais il y renonce volontiers car il ne peut vivre son amour pour Robert que s'il s'impose la fidélité. Et il propose, tout au long de ce livre, une belle réflexion sur l'éthique de la fidélité dans le cadre de la relation sexuelle et amoureuse, tout en décrivant cette relation dans les termes d'un rapport entre un père et un fils.

J'ouvre ici une parenthèse : il faut insister sur toutes ces métaphores familiales qui permettent à des individus de nommer des formes de relations qui n'ont pas de nom dans la culture, afin de se donner un cadre pour penser comme viable ou noble ce qui n'est habituellement perçu que comme aberrant, pervers, ou ridicule. Alors que Gide a recours au modèle grec de la «pédérastie» pour penser la relation entre un homme adulte et un très jeune homme, Jouhandeau, qui a toujours affirmé son horreur de la «pédérastie», car il n'aime pas les tout jeunes gens, recourt à la métaphore familiale de la relation père-fils. Ces deux modèles ont – peut-être – ceci en commun qu'ils renvoient à l'idée d'une «initiation» pédagogique du plus jeune par le plus âgé : c'est toute une culture, tout un savoir que le second transmet au premier[18]. Cela ne dit rien, bien sûr, du type de relations sexuelles qui

---

18. Le rôle de l'«initiation» dans la vie homosexuelle, qui s'opère, de manière assez générale, par la transmission d'un savoir spécifiquement gay (où se trouvent les lieux de rencontre, les bars, quels livres lire, quels films voir, quels sont les mots d'argot, etc.) entre des plus âgés et de plus jeunes est superbement décrit par George Chauncey dans *Gay New York, op. cit.*

s'installe entre les deux protagonistes, lesquelles peuvent d'ailleurs aussi bien être inexistantes : si Gide insiste dans *Corydon* sur la chasteté de la relation «pédérastique» (qui est évidemment fictive, comme le montrent aussi bien les pages de *Si le grain ne meurt* consacrées à ses séjours algériens que son texte resté inédit jusqu'à tout récemment, *Le Ramier*[19]), Jouhandeau évoque assez ouvertement ses relations sexuelles, notamment avec Robert, dans lesquelles la sodomie, où il occupe le rôle passif, tient une place prépondérante, en même temps qu'il se délecte de la fonction éducatrice qui est la sienne (lorsqu'il publiera le recueil des lettres que Robert lui a adressées, il lui donnera pour titre *L'Ecole des garçons*[20]). On pourrait évoquer une autre version, tout à fait différente, mais également très sexuelle, de l'éducation spirituelle, mais cette fois relatée du point de vue du plus jeune : celle qu'on trouve dans les livres de François Augiéras[21]. Ce dernier appelle «père» l'homme âgé (qui est en fait son oncle) avec lequel il vit dans le désert algérien et qui le soumet – parfois violemment – à ses désirs. Il est bien évident, dans la mesure où la vulgate psychanalytique s'est tellement répandue et fait tellement partie des automatismes mentaux et verbaux, que la relation entre un homme plus âgé et un plus jeune, dont on sait pourtant à quel point elle est une figure traditionnelle et qui a traversé toute l'histoire depuis l'antiquité, est systématiquement rabattue sur l'idée de la quête d'un rapport père-fils («il cherche son père..., il veut un fils», etc.), alors même que, dans la plupart des cas, les liens affectifs qui existent dans un tel cadre, les modalités de la vie commune et du temps partagé, les

---

19. André Gide, *Le Ramier*, Paris, Le promeneur, 2002.
20. Marcel Jouhandeau, *L'Ecole des garçons*, Paris, Marcel Sautier, 1953.
21. François Augiéras, *Le Vieillard et l'enfant*, Paris, Minuit, 1954, et *Le Voyage des morts*, *op.cit.*

jeux de l'initiation, le rapport aux autres, sans même parler des rapports sexuels, ne correspondent en rien à ce qui se produit habituellement dans une relation entre un père et un fils, à moins, bien sûr, que les mots «père» et «fils» n'aient qu'un sens métaphorique, comme chez Jouhandeau ou Augiéras, où ces termes sont utilisés d'une manière absolument non psychanalytique, mais plutôt comme un moyen d'évoquer le rapport culturel de l'initiation, ou, tout simplement, de donner un sens culturel et social à la différence d'âge dans la relation (que les psychanalystes ne savent penser que sous la rubrique de la «perversion» et du «couple pervers»). Ce qui rend très troublant le livre de François-Paul Alibert, *Le Fils de Loth*, c'est précisément qu'il met réellement en scène une relation amoureuse et une passion sexuelle entre un homme et un adolescent qui sont réellement père et fils.

En fait, la vulgate analytique, et la psychanalyse en général, enfermant toutes les relations dans le carcan d'une grille d'interprétation œdipienne, ne fait que mutiler la richesse des possibilités de la vie affective, amoureuse et sexuelle, en les réduisant à n'être que des traductions, des imitations ou des répétitions des rapports familiaux, ceux-ci n'étant pensés, de surcroît, que dans le cadre de la famille hétérosexuelle la plus traditionnelle (le père, la mère, l'enfant). Le vocabulaire «familial» utilisé pour nommer les relations qui se situent en dehors des cadres institutionnels et qui, par conséquent, ont toujours du mal à se dire, et notamment le vocabulaire mobilisé pour désigner certaines modalités de la relationnalité gay (dans ses différentes formes, celles de l'amitié, de l'amour, de la sexualité, du couple, etc.), est souvent l'expression d'une réappropriation plus ou moins parodique ou transgressive des relations «normales» et familiales, même si, en les parodiant, ce vocabulaire en ratifie également la légitimité et la puissance sociale comme cadre inévitable pour penser la vie affective et sexuelle[22].

Mais revenons au livre de Jouhandeau. Il faut préciser qu'il est marié. Il est marié depuis les années 1920 à Elise, qui a décrit dans un livre au titre évocateur, *Le Lien de ronces*, ce que fut l'enfer de son mariage. Et lui, de son côté, n'a cessé de peindre sa femme sous un jour terrible dans ses *Chroniques maritales* et dans de nombreux volumes de ses *Journaliers* couvrant la période allant de la fin des années 1950 au milieu des années 1970 (époque où il aura d'ailleurs retrouvé son mode de vie sexuel antérieur à sa liaison avec Robert, et sa frénésie de rencontres multiples et éphémères avec des garçons, au point qu'il pourra affirmer à ce moment-là que les relations entre hommes ne peuvent pas durer, et que seule l'union d'un homme et d'une femme est appelée à résister à l'épreuve du temps – idée qu'il ne mélange évidemment pas avec une quelconque exigence de fidélité… puisque, au contraire, on va le voir, c'est la complémentarité d'une vie ordonnée dans le cadre du mariage et d'une vie désordonnée à l'extérieur qui fait, selon lui, que le mariage peut se vivre sans qu'on se mutile soi-même, et une vie sexuelle débridée à côté de la vie conjugale, sans qu'on renonce totalement au désir de stabilité). En tout cas, pendant le temps qu'il aime Robert, c'est dans le cadre du mariage hétérosexuel qu'il n'y a pas de fidélité (Elise ayant elle-même, de son côté, ses propres amants). Et c'est dans le cadre de la relation entre les deux hommes que cette fidélité s'instaure. Au point que Robert peut enlever à Jouhandeau son alliance, et la mettre à son doigt, en disant que, désormais, c'est à lui que son amant

---

22. Voir sur ce point les remarques de George Chauncey, *Gay New York*, *op. cit.*, p. 291.

est marié. Mais la fidélité dans ce couple homosexuel connaît elle aussi ses limites, car si Jouhandeau se l'impose et éprouve un bonheur immense à se l'imposer, voyant là le signe même de la beauté et de la pureté de l'amour qui les unit, ce n'est pas le cas de Robert qui, bien que s'appropriant l'anneau conjugal, multiplie bientôt, puisqu'il n'est pas homosexuel, les liaisons avec des femmes – de son âge. Ce qui fait énormément souffrir Jouhandeau. Robert finit par rencontrer une jeune fille qu'il va épouser. C'est Jouhandeau qui achète la bague de fiançailles, c'est lui qui conduit la mariée à son bras lors de la cérémonie nuptiale. Et l'on voit donc que, puisque Robert et Jouhandeau continuent de coucher ensemble – même si cela ne procure guère de plaisir à Robert –, il y a ici tout un jeu de ce que Jouhandeau appelle les «fidélités croisées» (Jouhandeau est fidèle à Robert, et Brigitte, la femme du jeune homme, lui est fidèle également… Robert est donc, en un sens, infidèle aux deux, encore que personne, en dehors d'Elise, ne perçoive vraiment cet entrelacs de relations comme une chaîne d'infidélités puisque, aux yeux de Jouhandeau, ce qui serait authentiquement un acte d'infidélité serait que Robert couche avec un autre homme, et aux yeux de Brigitte, qu'il couche avec une autre femme). D'ailleurs, s'il ne couche pas avec d'autres hommes, Robert ne se prive pas de coucher avec d'autres femmes… Il est donc «infidèle» à sa femme, et il finit par la quitter, d'une manière qu'il croit définitive. Tandis que, à aucun moment, malgré la passion amoureuse qui le dévore, Jouhandeau n'envisage de quitter sa femme. Même quand Robert le lui demande (avant son propre mariage). Jouhandeau dit et répète qu'il a besoin de l'ordre autant que du désordre, de son foyer autant que de ses aventures extérieures, et même Robert ne peut pas lui faire renoncer à cette double morale, ou plutôt à cette morale à double face. Jouhandeau ne cesse jamais de faire des projets avec Elise, et de les réaliser : c'est pendant sa liaison avec Robert, en effet, qu'il adopte avec Elise une petite fille que lui et sa femme vont élever ensemble. Ce qui, soit dit en passant, montre bien que les homosexuels peuvent adopter des enfants, de la même manière qu'ils peuvent se marier.

Deuxième parenthèse : ne serait-il pas intéressant d'étudier le mariage des homosexuels et leur rapport à la parentalité à travers un ensemble d'analyses dont Wilde, Gide et Jouhandeau pourraient être des objets privilégiés puisque l'on dispose, dans ces trois cas, de témoignages directs et notamment des leurs ? Plus généralement, on verrait sans doute, en distinguant les différents cas de figures (un gay marié à une femme hétérosexuelle, une lesbienne mariée à un homme hétérosexuel, un gay et une lesbienne mariés ensemble – car les homosexuels peuvent évidemment se marier entre eux, dès lors qu'ils ne sont pas du même sexe –, sans même évoquer les cas où l'un des deux partenaires est bisexuel – ou les deux –, en distinguant également les cas où le partenaire homosexuel se savait tel avant le mariage – et dans ce cas, s'il pratiquait ou non son homosexualité – et ceux où il s'est découvert homosexuel par la suite, si l'autre partenaire savait, etc.), quel a été le rapport au mariage des gays et des lesbiennes dans l'histoire récente et à quel point l'institution du mariage, et la question de se marier ou non, a été importante pour eux.

Ceux qui s'étonnent que les homosexuels revendiquent aujourd'hui le droit aux mariage, trahissant ainsi le rôle subversif qu'ils occupaient dans la société (et qui leur est désormais non seulement concédé mais enjoint par la nouvelle *doxa* homophobe, qui les assigne et les cantonne à leur fonction de subversion et de non-conformisme, à condition qu'ils n'aient pas l'idée saugrenue de vouloir en sortir), négligent le fait que le mariage a été le cadre dans lequel a vécu pendant presque tout le XXᵉ siècle la grande majorité des homosexuels (hommes et femmes) qui menaient – ou non – une vie homosexuelle à côté de la relation conjugale (celle-ci pouvant être plus ou moins sexuelle également). Et sans doute en va-t-il de même avec la parentalité : innombrables sont ainsi les homosexuels des deux sexes qui ont eu des enfants et les ont élevés. Il faut remarquer, par exemple, que presque tous les personnages masculins de Proust qui s'avèrent, au fil du roman, être homosexuels, sont des hommes mariés ou qui aspirent à se marier. Aussi, se demander, comme le fait Elisabeth Roudinesco dans *Pourquoi la psychanalyse?*, en déplorant la disparition des figures de la subversion, où seront les Charlus de demain dès lors que les homosexuels auront conquis le droit au mariage, c'est oublier un peu vite que Charlus a été autrefois marié (avec une femme, décédée) et que, par ailleurs, il rêve de se mettre en ménage, avec un homme (Morel). Il faudrait aussi mentionner, parmi les regards littéraires sur les homosexuels mariés, le premier roman de Marguerite Yourcenar, *Alexis ou le Traité du vain combat* (qui est, quoi qu'elle ait pu en dire par la suite, une réécriture de *L'Immoraliste*, où l'on voit le personnage nommé Alexis quitter sa femme pour vivre sa vie gay. On regrettera simplement que Yourcenar ne nous ait pas donné le second volet annoncé, qui aurait été écrit du point de vue de Monique, la femme d'Alexis). Ou encore, pour un exemple de mariage entre deux homosexuels de sexe différent, le livre consacré par Nigel Nicolson à ses parents, Harold Nicolson et Vita Sackville-West[23].

23. Cf. Nigel Nicolson, *Portrait of a Marriage*, Chicago et Londres, The University of Chicago Press, 1973.

Ajoutons enfin que de nombreux couples de même sexe se sont pensés et ont vécu comme des couples mariés, à ceci près qu'ils ne pouvaient bénéficier d'une union légale : Gertrude Stein et Alice Toklas se considéraient comme «mari» et «femme» et s'écrivaient des poèmes en se désignant comme *my wife* et *my husband*[24]. Fin de la parenthèse.

Il faudrait commenter plus longuement ce superbe livre de Jouhandeau qu'est *Du Pur Amour*, et ce qu'il nous dit de l'authenticité des sentiments, de leur rapport à la vie de couple, de l'ordre et du désordre amoureux et affectif, de la fidélité et de l'infidélité... Mais, à partir de cette brève évocation, l'on doit au moins se demander : quelle aurait été la différence, au regard des catégories mises en œuvre par Miller, si Jouhandeau avait été marié à un homme de son âge depuis une vingtaine d'années, et avait rencontré le même jeune homme hétérosexuel se mariant avec une jeune fille? Ou s'il avait été bisexuel, marié à un homme et avait rencontré une jeune fille qui se serait mariée avec un jeune homme?

*

Et l'on voit bien, en lisant Jouhandeau, à quel point il est imprudent, et même aberrant, pour les psychanalystes, de se laisser aller à suivre ce qui apparaît comme une irrépressible pulsion de domination sociale et de céder à la tentation de prescrire les normes et d'édicter les principes sur lesquels devraient se fonder le droit et la loi. Quoi qu'il en soit, il est clair que les individus, et les couples,

---

24. Cf. *Baby Precious Always Shines. A Selection of Love Notes Between Gertude Strein and Alice Toklas*, edited by Kay Turner, New York, Saint Martin's Press, 1999.

éphémères ou durables, sont capables d'inventer des modes de vie qui s'appuient sur les cadres juridiques disponibles pour les faire fonctionner selon des modalités qui leur conviennent, pour en tirer profit et parti, les adapter ou les plier à leurs désirs, s'y conformer ou les transformer. Les institutions juridiques sont loin d'être des réalités figées, non seulement parce qu'elles évoluent au cours de l'histoire (le mariage n'est plus le même aujourd'hui qu'au début du XXᵉ siècle), notamment sous l'effet des luttes et des mobilisations politiques (les luttes des femmes, les nouveaux droits – avortement, contraception – et évidemment les avancées de l'égalité), mais aussi parce qu'elles sont, à un moment donné de l'histoire, des lieux d'interprétations multiples, de contestations possibles, d'accommodements divers (et l'on voit bien, dans le livre de Jouhandeau, à quel point le cadre du mariage peut subsumer des comportements et des modes de vie fort différents, et des conceptions différentes, ou en tout cas des pratiques différentes de ce qu'est un couple, de ce qu'est l'amour, de ce qu'est la fidélité, de ce qu'est la sexualité). Le mot « mariage » peut certes imposer sa puissance symbolique aux partenaires qui entrent dans ce cadre – ou aimeraient pouvoir y entrer –, et qui y entrent – ou voudraient pouvoir le faire – précisément pour se plier à cette puissance et aux règles qu'elle prescrit (l'exigence de fidélité, par exemple), pour toujours ou temporairement (ce qui ne revient pas au même). Mais ce n'est pas le cas pour tous, ou pas totalement, et il y a un « jeu » dans les rouages, dans les dispositifs de l'alliance et de la sexualité qui les ouvre à une infinité vertigineuse de possibilités (dont l'œuvre de Jouhandeau porte le témoignage), d'arrangements, aux deux sens du terme (on s'arrange avec la loi ou la règle en créant des arrangements entre différentes personnes), changeants, variables d'un individu à l'autre, d'un couple à l'autre, et, pour le même individu, le même couple, d'un moment à l'autre de leur vie.

Je serais donc tenté de me demander : que peut bien faire Jacques-Alain Miller avec tout cela? Comment peut-il faire entrer la réalité et la pluralité des pratiques dans le cadre de ses schémas interprétatifs? Non pas que je veuille transformer Jouhandeau en modèle. Il y a beaucoup de souffrances – autant que de bonheur – dans tout ce que cet écrivain nous raconte. Mais, pour paraphraser un vers d'Aragon, «c'est ainsi que les hommes vivent». Les hommes et les femmes. Mais du coup, n'est-il pas surprenant, et assez troublant, qu'un livre écrit dans les années 1950 par un écrivain catholique, bigot même, et qui n'avait rien de progressiste, loin de là, puisse nous apparaître plus ouvert à la richesse potentielle de la relationnalité que les énoncés produits par les psychanalystes français d'aujourd'hui au moment même où ils prétendent chambouler leur réflexion pour être en prise avec l'actualité?

Et n'est-ce pas précisément en cet espace de «jeu» et d'invention tel que le décrit Jouhandeau que la psychanalyse aurait un rôle à jouer, si elle voulait soutenir les individus dans leur aptitude à vivre leur choix d'objet sans se soucier de la morale ambiante, et notamment, ajouterions-nous volontiers, celle véhiculée et imposée par les psychanalystes? N'est-il pas nécessaire, aujourd'hui, pour la psychanalyse, de renoncer à décréter ce qui qualifie un couple pour l'accès à un type de droits et disqualifie tel autre couple pour l'accès aux mêmes droits? Et la seule position rigoureuse possible, intellectuellement, politiquement et éthiquement, et surtout pour des psychanalystes, n'est-elle pas, au contraire, de penser que tout le monde devrait pouvoir avoir accès aux mêmes droits, à tous les droits ? A charge pour les individus, pour les couples, de s'arranger comme ils le veulent, ou comme ils le peuvent.

*

Ce qui nous conduit alors, peut-être, à renverser le problème : puisque ce qui est décrit comme l'apanage des homosexuels (l'infidélité, le multipartenariat) pourrait bien être aussi le mode de vie de nombreux hétérosexuels ou bisexuels, puisque la durée des couples (comme l'atteste le taux de divorce ou de vie en concubinage ou en union libre) n'est plus aussi étroitement liée qu'auparavant à leur reconnaissance juridique et sociale, puisque les formes de vie en commun peuvent être multiples et variables, ne serait-il pas nécessaire de prendre pour point de départ de la réflexion, comme Foucault nous y invitait, les modes de vie gays, et d'imaginer à partir de là un nouveau « droit relationnel », qui ne serait pas réservé aux gays et aux lesbiennes, mais qui offrirait à tous de nouvelles possibilités d'alliances ? Le Pacs, en France, est sans doute une de ces innovations juridiques, qui profite d'abord aux couples de même sexe (auxquels aucun autre cadre juridique n'est offert), mais qui est également largement utilisé par des couples hétérosexuels. Il est évidemment regrettable que le Conseil constitutionnel en ait limité la portée à la vie des « couples », avec l'obligation de « toit commun » et donc « présomption de vie sexuelle commune », évacuant ainsi les aspects les plus novateurs que certains des inventeurs de ce cadre juridique y avaient initialement inclus (peut-être moins par souci d'innovation culturelle, d'ailleurs, que comme une ruse assez malhabile pour dissimuler qu'il s'agissait avant tout de reconnaître juridiquement les couples du même sexe). En effet, le Pacs devait être, initialement, ouvert à toute « paire ayant un projet de vie commun», sans qu'il soit nécessaire d'être un «couple». N'y a-t-il pas ici, un foyer fécond pour de nouvelles réflexions, autour de nouveaux enjeux?

S'interroger sur la reconnaissance juridique, comme le suggérait Foucault, des relations d'amitié, de la solidarité entre deux – ou plusieurs – personnes, sur les possibilités d'accueillir dans le droit de multiples formes de liens (sexuels, affectifs, amicaux...) entre les personnes, permettrait en effet d'ouvrir de nouvelles perspectives à tous ceux qui se battent pour l'élargissement des droits et aux intellectuels qui s'efforcent de repenser les formes culturelles, sociales et juridiques des relations entre individus, évitant ainsi de s'enfermer dans l'unique revendication du mariage, c'est-à-dire de la possibilité pour ceux qui en sont exclus d'accéder aux institutions de l'ordre établi, afin de travailler au contraire à la création de formes nouvelles, multiples et différentes. La politique de l'«égalité des droits» (à laquelle, cela va sans dire, je souscris inconditionnellement) trouve sa limite dans le fait qu'elle se contente de demander que des droits existants soient étendus à un certain nombre de personnes qui n'en bénéficient pas. Si nécessaire cela soit-il, il convient de souligner que les «droits» ne sauraient être définis une fois pour toutes. De nouvelles revendications peuvent faire surgir de nouveaux droits, élargir l'espace du droit à de nouvelles réalités, à la prise en compte d'un plus grand nombre de situations concrètes. Le droit s'invente et se réinvente à partir des luttes menées par les groupes sociaux (par exemple, le droit de vote des femmes s'inscrit évidemment dans le cadre de l'égalité des droits, mais le droit à l'avortement est un droit nouveau, qui d'ailleurs ne concerne que les femmes, et donc échappe au principe de l'égalité : c'est un droit spécifique, conquis au terme d'une interminable bataille – et qui est d'ailleurs toujours menacé). Il s'agit de penser en termes d'expérimentation et de nouveauté, et non plus en termes d'accès à ce qui existe déjà.

Les psychanalystes seront-ils capables d'accomplir ce pas ? De s'ouvrir à des revendications nouvelles, dès lors qu'ils voudront réellement (comme c'est le cas d'un certain nombre d'entre eux) se donner pour tâche d'accompagner les mouvements de l'histoire et d'aider les individus à vivre les vies qu'ils ont choisi de mener ? Cela impliquerait qu'ils renoncent, une fois pour toutes, à coder et recoder les innovations dans les termes d'un savoir désormais contesté et qui ne saurait fonder sa légitimité sur le pouvoir social qui lui est arbitrairement reconnu. Jacques-Alain Miller est le premier à pratiquer ce recodage quand, après avoir affirmé que la psychanalyse devait suivre l'actualité, il n'hésite pas à dire, dans son article de conclusion du numéro de *La Cause freudienne*, que c'est la « science » qui donne sa « signification » aux transformations historiques. Ainsi, après avoir apparemment tout accordé, ou presque, il reprend tout, ce qui annule son geste, car il réinstalle la psychanalyse dans son rôle de Savoir souverain. Or, c'est précisément cette prétention qui est contestée par les mouvements auxquels il prétend faire coller la psychanalyse. N'y a-t-il pas une contradiction fondamentale entre son affirmation que la psychanalyse ne devrait être que l'envers du mouvement gay et sa volonté de décréter la vérité de ce mouvement, de ce qu'il dit, fait et produit ?

Pour reconquérir, s'il en est encore temps, une place et un rôle réellement progressistes, les psychanalystes devraient plutôt abandonner ce genre de prétentions hégémoniques et se mettre modestement (ce qui est peut-être beaucoup leur demander, tant domine chez eux l'arrogance de « ceux qui savent ») au contact et à l'écoute des expériences vécues et des manières multiples dont les subjectivités individuelles et collectives se vivent et s'inventent aujourd'hui. La psychanalyse est-elle en mesure de relever un tel défi? Les psychanalystes seront-ils capables de renoncer à leurs dogmes, à leurs croyances, et au rôle qu'ils se sont accordé?

Je n'étonnerai personne en disant ici mon profond scepticisme.

# 3

# Préface à l'édition de langue anglaise de *Réflexions sur la question gay*[1]

Ce livre a paru en France en 1999, mais j'ai commencé de l'écrire en 1996 et j'y réfléchissais depuis 1995. Le projet en était né à la croisée de préoccupations multiples, à la fois théoriques et politiques, et dans le contexte très particulier de la France du milieu des années 1990.

Il s'inscrit d'abord dans la suite de mes travaux sur Michel Foucault. C'est sans doute le décalage entre la réception française et la réception américaine de ma biographie de Foucault qui me conduisit à m'interroger plus avant sur le lien entre la subjectivité gay de Foucault et sa pensée, depuis ses années de formation jusqu'à ses dernières recherches. Quand cette biographie parut en France, en 1989[2], quelques disciples s'érigeant, selon un phénomène bien connu, en gardiens du temple et de l'interprétation orthodoxe, me reprochèrent vivement d'avoir voulu «expliquer l'œuvre de Foucault par son homosexualité», ce qui, à leurs yeux, revenait à la trahir et à la dévaluer. Parler de l'homosexualité d'un philosophe était déjà chose quasi impossible en France, où la

---

1. Préface à l'édition de langue anglaise de *Réflexions sur la question gay*, sous le titre *Insults and the Making of the Gay Self*, Durham, NC, et Londres, Duke University Press, 2004.
2. Didier Eribon, *Michel Foucault, op. cit.*.

sexualité ne doit pas sortir de la sphère privée, mais montrer qu'il y avait un lien entre son homosexualité et son œuvre était un véritable attentat contre la pensée et contre l'esprit. Bizarrement, quand ce même livre fut traduit en anglais deux ans plus tard, le champ intellectuel américain étant si différent du champ intellectuel français, on me reprocha au contraire de ne pas avoir perçu la place de la sexualité, ou en tout cas de la politique sexuelle de Foucault, dans l'élaboration de son œuvre[3]. J'avais simplement essayé de montrer, au travers de cette investigation biographique, et sans négliger, évidemment, l'insertion de Foucault dans un espace proprement culturel, intellectuel et philosophique qui déterminait en grande partie ses interventions théoriques, à quel point son parcours pouvait se lire également – c'est ce que j'écrivais dès les premières pages de la préface – comme «une insurrection contre les pouvoirs de la normalisation», à quel point toute sa démarche et toute son œuvre avaient consisté en une interrogation et une mise en question des normes, et à quel point cette interrogation et cette mise en question étaient profondément liées à son homosexualité, ou plus exactement à la situation de l'homosexualité dans les années 1940 et 1950 en France, et au rapport malheureux de Foucault à sa propre homosexualité en ces années-là, puis à ce que je décrivais comme un lent processus de réconciliation de lui-même avec lui-même au cours des années 1970 et au début des années 1980.

Ma biographie date de 1989 et je ne l'écrirais plus de la même manière aujourd'hui, cela va de soi. Il me semble pourtant qu'elle a profondément transformé la manière dont Foucault était vu et lu, que ce soit en France ou ailleurs, et qu'elle a ouvert la voie à une nouvelle compré-

---

3. Cette critique me fut adressée notamment par David Halperin, dans plusieurs articles et dans la deuxième partie de son livre intitulé *Saint Foucault, op. cit.* en 1995.

hension de son œuvre. En 1994, je publiai un deuxième ouvrage sur Foucault, qui, à bien des égards, peut se lire comme une deuxième biographie, principalement organisée autour d'un examen des rapports de la pensée de Foucault avec celle de quelques autres théoriciens tels que Dumézil, Lévi-Strauss, Sartre, Beauvoir, Lacan, Althusser, Barthes, mais dans laquelle je reviens longuement sur le rapport de l'œuvre de Foucault à son homosexualité, et sur les rapports de Foucault au mouvement gay français.

Les choses ayant quelque peu évolué, et la voie s'étant plus ou moins libérée, j'entrepris d'écrire un livre qui contiendrait, en quelque sorte, une troisième biographie, en l'abordant spécifiquement à partir de la question gay. Pour montrer que la biographie, en l'occurrence l'évolution du rapport de Foucault à sa propre homosexualité aussi bien que les transformations historiques de la situation de l'homosexualité en France entre les années 1940 et 1980, nous permet de comprendre les évolutions et les remaniements dans les élaborations les plus théoriques de l'œuvre elle-même, de l'*Histoire de la folie* jusqu'aux deux derniers volumes de l'*Histoire de la sexualité*, en passant par le premier tome de celle-ci, *La Volonté de savoir*. Foucault appartient à l'histoire de la sexualité et de l'homosexualité autant qu'il nous permet de la penser. En tout cas, le Foucault que je présente dans l'ouvrage qu'on va lire est un Foucault très différent de celui qui a été fabriqué aux Etats-Unis, puisque je montre notamment à quel point *La Volonté de savoir*, loin de contenir des vérités définitives sur l'histoire de l'homosexualité, n'est qu'un moment de la pensée de Foucault, éminemment daté et situé dans le temps, et ancré dans ses propres difficultés à la fois personnelles, politiques et théoriques. Son petit volume de 1976, publié comme une introduction à un ensemble d'études à venir, loin de représenter un geste théorique radical et radicalement moderne, pourrait au contraire s'interpréter, de même que certaines déclarations de Barthes, étonnamment proches, comme la persistance et la résistance d'une identité liée au «placard» face à l'irruption des nouveaux mouvements gays dans les années 1970 et à leur insistance sur la prise de parole et la nécessité de s'affirmer au grand jour. En avançant cette hypothèse, je ne cherche nullement à minimiser la fécondité que peuvent avoir les remarques proposées par Foucault à cette époque, et encore moins l'importance de la pensée de Foucault (ou celle de Barthes). Mais à rappeler que Foucault réfléchissait en réagissant aux problèmes qui surgissaient dans l'«actualité», aux questions qui se posaient à lui, aux malaises qu'il ressentait face au moment théorique ou politique dans lequel il se trouvait pris, et qu'il faut se garder de décontextualiser et déshistoriciser son œuvre. Ce Foucault revisité et restitué dans son histoire et dans sa dimension humaine en est même, je crois, rendu plus émouvant, et son œuvre plus puissante, en ce qu'il aura traversé de manière quasi idéal-typique – et ses livres en témoignent – les étapes qui ont rythmé les vies gays au XX$^e$ siècle, de l'expérience intensément vécue de la violence exercée par les normes et par l'exclusion qu'elle produise à la réinvention de soi-même dans le cadre de ce qu'il appellera, à la fin de sa vie, une «ascèse» ou une «esthétique de l'existence». Les gestes théoriques et politiques accomplis par Foucault, son parcours, sont étroitement liés à son expérience personnelle, et le modèle de vie philosophique qu'il propose s'est construit en réponse à celle-ci.

Le premier volume de l'*Histoire de la sexualité* m'a toujours semblé à la fois un livre dont l'inventivité intellectuelle audacieuse renouvelait totalement la réflexion, mais dont les hypothèses et les découpages historiques étaient souvent hasardeux – et en tout cas fort problématiques. D'ailleurs, on n'a peut-être pas assez remarqué, et notamment aux Etats-Unis où ce qui formait un ensemble d'hypothèses de recherche a été transformé en table de la loi, en véritables dogmes, que Foucault les avait précisément assez vite abandonnées en reformulant totalement son projet à peine le premier volume avait-il été publié. J'ai donc voulu travailler sur des textes (notamment ceux de John Addington Symonds), dans lesquels on trouve déjà en place cette manière de se penser soi-même dans les termes d'une identité « homosexuelle » dont Foucault n'envisage la possibilité que postérieurement à la catégorisation psychiatrique. Et critiquer l'idée d'une production performative par le discours psychiatrique de ce qui s'était élaboré principalement ailleurs, et dans un mouvement d'autoproduction, dans les régions de la culture populaire (comme les travaux des historiens le montrent amplement) ou dans celles de la culture philosophique et littéraire. Dans une large mesure, je pense que les textes de Symonds minent les démonstrations de Foucault. C'est donc l'histoire de cette prise de parole spécifique que je voulais retracer. Mais je voulais également montrer comment, en fait, on peut penser que Foucault s'inscrit dans une tradition – et sans doute une filiation – qui va des hellénistes d'Oxford (Walter Pater, J.A. Symonds, etc.) jusqu'aux derniers volumes de l'*Histoire de la sexualité* en passant par Oscar Wilde et André Gide. J'aurais pu suivre un autre chemin, qui m'apparaît aujourd'hui tout aussi important, et qui aurait été une histoire plus centrée sur la France de l'homosexualité dans la littérature et la culture populaire (mais les travaux manquent cruellement sur tous ces points en France, où les études gays et lesbiennes sont toujours à l'état pré-embryonnaire) : en fait, l'homosexualité, masculine et féminine, était omniprésente dans les romans de la fin du XIXᵉ siècle et le début du XXᵉ (dans ceux de Jean

Lorrain, par exemple, de Catulle Mendès, Liane de Pougy et tant d'autres dont le nom a aujourd'hui été oublié…). Et par conséquent, Gide, Colette ou Proust ne doivent pas être lus comme des auteurs qui auraient donné droit de cité à des réalités sexuelles passées sous silence avant eux, mais comme des écrivains qui ont cherché à donner d'autres images, d'autres approches que celles qui existaient autour d'eux, et notamment dans la littérature[4]. Les écrits de Jean Lorrain et des autres prennent largement leur naissance dans un rapport à la culture populaire, c'est-à-dire à la subculture gay et lesbienne des quartiers interlopes de Paris (Montmartre, avec ses bars, ses cabarets, ses bals…) à la fin du XIXe, et ne se laissent pas interpréter comme un «discours en retour» réagissant au discours psychiatrique pour se le réapproprier et l'inverser tout en le ratifiant.

Etudier la constitution d'une «identité» gay dans un certain nombre de textes me conduisait également à analyser plus largement les mécanismes contemporains de la subjectivation gay à la fois dans les termes de la transmission d'héritage, de la filiation culturelle, mais aussi au travers des mécanismes de l'assujettissement qui construisent le psychisme individuel et collectif et vouent certaines personnes à la honte, point d'appui d'un processus de resubjectivation, de reconstruction – individuelle et collective – de l'identité personnelle.

Ce faisant, j'entendais réagir, par le moyen d'un ensemble de réflexions sociologiques, historiques et théoriques, à la prolifération, au milieu des années 1990 en

---

4. Voir Didier Eribon (dir.), *Dictionnaire des cultures gays et lesbiennes, op. cit.* Je dois pour une bonne part d'avoir pris conscience de ce fait au travail en cours de Michael Lucey, et notamment à sa conférence «Un contexte pour Colette», Ecole des hautes études en sciences sociales, Paris, 1er avril 2003.

France, de discours hargneux contre le mouvement gay et lesbien tenus dans les médias mais aussi dans le monde intellectuel (qui a subi en France, pendant les vingt dernières années, un incroyable basculement à droite, vers le néo-conservatisme parfois le plus rétrograde, et en particulier chez des gens qui se prétendent encore de gauche, alors qu'ils psalmodient tous les thèmes les plus traditionnels de la pensée réactionnaire). C'est l'époque où les manifestations de la Lesbian and Gay Pride, qui n'avaient auparavant rassemblé que quelques milliers de personnes, prirent la forme, en l'espace de deux ou trois années, d'immenses défilés réunissant jusqu'à trois ou quatre cent mille personnes et reçurent des médias une attention aussi soudaine que violemment hostile. En 1995, qui fut la première grande Gay Pride française, les éditoriaux de la presse, qu'elle soit de droite ou de gauche, exprimèrent unanimement des sentiments véritablement phobiques. On pouvait y lire que la Gay Pride était un « danger pour la démocratie », que le « séparatisme » homosexuel qu'elle était censée symboliser risquait de « détruire l'architecture nationale », la « vie en commun », les « principes républicains » sur lesquels se fonde la société française... Les journaux s'inquiétèrent ensuite du développement d'un quartier gay dans Paris, comme s'il s'agissait d'une nouveauté stupéfiante, sans précédents et sans racines historiques, et se laissant aller aux fantasmes les plus extravagants à leur sujet, insultèrent les Lesbian and Gay Studies, accusées de mettre en péril le savoir, la culture, la pensée, l'université, etc. Tout ce qui se définissait comme gay et lesbien fut soumis au feu roulant d'une entreprise systématique de disqualification. Retrouvant la rhétorique ancestrale du « péril intérieur », journaux, revues, intellectuels... communièrent dans une dénonciation obsessionnelle de cette menace homosexuelle pesant sur la culture et la société. On voulait bien «accepter» les homosexuels, mais à condition qu'ils ne cherchent pas à se distinguer des autres, qu'ils ne se constituent pas en force collective, qu'ils soient des citoyens «discrets», comme cela fut exigé par tel philosophe pour émission de télévision, d'une nation qui ne reconnaît que des individus mais pas les groupes, etc. Ce sont d'ailleurs les mêmes (de droite comme de gauche) qui, oublieux de leurs grandes proclamations sur l'égalité des individus, se mobiliseront, aussitôt après, contre la reconnaissance juridique des couples de même sexe, qui constitue, selon eux, un péril pour les fondements mêmes de la civilisation[5].

Devant ce flot d'attaques, qui me semblait relever purement et simplement de l'injure plus ou moins euphémisée, il me semblait nécessaire de contre-attaquer, et d'offrir aux gays et aux lesbiennes des armes pour résister à cette campagne de dénigrement et à ce rappel à l'ordre, et, en tout cas, de montrer qu'un autre type d'approche et de discours était possible. Tout mon passé, tout ce que j'étais, protestait contre cette injonction faite aux gays et

---

5. De manière assez étrange, alors même que le gouvernement socialiste de l'époque était, malgré ses réticences et ses hésitations, contraint de faire voter la loi instituant le Pacs, nombre d'intellectuels de gauche (parmi lesquels l'anthropologue Françoise Héritier, mais aussi de nombreux psychanalystes, sociologues de la famille, etc.) multiplièrent les proclamations dans les journaux pour s'opposer à la terrible menace que «l'abolition de la différence des sexes» et l'homoparentalité allaient faire peser sur l'avenir. Même si j'ai bien conscience que ces éruptions d'homophobie universitaire – liées sans doute à ce qui pourrait s'analyser comme une crise de l'hétérosexualité en France au tournant du XXe et du XXIe siècle – n'ont rien à voir avec l'homophobie qui sévit aux Etats-Unis, où les relations sexuelles entre hommes étaient, jusqu'à la décision de la Cour suprême en 2003, interdites dans certains États et où les gays et les lesbiennes ne sont pas toujours protégés contre la discrimination, il n'est pas inutile de souligner que ce qui est écrit en France par des universitaires (de gauche) au nom de la «raison» et de la «science» serait inimaginable aux Etats-Unis, où c'est plutôt la religion qui serait invoquée, et par des idéologues de droite.

aux lesbiennes de retourner au placard, de faire à nouveau silence, de se plier aux exigences de l'hétéronormativité, contre cette entreprise de dévalorisation systématique de tout ce que font, de ce tout que disent et, finalement, de tout ce que *sont* les gays et les lesbiennes. J'entrepris donc d'écrire ce livre, en ne le destinant pas uniquement à un lectorat universitaire, mais aussi à un public plus large (d'où son caractère parfois délibérément pédagogique) et en le concevant comme un geste politique.

En fait, je pourrais dire que, à bien des égards, ce livre, ou du moins sa première partie, pourrait être lu comme une autobiographie. On n'écrit pas un tel ouvrage, en effet, sans puiser dans l'expérience vécue. Quand je regarde, dans la table des matières, les titres des chapitres, j'ai l'impression d'y retrouver les étapes de mon propre parcours, et c'est sans doute celui-ci, plus ou moins consciemment, qui me servit de guide et de source d'inspiration lorsque j'essayais de comprendre comment se fabrique un individu gay. Mais le nombre à peine imaginable de lettres qui me furent envoyées, au cours des mois qui suivirent la parution, par des hommes ou des femmes me disant : «Vous avez dépeint ma vie…»; «vous avez mis des mots sur ce que j'ai traversé…»; «c'est ce que j'ai vécu mais que je n'avais pas analysé…», etc., me permet de dire que cette autobiographie personnelle est en même temps, pour paraphraser un titre de Gertrude Stein, une sorte d'«autobiographie de tout le monde», ou, en tout cas, celle d'un grand nombre de gens. Non pas qu'il ait été dans mon intention d'universaliser mon expérience particulière, mais plutôt de m'appuyer sur cette expérience pour, en la croisant avec des études sociologiques, des textes littéraires, des réflexions théoriques, etc., essayer de dégager quelques grandes lignes d'analyse permettant de rendre compte de l'expérience collective minoritaire et de la penser.

C'est d'ailleurs ce rapport de l'individu au groupe qui forme le vrai sujet de cet ouvrage : la subjectivité individuelle est toujours «collective», si je puis dire, puisque l'individu est toujours un individu socialisé, et socialisé dans un monde social hiérarchisé et divisé, et la subjectivité minoritaire est toujours celle d'un ensemble de personnes assignées à une même place par l'ordre social et, en l'occurrence, par l'ordre sexuel.

C'était donc une intervention politique, mais c'était aussi un travail théorique pour reformuler ces questions et apporter des éléments nouveaux de réponse. Comme ce discours d'hostilité était tenu non seulement dans les journaux les plus bêtes, les plus bas, et les plus conservateurs, mais aussi dans les journaux à prétention intellectuelle, et qui se pensent comme de gauche, et également, bien sûr, de manière quasi obsessionnelle, par les représentants de toutes les disciplines universitaires bizarrement réunies pour conjurer le péril gay et lesbien, je voulais montrer qu'un discours théorique sur l'homosexualité n'était pas nécessairement un discours tenu de l'extérieur sur un objet qu'on regarde et qu'on juge avec une distance hostile, méfiante et souvent méprisante, pour donner des leçons, mais qu'il pouvait être produit de l'intérieur de l'expérience gay, en mobilisant des ressources intellectuelles et théoriques diverses, bien plus valides et pertinentes pour une réflexion digne de ce nom que les bavardages pseudo-scientifiques dont on nous abreuvait et dont on continue de nous abreuver. L'essentiel étant à mes yeux qu'une pensée critique doit d'abord construire ses propres questions, ses propres problèmes, au lieu de les recevoir tout faits des savoirs constitués, ou de se contenter de les trouver dans des doctrines qui ne font que ressasser de vieilles thématiques hétérosexistes.

Par exemple, je pense que l'on opère un déplacement décisif de l'analyse lorsque l'on prend comme point de départ la question de l'injure et sa place centrale dans les vies gays et lesbiennes, qui est toujours ignorée par la psychanalyse ou par les philosophies de la communication et de l'agir communicationnel, qui ne sont en fait que l'expression du point de vue des dominants sur la vie sociale et le langage : le point de vue des «honnêtes gens», comme aurait dit Sartre à propos de ceux qui ont le pouvoir de nommer, c'est-à-dire le point de vue des majoritaires. J'ai approfondi, dans mon livre suivant, *Une morale du minoritaire. Variations sur un thème de Jean Genet*, cette analyse de l'injure et du pouvoir de la nomination comme structures sociales d'infériorisation, du rôle de la honte comme inscription de l'ordre social dans la subjectivité des «parias» et comme facteur de recomposition de soi-même. C'est-à-dire l'analyse des processus de constitution et de réinvention des subjectivités minoritaires[6]. Et ceci notamment pour définir une démarche qui permette d'échapper aux concepts normatifs de la psychanalyse qui prédominent dans la culture dans laquelle nous vivons et qui imposent à tous la force performative de leurs grilles de perception du monde social et sexuel. Que ce soit dans les textes si grossièrement et fondamentalement homophobes de Lacan (voir notamment le volume V du Séminaire sur «Les formations de l'inconscient») ou ceux de la plupart des ses héritiers d'aujourd'hui (il est vrai qu'il est de remarquables exceptions), mais aussi ceux de l'immense majorité des praticiens et doctrinaires de toutes les autres branches de la corporation analytique, la psychanalyse semble n'être en effet qu'un long discours hétérosexuel sur l'homosexualité (comme on l'a vu encore récemment en France dans l'incroyable croisade que des cohortes de

---

6. Didier Eribon, *Une morale du minoritaire, op. cit.*, Fayard, 2001.

psychanalystes, toutes obédiences confondues, ont menée et continuent de mener, dans tous les journaux, les émissions de télévision, les articles de revue, les colloques, etc., contre le Pacs, le mariage homosexuel, l'homoparentalité, etc., et même, pour certains, contre l'homosexualité elle-même, qu'ils n'ont pas renoncé à pouvoir «expliquer», et même à «guérir», comme nous l'annonçait fièrement un article dans la *Revue française de psychanalyse*). Il me semble donc nécessaire et urgent de penser en dehors des cadres de la psychanalyse, en travaillant à élaborer une théorie sociologique et anthropologique de la subjectivité et de l'inconscient («L'inconscient, c'est l'histoire», disait Durkheim, dans une phrase que Pierre Bourdieu aimait à citer).

Mon insistance sur les mécanismes de la production des subjectivités gays et des pratiques et politiques de re-subjectivation pourra sembler à certains contradictoire avec la place que j'accorde aux travaux issus de la théorie *queer*. Je me réfère abondamment dans ce livre, du moins dans la première partie, à des auteurs américains tels que Judith Butler, David Halperin, Eve Kosofsky Sedgwick et quelques autres. Dans un pays où, jusqu'à une date récente, les études gays et lesbiennes n'existaient quasiment pas, et où toute tentative pour les y développer s'attirait les foudres injurieuses aussi bien des médias que des institutions universitaires (c'est toujours le cas, comme le montre l'hostilité militante et permanente, allant parfois jusqu'au grotesque, que rencontre, à l'intérieur même de l'institution où il se tient, le séminaire que j'anime avec Françoise Gaspard à l'Ecole des hautes études en sciences sociales à Paris), je voulais non seulement faire connaître ces travaux, mais aussi importer tout un champ de discussion alors totalement absent et même inconnu en France, et transformer ainsi la situation de la réflexion théorique. Le colloque que j'ai organisé au Centre Pompidou en juin

1997 sur les études gays et lesbiennes (et auquel participaient Leo Bersani, Monique Wittig, Eve Kosofsky Sedgwick, George Chauncey, David Halperin, Pierre Bourdieu…), l'effervescence qu'il suscita, les foules qu'il attira, créèrent un tel choc qu'un long article, à la «une» du *Monde*, lui fut consacré, pour crier au scandale et s'indigner qu'une grande institution publique accueille des auteurs «séparatistes», «identitaristes», «anti-universalistes» (et tous les autres «ismes» péjoratifs imaginables), s'en prenant tout particulièrement à Pierre Bourdieu en des termes d'une incroyable vulgarité pour un journal si attaché d'ordinaire à donner des leçons de morale à tout le monde sur la manière de mener le «débat démocratique», lui reprochant le soutien qu'il apportait à ces folies américaines et à cette entreprise de destruction du savoir et de la culture[7].

Les livres des auteurs américains que je viens de mentionner n'étaient pas encore traduits et ne le sont, aujourd'hui encore, que très partiellement (au moment où j'écris cette préface, deux livres de David Halperin ont été traduits, deux de Butler, aucun de Sedgwick…). C'est pourquoi je tenais à les faire connaître, et à présenter aux lecteurs français certains de leurs apports théoriques, en les intégrant à un ensemble d'autres références, pour montrer que l'on peut faire travailler ensemble des traditions intellectuelles qui pourraient sembler étrangères ou hétérogènes les unes aux autres, et surtout parce que je

---

7. *Le Monde* alla jusqu'à refuser de publier les lettres envoyées par plusieurs participants à ce colloque pour protester contre les absurdités publiées à leur propos, mais ne put éviter de faire paraître la mise au point de Pierre Bourdieu, étant donné son statut dans la vie intellectuelle française. Bourdieu s'y indignait que d'éminents chercheurs étrangers aient pu être ainsi diffamés dans les colonnes d'un grand journal français, et déplorait que *Le Monde* en soit encore à dénoncer des études qui se développent dans les universités du monde entier comme un complot homosexuel contre la culture.

suis persuadé que la réflexion sur de telles questions ne peut être que collective et internationale[8].

Mais vouloir importer un champ de recherche, installer un espace de discussion qui échappe aux frontières nationales, faire connaître des livres importants ne signifie pas pour autant... qu'on adhère totalement à toutes les thèses des auteurs avec lesquels on choisit de dialoguer. Et je serais tenté de dire que, à bien des égards, j'ai écrit autant contre la pensée *queer* qu'avec elle, dans la mesure où je m'efforce dans cet ouvrage de réintroduire, dans les termes d'une anthropologie sociale de la domination, l'analyse de la spécificité de la subjectivation gay (un type d'analyse qui me semble précisément avoir été, en grande partie, proscrit par la pensée *queer*, peut-être pas chez les auteurs des livres que j'ai cités plus haut[9], mais dans la vulgate universitaire qui s'en inspire, où ce qui était questionnement novateur et fécond s'est peu à peu transformé en une sorte de doctrine résumable à quelques notions simples partout ressassées et surtout réduites à quelques injonctions sur ce que «doit» et ne «doit pas» être la recherche, ce qui est le meilleur moyen, évidemment, de stériliser la réflexion et de limiter l'innovation intellectuelle et politique). Cela ne signifie évidemment pas que je veuille revenir à une conception unifiante ou figée de l'identité. Mais que c'est à partir de l'analyse des processus de la subjectivation et de la réinvention de soi-même que

---

8. Pour faire connaître les travaux américains, j'ai traduit le *Saint Foucault* de David Halperin et le *Gay New York* de George Chauncey. En outre, Françoise Gaspard et moi-même avons invité dans notre séminaire Judith Butler, David Halperin, Michael Warner, Carolyn Dinshaw, George Chauncey, Leo Bersani, Sharon Marcus et quelques autres.

9. Par exemple, David Halperin lui-même travaille aujourd'hui à analyser la «subjectivité gay» et les modalités de l'identification cultuelle (voir notamment son article «Homosexuality's Closet», *Michigan Quarterly Review*, vol. 41, n° 1, hiver 2002, p. 21-54).

l'on peut chercher à réfléchir sur la non-cohérence du moi, sur les cohérences momentanées ou rétrospectives, sur les identifications culturelles (et donc sur les identifications multiples ou sur la désidentification…), sur les mobilisations politiques et les adhésions idéologiques, etc. Mes travaux en cours sur la question des «trajectoires» et de l'«ascèse» minoritaire (à partir de relectures de Gide, Genet, Jouhandeau, Julien Green, Dumézil, Barthes, Foucault, etc.), sur la littérature et la pensée théorique comme champs de bataille où les «hérétiques» inventent des stratégies pour faire entendre leur voix, sur la persistance des identités au-delà des moments historiques où elles étaient prédominantes et leur coexistence avec de nouvelles manières d'être ou de penser, ou encore mon intérêt pour les «mauvais homosexuels» (ceux dont on n'est pas fier, et notamment les homosexuels d'extrême droite) ou ma réflexion sur la nécessité de revisiter l'héritage théorique et politique des années 1970 pour voir ce qui s'est joué pendant cette période (la critique de la psychanalyse, la pensée de la différence, la connexion entre théorie et politique, etc.) et ce que nous pouvons en faire aujourd'hui s'inscrivent par conséquent dans cette voie de recherche ouverte par ce livre, qui paraît aujourd'hui aux Etats-Unis sous le titre *Insults and the Making of the Gay Self*.

Je voudrais terminer cette préface en rendant hommage à Pierre Bourdieu, disparu en janvier 2001, et dont l'œuvre, à mes yeux l'une des plus importantes du XXᵉ siècle, constitue, avec celle de Sartre, la référence théorique majeure du présent livre. J'ai toujours eu du mal à comprendre pourquoi les Lesbian and Gay Studies aux Etats-Unis, ou ailleurs, avaient si peu utilisé l'œuvre de Bourdieu, qui me semble avoir apporté tant d'instruments d'analyse et tant d'éléments décisifs de réponse, et depuis si longtemps, à des questions autour desquelles ces études semblent tourner aujourd'hui. De l'*Esquisse d'une théorie de la pratique* en 1972 jusqu'aux *Méditations pascaliennes* de 1997 et à *La domination masculine* de 1998, il a placé au centre de sa recherche la manière dont l'ordre social s'inscrit dans le cerveau des individus, au cours d'un long processus d'«apprentissage par corps» qui commence dès l'enfance au travers du contact quotidien avec le monde, et comment les divisions et les hiérarchies sociales ou sexuelles se perpétuent ainsi d'elles-mêmes, mais aussi comment les ruptures «hérétiques», individuelles ou collectives, avec l'adhésion doxique au monde tel qu'il est peuvent permettre d'enrayer ou de subvertir cette logique de la reproduction de l'«orthodoxie» sociale. Pour ce qui me concerne, j'ai cherché à transposer ses analyses dans un domaine que lui-même a très peu évoqué (sans pour autant l'ignorer), à m'interroger sur la manière dont se produit l'inscription, comme matrice d'inférorisation, de l'ordre sexuel dans les cerveaux et dans les corps de ceux qui contreviennent à la normalité et à réfléchir par conséquent sur la constitution de types particuliers de subjectivités [10].

J'ai donc choisi d'utiliser la sociologie de la domination élaborée par Bourdieu à propos des classes sociales ou du genre pour analyser la domination dans l'ordre des sexualités. Ce qui revenait à poser, en retour, un ensemble de questions à la sociologie bourdieusienne, sur le rapport

---

10. J'emploie dans ce livre le mot un peu flou de «subjectivités» pour la raison même qu'il est suffisamment imprécis pour laisser ouvertes les possibilités de mêler différentes voies et différents niveaux d'analyse. Ce terme permet notamment de déjouer l'opposition si problématique entre le conscient et l'inconscient. Je sais bien que le mot «subjectivité» lui-même renvoie à l'idée de «sujet» et qu'il faut également se méfier de la charge idéologique ou métaphysique, voire mythologique – et notamment psychanalytique – qui peut parfois peser sur celui-ci. J'aurais évidemment pu me servir du mot bourdieusien d'*habitus*, puisqu'il défait l'opposition du conscient et de l'inconscient, permet de penser la permanence et la persistance des structures cognitives et des schèmes de perception produits par l'apprentissage par-delà

entre ce que Bourdieu appelle la «violence symbolique», la notion d'*habitus* et l'idée de l'incorporation du social dans les schèmes de pensée et de perception, et jusque dans les plis et les gestes du corps : qu'est-ce qu'une classe d'individus voués collectivement à la domination en dépit de toutes les différences – et notamment sociales, ethniques, sexuelles, etc. – qui les séparent et parfois les opposent? Comment l'*habitus* des individus est-il fabriqué par l'inscription de l'ordre sexuel dans le cerveau et le corps sous forme de schèmes de perception? Bref : comment fonctionne l'ordre sexuel et de quelle manière est-il possible d'y résister en travaillant à ouvrir et créer de nouvelles possibilités sociales et culturelles?

---

le moment de leur formation, et par conséquent de penser comment il n'y a pas de présent sans passé, d'avenir sans reste, de «fierté» sans «honte», d'arrachement à ce que l'on est sans recomposition de soi à partir de ce qu'on a été, etc., mais j'ai préféré éviter d'employer ce terme, car, d'une part, il aurait pu impliquer une notion totalisante de l'individu, et, d'autre part, présupposer qu'il existe un *habitus* gay opposé à un *habitus* hétérosexuel, ce que l'idée de subjectivité, me semble-t-il, permet d'éviter, puisqu'elle laisse la porte ouverte à l'idée de classe d'individus qui, à certains égards – et à certains égards seulement –, partagent et ont partagé des expériences qui ont façonné leur cerveau et leur être même, pour ce qui est d'un aspect important et même primordial, mais un aspect seulement, de leur rapport au monde social.

# Table

# Histoire de la pensée
Une collection d'essais chez fayard

Aliette Armel
*Michel Leiris*
1997

Marc Augé
*Fictions fin de siècle*
suivi de
*Que se passe-t-il?*
2000

Marc Augé
*Pour quoi vivons-nous?*
2003

Antoine de Baecque,
*La Cinéphilie. Invention d'un regard, histoire d'une culture.*
*1944-1968*
2003

Marc Bloch – Lucien Febvre
*Correspondance I. La naissance des Annales*
Édition établie, présentée et annotée par Bertrand Müller
1994

George Chauncey
*Gay New York*
*1890-1940*
2003

Christian Delacampagne et Robert Maggiori (dir.)
*Philosopher 1*
1980, rééd. 2000

Christian Delacampagne et Robert Maggiori (dir.)
*Philosopher 2*
2000

Georges Devereux
*Psychothérapie d'un Indien des plaines*
Préface d'Élisabeth Roudinesco
1998

Henri F. Ellenberger
*Médecine de l'âme. Essais d'histoire de la folie
et des guérisons psychiques*
Textes réunis et présentés par Élisabeth Roudinesco
1995

Henri F. Ellenberger
*Histoire de la découverte de l'inconscient*
Présentation par Élisabeth Roudinesco,
complément bibliographique par Olivier Husson
1994

Didier Eribon
*Michel Foucault et ses contemporains*
1994

Didier Eribon
*Réflexions sur la question gay*
1999

Didier Eribon
*Une morale du minoritaire. Variation sur un thème de Jean Genet*
2001

Lucien Febvre
*Lettres à Henri Berr*
présentées et annotées par Jacqueline Pluet et Gilles Candar
1997

Élisabeth de Fontenay
*Le silence des bêtes. La philosophie à l'épreuve de l'animalité*
1998

Marcel Fournier
*Marcel Mauss*
1994

Guy Hocquenghem
*Le désir homosexuel*
Préface de René Schérer
2000

Vincent Kaufmann
*Guy Debord. La révolution au service de la poésie*
2001

Serge Leclaire
*Principes d'une psychothérapie des psychoses*
Préface et annotation par Élisabeth Roudinesco
1999

Serge Leclaire
*Œdipe à Vincennes. Séminaire 69*
1999

Michel Leiris
*Roussel & Co*
Édition établie par Jean Jamin,
présentée et annotée par Annie Le Brun
1998

R. Anthony Lodge
*Le français. Histoire d'un dialecte devenu langue*
1997

Marcel Mauss
*Écrits politiques*
Textes réunis et présentés par Marcel Fournier
1997

Laure Murat
*Passage de l'Odéon*
*Sylvia Beach, Adrienne Monnier et la vie littéraire*
*à Paris dans l'entre-deux-guerres*
2003

Simone Pétrement
*La vie de Simone Weil*
1997

Élisabeth Roudinesco
*Jacques Lacan. Esquisse d'une vie,*
*histoire d'un système de pensée*
1993

Élisabeth Roudinesco
*Généalogies*
1994

Élisabeth Roudinesco
*Histoire de la psychanalyse en France*
2 vol.

Achevé d'imprimer en octobre 2003
sur presse Cameron
dans les ateliers de
**Bussière Camedan Imprimeries**
à Saint-Amand-Montrond (Cher)
pour le compte de la librairie Arthème Fayard
75, rue des Saints-Pères - 75006 Paris


*Cet ouvrage a été réalisé en Garamond par Palimpseste à Paris*


35-26-1623-4

ISBN 2-213-61423-7

Dépôt légal : octobre 2003.
N° d'édition : 27245. – N° d'impression : 035026/4.

*Imprimé en France*